涂圣伟 著

INTEGRATED
URBAN-RURAL
DEVELOPMENT

SHAKING OFF
POVERTY AND STEPPING
TO COMMON PROSPERITY

摆脱贫困
迈向共同富裕

城乡融合发展

社会科学文献出版社
SOCIAL SCIENCES ACADEMIC PRESS (CHINA)

目　录

第一章　历史性转移：从脱贫攻坚到乡村全面振兴 / 1
　一　共同富裕是社会主义的本质要求 / 2
　二　有效衔接的实现路径 / 8
　三　推进乡村全面振兴 / 20

第二章　续写新篇章：做好易地扶贫搬迁后续帮扶 / 29
　一　人类迁徙史上的伟大壮举 / 30
　二　重构经济和社会关系 / 36
　三　做好"后半篇文章" / 42

第三章　开启新征程：走中国特色农业现代化道路 / 48
　一　彰显农业现代化的中国特色 / 50
　二　农业现代化的三重动力 / 57
　三　加快农业现代化步伐 / 64
　四　建设有中国特色的农业强国 / 72

第四章　城乡融合发展：中国式现代化的必然要求 / 79
　一　城乡融合发展是一个动态过程 / 81
　二　避免城乡融合发展知行误区 / 86

三　扎实推进城乡融合发展 / 90
　　四　加快畅通城乡经济循环 / 95

第五章　县域率先突破：推进城乡融合发展的切入点 / 100
　　一　县域城乡融合发展的内在逻辑 / 101
　　二　县域城乡融合发展的着力点 / 107
　　三　县域城乡融合发展的难点 / 113
　　四　率先在县域内实现城乡融合发展 / 116

第六章　统筹"三大任务"：城乡融合发展的战略路径 / 125
　　一　理解统筹"三大任务"的价值意蕴 / 127
　　二　统筹"三大任务"向纵深推进 / 131
　　三　破除统筹"三大任务"的障碍 / 137
　　四　统筹"三大任务"缩小城乡差别 / 141

第七章　县域富民产业：推进城乡融合发展的关键载体 / 147
　　一　县域富民产业的若干基本特征 / 149
　　二　县域富民产业形成与发展动力 / 153
　　三　县域富民产业发展的实践探索 / 158
　　四　因地制宜培育壮大县域富民产业 / 163

第八章　乡村产业振兴：推进城乡融合发展的重要举措 / 173
　　一　缩小城乡收入差距的本源问题 / 174
　　二　农村产业融合发展兴农富民 / 175
　　三　构建现代化农业产业体系 / 192

第九章　要素双向流动：推进城乡融合发展的基础支撑 / 201

一　推动城乡要素双向流动的时代价值 / 202

二　需要处理好的几个重要关系 / 205

三　推动城乡要素双向流动的着力点 / 209

四　进一步深化农村土地制度改革 / 215

第十章　农民增收致富：推进城乡融合发展的落脚点 / 219

一　我国农民收入增长机制变迁 / 221

二　现阶段农民增收面临新挑战 / 225

三　新时期农民增收长效机制框架 / 231

四　增加农民收入，促进共同富裕 / 236

参考文献 / 245

第一章　历史性转移：从脱贫攻坚到乡村全面振兴

2015年9月25～27日，联合国可持续发展峰会在纽约联合国总部开幕，150多位国家元首和政府首脑齐聚联大会堂，通过了一份致力于推动世界和平与繁荣、促进人类可持续发展的新议程，即《变革我们的世界——2030年可持续发展议程》。议程内容广泛且雄心勃勃，决心消除一切形式和表现的贫困与饥饿，让所有人平等和尊严地在一个健康的环境中充分发挥自己的潜能。

作为世界上最大的发展中国家，我国积极参与联合国2030年减贫议程，长期致力于缓解和消除贫困，积极探索中国特色的减贫道路，特别是党的十八大以来，我国组织实施了人类历史上规模空前、力度最大、惠及人口最多的脱贫攻坚战，并最终取得了全面胜利，实现了快速发展与大规模减贫同步、经济转型与消除绝对贫困同步。

按照世界银行国际贫困标准，我国用40多年的时间，成功让农村7.7亿贫困人口摆脱了贫困，减贫人口占同期全球减贫人口的70%以上，提前10年实现联合国2030年可持续发展议程中的减贫目标。尽管如此，世界上依然还有数亿人生活在极端贫困中，每天的生活费用低于1.9美元，近1/3的人口无法获得充足食物，处于"隐性饥饿"状态，哪怕有食物可吃，也谈不上任何营养。同时，新冠疫情、全球不平等现象加剧以及俄乌冲突造成的食品价格飙升，让不少人重返极端贫困。

由此来看，反贫困是一个长期而艰巨的任务。对我国而言，尽管已经消除了绝对贫困，但并不意味着贫困的历史终结。全面建成小康社会后，相对贫困问题仍将长期存在，并将伴随中国式现代化建设的整个过程。

早在2018年农村改革四十周年之际，党的十九大就将实现全面小康后建设什么样的乡村、怎样建设乡村的问题，提到党和政府工作的重要议事日程上来，明确提出实施乡村振兴战略，并将其作为新时代做好"三农"工作的总抓手。实施乡村振兴战略是着眼于实现"两个一百年"奋斗目标、顺应亿万农民对美好生活的向往作出的重大战略决策，是消除绝对贫困后纵深推进解决相对贫困问题、促进农民农村共同富裕的战略路径。从摆脱绝对贫困到乡村全面振兴再到实现共同富裕，必将创造人类发展史的下一个奇迹。

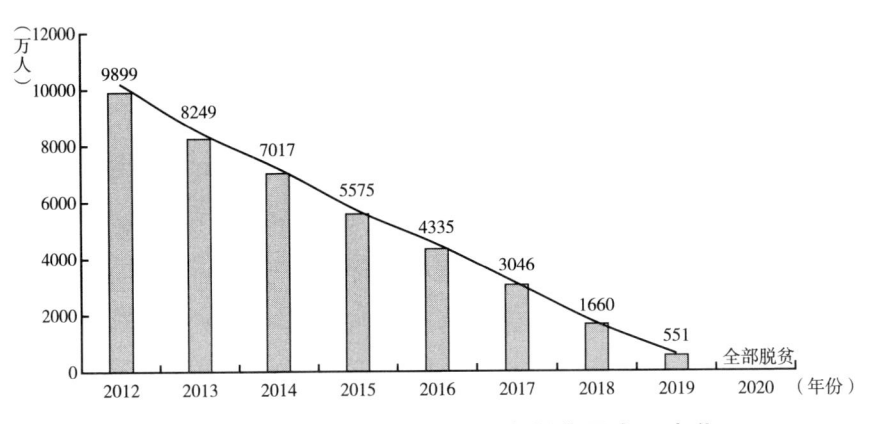

图 1-1 脱贫攻坚战以来中国农村贫困人口变化

资料来源：《人类减贫的中国实践》白皮书，2021年4月。

一 共同富裕是社会主义的本质要求

摆脱贫穷实现富裕，是人类社会美好而长久的向往，也是中华民族历代先贤志士的理想诉求和中国共产党人孜孜不倦的追求。早在春秋时期，儒家经典《礼记·礼运》就有过"大道之行也，天下为公"的"大同"设想。历经千年，"大同""均平"等传统思想不断传承发展，呈现出不同表达方式。然而，不论是孔子"均无贫、和无寡、安无倾"的理想社会，还是孙中山"平均地权"的思想主张，他们描述的"大同"社会都只是一种理想，不可能也最终没有找到一条实现"大同"的道路。

如何才能让理想变为现实？归根结底，要让社会全体成员普遍过上富足、美好的生活，离不开科学理论指引和可行的实践方案，以及艰苦卓绝的奋斗。以马克思主义为理论指导的中国共产党，自成立以来就坚定地把改善人民生活、实现共同富裕当作自己的奋斗目标，并将马克思主义基本原理同中国具体实际相结合，开启了长达百余年推进共同富裕的生动实践。百年党史，也是一部党领导中国人民追求美好生活的历史，一代代的共产党人为实现共同富裕进行了长期而艰苦的探索。

中国要富，农民必须富。作为一个人口众多的农业大国，农业农村农民问题始终是中国革命和建设的根本问题，也是关系党和国家前途和命运的关键问题。中国共产党一直把依靠农民、为亿万农民谋幸福作为自己的重要责任使命。从翻身解放到解决温饱问题再到实现全面小康，中国共产党带领广大农民在共同富裕的道路上不断向前迈进。

关于农民共同富裕，早在1953年12月中共中央通过的《关于发展农业生产合作社的决议》就有所提及，这也是党的重要文件中第一次使用"共同富裕"。这份由毛泽东同志亲自主持起草的决议明确指出，党在农村中工作的最根本任务就是"要善于用明白易懂而为农民所能够接受的道理和办法去教育和促进农民群众逐步联合组织起来，逐步实行农业的社会主义改造，使农业能够由落后的小规模生产的个体经济变为先进的大规模生产的合作经济，以便逐步克服工业和农业这两个经济部门发展不相适应的矛盾，并使农民能够逐步完全摆脱贫困的状况而取得共同富裕和普遍繁荣的生活"。① 毛泽东同志一直高度重视农民问题，是农民共同富裕的最早倡导者和积极实践者。在他看来，领导农民走社会主义道路，是农民群众由穷苦变富裕的必由之路。他在党的七届六中全会所作的《关于农业合作化问题》的报告中指出，"要巩固工农联盟，我们就得领导农民走社会主义道路，使农民群众共同富裕起来，穷的要富裕，所有农民都要富裕，并且富裕的程度要大大地超过现在的富裕农民"。②

通过广泛深入地宣传引导，"共同富裕"逐渐被广大农民所理解和接受，从而极大地促进了我国农业社会主义改造。然而，将共同富裕等同于同等富裕和同步富裕，希望通过农业社会主义改造达到农民共同富裕的目的，从实践效果看，没有让农民摆脱贫穷，反而严重挫伤了农民的积极性。

改革开放以来，以邓小平同志为主要代表的中国共产党人紧紧围绕"什么是社会主义，怎样建设社会主义"这一重大问题，对共同富裕问题在理论和实践两方面进行了新的探索。在总结我国社会主义建设过程中正反两方面经验教训的基础上，邓小平同志明确指出，"我们坚持走社会主义道路，根本目标是实现共同富裕，然而平均发展是不可能的，过去搞平均主义，吃'大锅饭'，实际上是共同落后，共同贫穷，我们就是吃了这个亏"。③ 他创造性地提出"先富带动后富、最终实现共富"的中国特色社会主义现实路径，"鼓励一部分地区、一部分人先富裕起来，也正是为了带动越来越多的人富裕起

---

① 中共中央文献研究室编《建国以来重要文献选编》第四册，中央文献出版社，1993。
② 《毛泽东选集》第五卷，人民出版社，1977。
③ 《邓小平文选》第三卷，人民出版社，1993。

来，达到共同富裕的目的"。邓小平同志的共同富裕思路是明确的，就是把共同富裕与同步富裕、同等富裕区分开来，允许一部分人、一部分地区先富起来，通过解放和发展社会生产力，消灭剥削，消除两极分化，最终实现共同富裕。

正是沿着这样的思路，全国农村普遍推行家庭联产承包责任制，有了生产自主权和剩余索取权的农民的生产积极性得到了极大地调动，从而带来农村生产力的巨大飞跃，濒临崩溃的农村经济由此在短期内得到恢复和发展，广大农民在共同富裕道路上迈出了坚实的一步。

此后，我们党紧密结合时代条件和实践要求，不断丰富和发展共同富裕的内涵，持续探索中国特色的共同富裕之路。以江泽民同志为主要代表的中国共产党人，在建设中国特色社会主义的实践中，明确提出实现共同富裕"是社会主义的根本原则和本质特征"，强调要让工人、农民、知识分子和其他群众都能共同享受到经济社会发展的成果。在他看来，"没有农民的小康，就不可能有全国人民的小康；没有农业的现代化，就不可能有整个国民经济的现代化"。[①] 为了解决农村贫困问题，实现共同富裕目标，1994年国务院决定实施《国家八七扶贫攻坚计划》。到20世纪末，我国基本解决了全国农村贫困人口的温饱问题。

为了让农村在现代化进程中不掉队、同步赶上来，胡锦涛同志在2004年12月召开的中央经济工作会议上明确提出，"中国现在总体上已到了以工促农、以城带乡的发展阶段"。由此，全面取消农业税，在我国历史上实行了2600年的"皇粮国税"从此退出历史舞台，随后又出台了一系列强农惠农政策，国家对农民实现了从"取"到"予"的历史性转变。社会主义新农村建设的推进，让广大农民生产生活条件得到明显改善，向实现富裕又迈出了实质性一步。

[①] 《江泽民论有中国特色社会主义》（专题摘编），中央文献出版社，2002。

党的十八大以来，中国特色社会主义进入新时代，党中央把握发展阶段新变化，把逐步实现全体人民共同富裕摆在更加重要的位置上，共同富裕的理论和实践都得到极大的丰富和发展。习近平总书记多次强调，共同富裕是社会主义的本质要求，并就实现共同富裕作出一系列重要论述。

在省部级主要领导干部学习贯彻党的十九届五中全会精神专题研讨班开班式上，习近平总书记强调，"实现共同富裕不仅是经济问题，而且是关系党的执政基础的重大政治问题"。[①] 这一重要论述，深刻阐明了推动全体人民实现共同富裕的重大意义。全体人民共同富裕是一个总体概念，具有整体性、共同性。对此，习近平总书记特别强调，"我们说的共同富裕是全体人民共同富裕，是人民群众物质生活和精神生活都富裕，不是少数人的富裕，也不是整齐划一的平均主义"。[②]

当前，我国已经开启全面建设社会主义现代化国家新征程，但地区差距、城乡差距、收入差距、公共服务差距还比较大，从全面小康迈向共同富裕，必然是一个长期而艰巨复杂的过程。为此，习近平总书记指出，共同富裕是一个长远目标，需要一个过程，不可能一蹴而就，"实现共同富裕，要统筹考虑需要和可能，按照经济社会发展规律循序渐进。同时，这项工作也不能等，要自觉主动解决地区差距、城乡差距、收入差距等问题"。[③]

关于农民农村共同富裕，习近平总书记指出，促进共同富裕，最艰巨最繁重的任务仍然在农村，农村共同富裕工作要抓紧。让广大农民增收致富，首先必须彻底解决困扰中华民族几千年的贫困问题，不

---

① 孟鑫：《实现共同富裕是关系党的执政基础的重大政治问题》，《光明日报》2021年1月28日。
② 习近平：《扎实推进共同富裕》，《求是》2021年第20期。
③ 习近平：《把握新发展阶段，贯彻新发展理念，构建新发展格局》，《求是》2021年第9期。

落下一个贫困地区、一个贫困群众。在习近平总书记亲自指挥、亲自部署、亲自督战下，经过8年持续奋斗，我们全面打赢脱贫攻坚战，脱贫攻坚力度之大、规模之广、影响之深，前所未有，世所罕见。脱贫攻坚取得全面胜利，在为人民创造美好生活、实现共同富裕的道路上迈出了坚实的一大步。

脱贫攻坚的阳光照耀到每一个角落，带来了实实在在的变化，贫困地区经济社会发展大踏步赶了上来。2015年脱贫攻坚战开始时，建档立卡的贫困人口年人均纯收入只有2900多元，此后以每年近30%的速度增长，持续快于全国农村平均水平，到2020年底超过1万元，仅用了5年时间。同时，790万户、2568万脱贫人口告别泥草房，住上安全房，脱贫人口全部被纳入基本医疗保险、大病保险和医疗救助范围，低保、特困救助供养、基本养老保险实现应保尽保。

脱贫攻坚取得胜利后，党中央审时度势作出"三农"工作重心转向全面推进乡村振兴的战略决策。自此，我国"三农"工作的对象转向所有农民，工作任务转向推进乡村"五个振兴"，工作举措转向促进全面发展，"三个转向"开启了我国农业农村现代化新征程，全体农民加快迈向共同富裕。

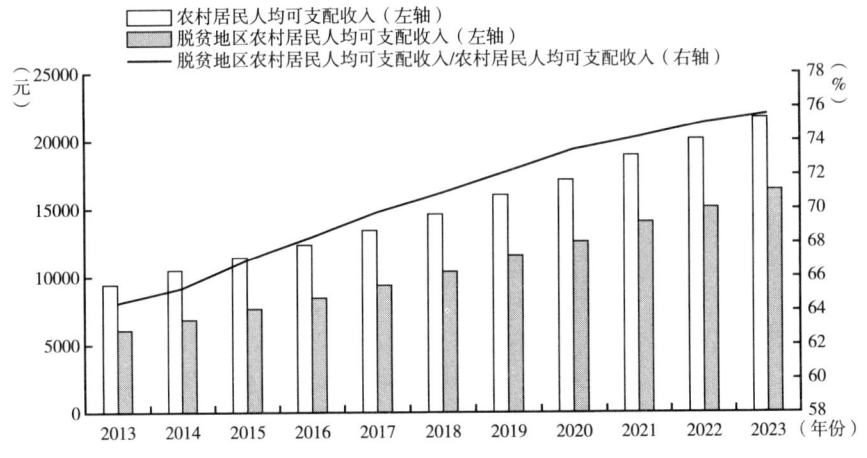

图1-2　2013~2023年我国农村居民和脱贫地区农村居民收入变化

二 有效衔接的实现路径

"三农"工作重心的历史性转移,前提是坚决守住来之不易的脱贫攻坚成果。在脱贫攻坚目标任务完成后,对摆脱贫困的县,从脱贫之日起设立5年过渡期,做到扶上马送一程。过渡期内保持现有主要帮扶政策总体稳定,并通过分类优化调整政策,实现巩固拓展脱贫攻坚成果同乡村振兴有效衔接,让包括脱贫群众在内的广大人民过上更加美好的生活,朝着逐步实现全体人民共同富裕的目标继续前进。

(一)聚焦实现三大目标

在马克思主义看来,人的发展不仅是社会发展的内在要求,而且是社会发展的最终体现。[1] 巩固拓展脱贫攻坚成果同乡村振兴有效衔接,目的在于促进包括脱贫人口在内的全体农村居民的生计改善和全面发展。

1.高质量稳定脱贫

人的需求往往具有多样性和发展性特点,脱贫人口的需求会随着自身生存境况改善而不断变化和拓展。巩固拓展脱贫攻坚成果同乡村振兴有效衔接,脱贫人口是必须瞄准的关键对象之一。如何确保脱贫人口不出现大规模返贫,其多元化发展需要得到有效满足,并且能够在参与乡村全面振兴中实现更加全面的发展,是实现有机衔接的重要标志。从这个意义上而言,巩固拓展脱贫攻坚成果同乡村振兴有效衔接至少包括以下两重内涵。

一方面,防止规模性返贫。我国脱贫人口规模很大,防控好返贫

---

[1] 李明:《新时代"人的全面发展"的哲学逻辑》,《光明日报》2019年2月11日。

风险、阻断贫困再生，本身就是一项十分艰巨的任务。目前，我国还有不少脱贫人口仍处于临界线边缘，尽管脱贫攻坚解决了短期收入问题，但文化等结构性因素的影响尚未根本消除，"相当一部分脱贫户基本生活有了保障，但收入水平仍然不高，脱贫基础还比较脆弱；一些边缘户本来就晃晃悠悠，稍遇到点风险变故马上就可能致贫"。[1]巩固拓展脱贫攻坚成果同乡村振兴有效衔接，保持扶持政策的稳定接续，构建覆盖农村人口的常态化防止返贫致贫机制，是实现有效衔接的基本要求。

另一方面，健全社会支持网络，提高脱贫人口可行能力。自然界有一种共生效应，即当一株植物单独生长时，显得矮小、单调，而与众多植物一起生长时，则根深叶茂、生机盎然。脱贫攻坚以消除绝对贫困为目的，重点是实现"两不愁、三保障"，更多关注收入和安全保障。

实现脱贫后，这部分群体在收入增长、文化服务、社会参与等方面会有更多需求，如何使其不断升级的合理需求得到有效满足？从实践看，只有依靠接续推进乡村全面振兴，实现从点上特惠性、外源性扶持转向区域面上普惠性、常态化支持，依靠产业、生态、文化、治理等多维度体系的构建，培植脱贫人口持续发展的"土壤"，有效满足脱贫人口多样化发展需求，在融合发展中形成共生关系，使过去作为特殊个体的脱贫人口融入普通群体，建立起农村低收入人口和欠发达地区分层分类帮扶制度，才能从根本上减少返贫，促使其逐步走向富裕。

2.可持续减贫

我国组织实施了人类历史上规模空前、力度最大、惠及人口最多

---

[1] 习近平：《坚持把解决好"三农"问题作为全党工作重中之重 举全党全社会之力推动乡村振兴》，《求是》2022年第7期。

的脱贫攻坚战，谱写了减贫事业最为波澜壮阔的篇章。然而，这显然不是减贫治理工作的全部。全面消除绝对贫困后，相对贫困成为新时期贫困问题的基本表现形态，我国减贫工作的重点也将转向解决更为隐蔽的相对贫困问题，这会贯穿中国式现代化建设全过程。据测算，如果按照城镇与农村居民人均可支配收入中位数的40%确定城镇与农村的相对收入贫困线，那么在这一标准下，当前我国城镇与农村的相对贫困发生率分别为11.1%和12.8%。[1]

事实上，即便是发达国家，依然被相对贫困和贫富差距问题长期困扰。与绝对贫困相比，相对贫困问题更为复杂，解决起来的难度丝毫不亚于前者。绝对贫困大多是由资源占有导致的"绝对剥夺"所致，相对贫困则主要体现为财富、机会上的不平等造成的"相对剥夺"。在彼得·汤森（Peter Townsend）看来，贫困不仅是人的基本生理需求无法得到满足，也是一种基于社会比较而确定的相对剥夺状态，因缺乏资源而被剥夺了享有常规社会生活水平和参与正常社会生活的权利。为此，缓解相对贫困，不能简单延续精准脱贫的策略和工作体系，需要进行制度创新。

就我国而言，促进相对贫困群体，特别是已经脱贫但自身能力依然脆弱的群体以及原有脱贫攻坚政策没有完全覆盖到的边缘户，从生计改善到生活富裕再到全面发展，需要充分吸收脱贫攻坚探索出的经验模式，推动减贫战略和工作体系平稳转型，形成缓解相对贫困的政策体系和工作机制，解决好基本保障问题。同时，更需要通过推进乡村全面振兴，加强体制机制创新，强化全方位制度供给，破除造成相对贫困的制度性障碍，解决好发展不平衡不充分问题，形成减贫长效机制。

---

[1] 汪三贵、孙俊娜：《全面建成小康社会后中国的相对贫困标准、测量与瞄准——基于2018年中国住户调查数据的分析》，《中国农村经济》2021年第3期。

3. 农村全面发展

当前，我国经济社会发展进入新阶段，城乡关系持续深入调整，广大乡村正在经历一次整体性、结构性变迁和功能价值重塑过程，农村居民的需求持续升级且日益多元化。加快推进农业农村现代化，更好满足农村居民日益增长的美好生活需要，必须推进乡村全面振兴。然而，数亿农民通过乡村振兴实现现代化，在世界范围内没有先例，也没有现成经验模式，需要不断加以探索，创新和丰富乡村制度供给。

从改革开放40多年的经验看，通过局部试点先行，形成经验模式后提炼总结，上升为国家政策和法规全面推广，已经成为改革发展的重要方法论。这种局部创新示范效应，带动了整体制度变迁。

在脱贫攻坚不断深入推进的过程中，围绕城乡建设用地增减挂钩、土地利用、涉农资金统筹整合、扶贫小额信贷等方面，进行了诸多制度和政策创新，其中不少涉及当前深化农业农村改革的前沿领域。可以将其中一些经过实践检验、比较有效的政策进一步提炼深化，用于完善乡村全面振兴的政策体系和制度框架，为推动农业全面升级、农村全面进步、农民全面发展提供更有力的制度保障。此外，对于脱贫攻坚中形成的责任体系、动员体系、考核评估体系等制度体系，成熟有效的部分也可以在推进乡村全面振兴工作中创新运用，从而惠及全体农村居民。

（二）推动三大机制转型

推进乡村全面振兴的深度、广度、难度都不亚于脱贫攻坚，实现由集中资源支持脱贫攻坚向推进乡村全面振兴平稳过渡，涉及领导体制、工作体系、发展规划、政策举措、考核机制等全面衔接，重点要实现社会动员机制、减贫治理机制和投入保障机制转型。

1. 社会动员机制

社会动员机制是国家治理体系和治理能力建设的重要组成部分。不论是脱贫攻坚，还是推进乡村全面振兴，都离不开一套能够有效调动社会资源和整合社会力量的动员机制。从脱贫攻坚转向推进乡村振兴，一定程度上是两种动员机制的衔接匹配。我国脱贫攻坚成效的取得，很大程度上在于发挥了社会主义制度集中力量办大事的政治优势，形成了一种"超常规"社会动员机制。聚焦贫困村、贫困户，持续加大东西部扶贫协作力度，广泛并高效动员第一书记、驻村工作队、帮扶责任人以及企业、社会组织等，党政军民学劲往一处使，东西南北中拧成一股绳。

与之不同，推进乡村全面振兴的动员机制更具内生性、常态化特征，以集体行动能力为基础。长期以来，我国传统乡土社会是一个社会变迁较少且变迁速度很慢的社会，[①] 因累世聚居而成为以血缘为中心的、传统亲属关系占据重要地位的熟人社会。在熟人社会，村民之间彼此熟悉，相互之间讲究面子和人情，传统社会软规范、强有力的地方舆论以及内化的道德力量等，可以有效地将"搭便车"者边缘化，从而能够实现有效动员形成集体行动，农村社会维持着自有的内部平衡。

然而，随着我国农村社会经济结构的深刻转型以及农民群体不断分化，村庄生产生活共同体概念逐步淡化，不少地区农村基层政府组织服务和动员能力弱化，村集体管理和服务能力不足。

"集体行动困境"一词，出自1965年美国经济学家曼瑟尔·奥尔森的《集体行动的逻辑》一书，"除非一个集团中人数很少，或者除非存在强制或其他某些特殊手段以使个人按照共同利益行事，有理性的、寻求自身利益的个人不会采取行动，以实现共同的或集团的利

[①] 费孝通：《乡土中国 生育制度》，北京大学出版社，1998。

益"。正如亚里士多德所言，"凡是属于最多数人的公共事物常常是最少受人照顾的事物，人们关怀着自己的所有，而忽视公共的事物"。① 我国"一个和尚挑水吃，两个和尚抬水吃，三个和尚没水吃"这则家喻户晓的民谚，其实也是"搭便车"导致的集体行动困境。

为克服集体行动困境，需要建立有效的组织和协调机制。在脱贫攻坚阶段，政府通过"超常规"方式组织动员各方面资源。然而，推进乡村全面振兴涉及面更广，面临的矛盾更加复杂。做好巩固拓展脱贫攻坚成果同乡村振兴有效衔接，需要充分利用脱贫攻坚积累的组织经验和人才资源，以强化党组织功能为抓手，以人力资本开发为切入点，重构农村基层社会组织动员机制，进而增强集体行动能力。

2. 减贫治理机制

完成脱贫攻坚任务后，我国减贫工作重点将转向相对贫困治理，帮扶对象拓展至包括防止返贫监测对象在内的农村低收入人口，这是一个重要的转变。低收入问题是一种复杂的社会经济现象，如何准确理解并科学界定低收入人口，识别低收入群体特征，调整各界对低收入问题的认知差异，成为亟待解决的基础和关键问题。②

关于低收入人口的范围，国务院办公厅转发民政部等单位《关于加强低收入人口动态监测做好分层分类社会救助工作的意见》的通知，指出低收入人口包括最低生活保障对象、特困人员、防止返贫监测对象、最低生活保障边缘家庭成员、刚性支出困难家庭（刚性支出较大导致基本生活出现严重困难的家庭）成员，以及其他困难人员。低收入人口动态性更强，群体类型更为复杂，对统计监测、减贫政策制定和实施都带来更大挑战。加强农村低收入人口特别是低收入脱贫人口的系统性政策设计，对巩固拓展脱贫攻坚成果、推进共同

---

① 亚里士多德：《政治学》，吴寿彭译，商务印书馆，1983。
② 左停、李颖、李世雄：《农村低收入人口识别问题探析》，《中国农村经济》2023年第9期。

富裕具有重要意义。

据一项对100个脱贫村3162个农户的调查，脱贫户5%最低收入组和20%最低收入组中，转移净收入占居民人均可支配收入的比例分别高达56.7%和36.0%，[1] 这意味着如果没有政策性补贴等，低收入水平脱贫户收入可能出现明显下降。

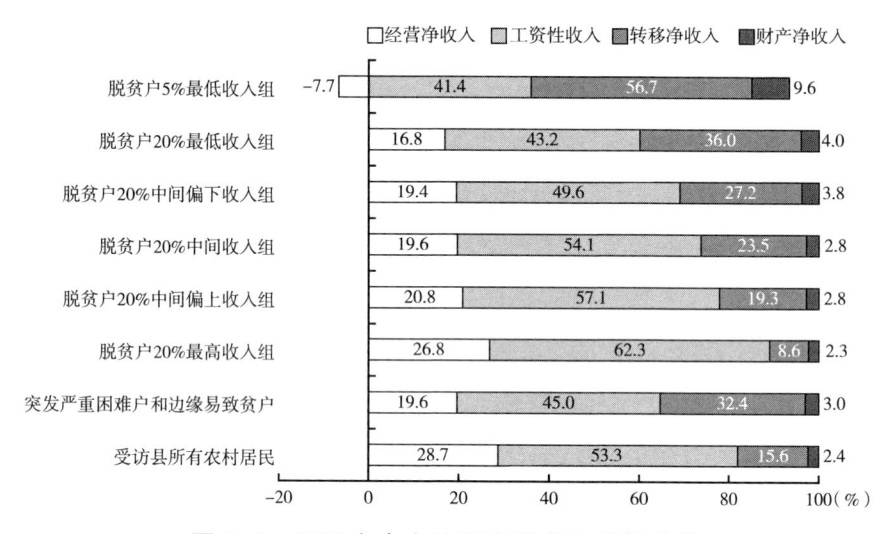

类别	经营净收入	工资性收入	转移净收入	财产净收入
脱贫户5%最低收入组	-7.7	41.4	56.7	9.6
脱贫户20%最低收入组	16.8	43.2	36.0	4.0
脱贫户20%中间偏下收入组	19.4	49.6	27.2	3.8
脱贫户20%中间收入组	19.6	54.1	23.5	2.8
脱贫户20%中间偏上收入组	20.8	57.1	19.3	2.8
脱贫户20%最高收入组	26.8	62.3	8.6	2.3
突发严重困难户和边缘易致贫户	19.6	45.0	32.4	3.0
受访县所有农村居民	28.7	53.3	15.6	2.4

图1-3 不同农户人均可支配收入结构比较

资料来源：林万龙、纪晓凯：《从摆脱绝对贫困走向农民农村共同富裕》，《中国农村经济》2022年第8期。

改变和提升包括低收入脱贫人口在内的低收入群体的生计与发展状况，客观上需要一些特惠性政策支持。但是，乡村振兴政策取向具有普惠性，如果政策功能边界不清晰，可能造成新的"悬崖效应"。所谓"悬崖效应"，指的是过去脱贫攻坚过程中，部分地区设置的地方性考核指标明显超过了"两不愁、三保障"的标准，使贫困村和非贫困村、贫困户和非贫困户待遇差距太大的现象。然而，如果缺乏

---

[1] 林万龙、纪晓凯：《从摆脱绝对贫困走向农民农村共同富裕》，《中国农村经济》2022年第8期。

系统的支持政策，低收入人口可能返贫致贫，不仅影响脱贫攻坚成果，也影响乡村振兴的质量。因此，要加强农村低收入人口识别，做好低收入人口认定工作，完善覆盖农村人口的常态化防止返贫致贫机制，建立农村低收入人口分层分类帮扶制度，通过实施就业支持、产业帮扶等发展性政策措施，提高农村低收入人口的内生发展动力。

3. 投入保障机制

脱贫攻坚，资金投入是保障。围绕精准扶贫、精准脱贫，通过统筹整合资源，积极发挥政府投入的主体和主导作用，形成了政府专项扶贫资金、相关涉农资金、社会帮扶资金等多元化投入格局，不仅投入规模大，而且增速快。脱贫攻坚期间，中央、省、市县财政专项扶贫资金累计投入近1.6万亿元，其中中央财政累计投入6601亿元，为打赢脱贫攻坚战提供了强大的资金保障。

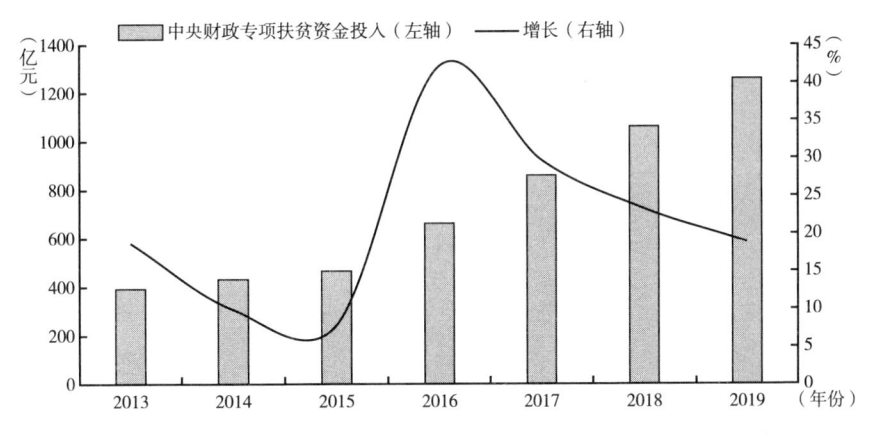

图1-4 2013~2019年中央财政专项扶贫资金投入及增长情况

资料来源：根据中华人民共和国财政部公开数据整理。

完成脱贫攻坚任务后，尽管基础设施、住房改善等方面的后续资金投入压力有所下降，但接续推动欠发达地区发展，依然需要不少资金投入。全国832个贫困县的发展条件和水平参差不齐，有的已经具

15

备自主发展条件，但还有不少的县"自我造血"能力不强，稳定脱贫基础尚不牢固，需要接续扶持。

与此同时，"三农"工作重心历史性转向全面推进乡村振兴后，对象更广、领域更多、范围更宽，需要更多地投入。近年来，我国公共财政对"三农"的投入持续增加，但与实现乡村振兴战略目标任务的要求相比，还存在较大缺口。特别是"三农"领域需要补齐的短板太多，如何加快构建起乡村振兴多元化投入机制，依然是需要解决好的问题。

为此，做好巩固拓展脱贫攻坚成果同乡村振兴有效衔接，要保持财政投入总体稳定，管好用好中央财政衔接推进乡村振兴补助资金，提升资金使用效率，确保每一分钱都花在"刀刃"上，帮助重点地区、重点群体守牢底线。同时，借鉴脱贫攻坚做法，坚持将农业农村作为一般公共预算支出优先保障领域，创新乡村振兴投融资机制，在提高财政资金使用效率、引导金融资本和社会资本投入上取得更大进展，完善乡村振兴投入机制，确保投入与乡村全面振兴目标任务相适应。

（三）向内生发展转变

欠发达地区加快发展根本上要靠内生动力。实现巩固拓展脱贫攻坚成果同乡村振兴有效衔接，也是一个外因通过内因产生作用，将外部帮扶转化为内生发展动力的过程。

1.帮扶产业可持续发展

脱贫稳不稳，农民富不富，在很大程度上取决于乡村产业发展的水平和质量。在脱贫攻坚"五个一批"中，产业扶贫涉及面最广、带动人口最多。完成全面脱贫任务后，帮扶产业发展又直接关系到脱贫地区的内生发展动力和脱贫群众的增收致富能力。据农业农村部统计，脱贫地区帮扶产业主要涉及瓜果蔬菜、特色畜牧、特色粮经作物、特色水产品、林特产品、休闲农业等六大类27小类。从产业覆盖面、带动人数和带动效果来看，在27小类中，草食畜牧、水果、蔬菜、粮油、中药材、生猪、茶叶、食用菌、禽类、薯类位列前十（简称"十大产业"）。2023年，脱贫地区十大产业共涉及760个脱贫县，占脱贫县总数的91.35%；产值达1.52万亿元，占脱贫地区主导产业总产值的89.4%，带动脱贫人口数2480万人，占脱贫县帮扶产业带动脱贫人口总数的86.1%。①

尽管如此，促进帮扶产业持续稳定发展并让农村低收入人口长期受益，依然面临不小的挑战。从实践看，大多数脱贫地区的帮扶产业实现了"从无到有"，但也存在产业规模小、链条短、技术弱、抗风险能力不强等问题。一些帮扶产业对外部力量的依赖性较大，内生发展能力不足。如果不加快提升帮扶产业发展质量和效率，这些产业将很难发展壮大。

在过去产业扶贫过程中，部分地区以行政化手段将贫困户与现代农业进行衔接，保障贫困户参与产业链利益分配，短平快项目居多、同质化现象严重，甚至出现"代种、代养、代销"现象。做好巩固拓展脱贫攻坚成果同乡村振兴有效衔接，推动帮扶产业高质量发展，需要按照市场规律、采取市场化方式推动帮扶产业发展，促进产业帮扶向产业振兴转变。

具体而言，应围绕增强脱贫地区和脱贫群众内生发展动力，推动各类资源、帮扶措施向促进产业发展和扩大就业聚焦聚力，从产业发展水平、经营管理状况、项目资产收益、联农带农效果、产业发展前景等维度对已经形成的帮扶产业进行评估，分类推进帮扶产业提质增效。重点做好补链条、强品牌、优服务工作，提升帮扶产业发展质量和综合效益。"补链条"，围绕种植养殖环节，加强本地化加工、仓

---

① 《脱贫地区，十大帮扶产业蓬勃兴起》，农业农村部网站，2024年4月26日。

储等配套能力建设，补齐农产品加工储运短板，因地制宜发展初加工、精深加工和综合利用加工，统筹推进建设产地市场、集散地市场、销地市场和线上交易平台，打造产加销密切衔接的产业链。"强品牌"，着力推进农业标准化生产，壮大帮扶产业规模，健全产品质量安全追溯体系，加强农产品地理标志管理和农业品牌保护，推动帮扶产业走品牌化之路。"优服务"，以农业生产性服务、生产托管服务、产销服务等为重点，健全全产业链服务体系，为农村低收入人口提供全产业链服务，依托社会化服务来扩大和提升帮扶产业规模和质量。

2. 生态价值有效转化

过去，我国贫困地区与生态脆弱区高度重合，绝大多数贫困人口和大多数贫困地区分布在生态环境脆弱、敏感和重点保护的地区，生态补偿是贫困地区跳出"贫困—环境退化—再贫困"陷阱的重要方式。在脱贫攻坚"五个一批"中，生态补偿脱贫是不可或缺的重要组成部分。所谓生态补偿脱贫，是指生态受益地区向生态价值提供地区给予资金、项目等补偿，拓宽贫困人口收入来源渠道，并最终摆脱贫困。多年实践表明，现金补偿、岗位补偿等生态补偿方式，客观上对提高贫困人口收入产生了积极效果。但是，受生态补偿资金筹集、"输血式"补偿方式、区域人居环境改善有限等因素影响，生态补偿脱贫的可持续性面临一定挑战。

就此来看，需要转换和拓展减贫方式，仅依靠生态补偿，很难让脱贫人口实现"生活富裕"，部分甚至可能陷入"补偿—脱贫—返贫—补偿"的循环怪圈。

做好巩固拓展脱贫攻坚成果同乡村振兴有效衔接，需要依托生态补偿脱贫奠定的良好基础，在乡村振兴战略"生态宜居"目标框架下，推动生态补偿减贫向绿色减贫转型，支持生态优势地区做好生态利用文章，积极探索生态配额交易、生态补偿、生态转移支付、生态产品开发等多种生态产品价值实现方式，拓宽绿水青山转化为金山银山的路径，引导农村低收入人口实现绿色转产转业，从而实现"生态环境建设—摆脱贫困—生态系统功能提升—走向富裕"的良性发展。[①]

当然也要看到，部分脱贫地区在生态资源价值转化上取得了一定的成效，但整体看仍处于起步探索阶段，生态资源价值实现方式比较单一、生态产品"度量难、抵押难、交易难、变现难"等问题比较突出、市场化运作机制不健全。"道虽迩，不行不至；事虽小，不为不成。"对具有生态优势的脱贫地区而言，尽管推进生态资源价值转化面临的困难和挑战是客观存在的，但从长远来看，依然是实现增收致富的重要路径。为此，应支持具备条件的脱贫地区积极探索建立生态产品价值实现机制，因地制宜探索生态资源价值实现方式，将巩固拓展生态减贫成果与壮大乡村产业有效衔接起来，走百姓富与生态美相统一的乡村振兴道路。

3. 帮扶项目资产高效利用

脱贫攻坚进程中，通过将财政专项扶贫资金和其他涉农资金投入设施农业、养殖、光伏、水电、乡村旅游等项目，形成了相当规模的帮扶项目资产，包括经营性资产、公益性资产和到户类资产。其中，经营性资产主要是具有经营性质的产业就业类固定资产及权益性资产，包括农林牧产业基地、生产加工设施、旅游服务设施、电商服务设施、经营性基础设施、光伏电站和股权、债权类资产等。公益性资产主要是公益性基础设施、公共服务类固定资产，包括道路交通、农田水利、供水饮水、环卫公厕、教育、卫生、文化、体育、电力设施等。资产收益扶贫是增加贫困户财产净收入的一种重要方式。据国家

[①] 肖文海、邵慧琳：《建立健全生态产品价值实现机制》，《中国社会科学报》2018年5月29日。

脱贫攻坚普查公报①（第三号），建档立卡以来，享受资产收益扶贫政策的建档立卡户共计944.5万户。

这些帮扶项目资产既是脱贫攻坚成果的积累沉淀，也是乡村全面振兴的重要物质基础。有效管理和运营这些资产，不仅可以在脱贫攻坚期内让贫困人口通过资产收益脱贫，而且在乡村振兴战略全面实施过程中，还可以成为农民的有效增收渠道。

构建脱贫攻坚国家投入形成资产的长效管理机制，加强帮扶项目资产管护运营，是巩固拓展脱贫攻坚成果同乡村振兴有效衔接的重要任务。

那么，如何才能管好用好帮扶项目资产？首先，要立足产权归属，摸清底数，分级分类建立帮扶项目资产台账，稳妥推进帮扶项目资产确权移交，将符合条件的帮扶项目资产纳入农村集体资产统一管理，解决好帮扶项目资产"属于谁、谁来管、如何管"的问题。其次，加强帮扶项目资产管护运营，对经营性帮扶项目资产，着力提高运营管理水平，结合资产特点和当地实际创新运营方式，通过村集体自营、承包、租赁等方式经营或投入到合作社、企业等经营，提高资产利用效率。对未确权给村集体的公益性资产，根据行业标准落实管护责任人和管护经费。最后，围绕资产收益"属于谁、谁来分、如何分"等问题，完善资产收益分配机制，以有利于巩固拓展脱贫成果和推进乡村振兴为原则，规范收益分配使用。

三 推进乡村全面振兴

乡村振兴战略为新时代新征程乡村发展指明了方向和道路。关于

---

① 公报数据为普查登记时点的数据，或为建档立卡以来至普查登记时期的数据。第一批普查登记时间为2020年7~8月，第二批普查登记时间为2020年12月至2021年1月。

乡村振兴这一主题，相关政策表述是有所变化的。党的十九大报告首次提出实施乡村振兴战略，党的二十大报告明确强调全面推进乡村振兴，2023年中央农村工作会议提出推进乡村全面振兴，"全面"的位置不同，乡村振兴的内涵得以不断丰富和拓展。

（一）科学意蕴

从全面推进乡村振兴到推进乡村全面振兴，是理论创新和实践创新良性互动的结果，深刻体现了新时代党领导"三农"工作的基本立场、价值追求和实践指向。

1.乡村时代价值认识的新高度

城乡关系是人类社会发展中的一对基本关系，这种关系在不同阶段、不同制度条件下，又表现出彼此对立或相互促进、相互融合的不同形态，深刻影响着社会的发展变化。自人类开启现代化进程以来，乡村以不同形式、在不同程度上被卷入现代化浪潮。如何认识现代化进程中的乡村价值，一定程度上决定了处理城乡关系的模式，进而也决定了社会发展的基本面貌。从西方发达国家的实践看，现代化是由城市工业部门主导的过程，乡村发展并不是现代化的价值目标，而是工业化、城市化的成果向乡村扩散的结果。这种以城市工业部门为主导、将乡村置于被动和从属地位的现代化模式，不仅在实践上不具有普遍性意义，在理论上也没有得到充分认可。

我国自古以农立国，农业农村农民问题是关系国计民生的根本性问题，正确认识乡村价值、科学处理城乡关系历来具有重要意义。改革开放以来，乡村的独特价值受到更多重视，乡村发展的独立性、自主性更强，乡村在城乡关系变动中的地位明显提升，发展活力也就很快释放了出来。进入21世纪以来，我们党对乡村价值的认识不断深化，始终坚持把解决好"三农"问题作为全党工作的重中之重，通过实施统筹城乡经济社会发展、城乡一体化发展等重大战略，促进了城乡共同发展。

党的十八大以来，习近平总书记从全局和战略高度来把握和处理工农关系、城乡关系，提出要强化以工补农、以城带乡，加快形成工农互促、城乡互补、协调发展、共同繁荣的新型工农城乡关系。推进乡村全面振兴，准确把握社会生产力发展带来的城乡融合发展趋势，将乡村发展和繁荣作为中国式现代化建设的重要价值目标之一，更加强调乡村之于城市不可替代的价值，更加突出乡村振兴对于现代化建设全局的意义，这是对新时代乡村价值和功能认识的新的升华。

2. 百年乡村建设实践的新拓展

中国近代以来的发展史，是一部乡村建设史，也是一部从乡村入手探索中国前途和出路的奋斗史。与早期乡村建设派开展的乡村改良实践不同，中国共产党成立以后，一直把依靠农民、为亿万农民谋幸福作为重要使命，始终把解决农业、农村和农民问题作为中国革命、建设、改革和发展的首要问题，尊重农民主体地位和首创精神，组织动员广大农民开展了富有成效的乡村建设活动，显著改善了农民生产生活条件，我国乡村面貌发生了翻天覆地变化。从这个方面看，中国共产党百余年来的发展史，也是一部领导广大农民开展乡村建设的奋斗史。

习近平总书记强调，"我们要坚持用大历史观来看待农业、农村、农民问题，只有深刻理解了'三农'问题，才能更好理解我们这个党、这个国家、这个民族"。[①] 只有深刻理解了我们党带领农民开展乡村建设、为农民谋幸福的实践和事实，才能更好地领会党的性质和宗旨，更好地把握乡村振兴的战略方向。

推进乡村全面振兴，是党领导广大农民开展百年乡村建设实践的

---

① 习近平：《坚持把解决好"三农"问题作为全党工作重中之重，举全党全社会之力推动乡村振兴》，《求是》2022年第7期。

延续，但这种延续不是简单的、机械地连续和延伸，而是结合我国乡村发展实际、经过完善后更为科学合理地继承，更是顺应中国式现代化发展要求、以满足广大农民对美好生活的向往为目标的乡村建设实践，有利于从根本上解决好"三农"问题。

客观地看，改革开放以来，我国乡村发展取得了长足进步，但乡村活力不足、城乡发展差距大的问题尚未得到根本解决。推进乡村全面振兴，着眼于促进城乡平衡发展，全面拓展乡村建设的深度、广度。政策体系、工作体系和制度体系的系统性构建，必将汇聚起更强大的力量，推动农村经济、政治、文化、社会、生态文明和党的建设水平全面提升，促进农业全面升级、农村全面进步、农民全面发展。

3.循序渐进推进乡村建设的科学安排

恩格斯指出，世界不是既成事物的集合体，而是过程的集合体。[①] 事物的发展是一个过程。事物发展的过程，从形式上看，是事物在时间上的持续性和空间上的广延性的交替。从内容上看，是事物在运动形式、形态、结构、功能和关系上的更新。

推进乡村全面振兴，是在生产力发展的更高水平上推进乡村全域的整体振兴，是乡村空间形态、结构功能、发展样态的系统性更新，具有长期性、艰巨性和复杂性，是一个循序渐进的动态过程。党的十八大以来，我们党正确把握事物发展客观规律与主观能动性的辩证关系，提出了一系列前后连贯、与发展规律相契合的精准策略和重大部署，循序渐进推进乡村建设和发展，农业农村发展取得历史性成就、发生历史性变革。

在以习近平同志为核心的党中央领导下，我国组织实施了人类历史上规模空前、力度最大、惠及人口最多的脱贫攻坚战，历史性地消

---

① 恩格斯：《路德维希·费尔巴哈和德国古典哲学的终结》，中央编译出版社，2022。

除了绝对贫困和区域性整体贫困，实现了快速发展与大规模减贫同步、经济转型与消除绝对贫困同步，使贫困地区乡村发展大踏步赶上来。从解决新时代社会主要矛盾、顺应亿万农民对美好生活的向往出发，党的十九大报告首次提出实施乡村振兴战略，并将其作为新时代做好"三农"工作的总抓手。脱贫攻坚取得胜利后，我国"三农"工作的重心历史性转移到全面推进乡村振兴上来。党的二十大报告明确提出"全面推进乡村振兴"，为继续做好乡村振兴这篇大文章指明了方向、提供了遵循。从打赢脱贫攻坚战到实施乡村振兴战略再到推进乡村全面振兴，这是一条符合乡村自身发展规律的有效路径。

4. 解决社会主要矛盾的重要途径

唯物辩证法认为，矛盾是事物发展的根本动力，主要矛盾的存在和发展，规定或影响着其他矛盾的形态和变化。善于抓住和集中力量解决主要矛盾，是我们党科学的领导方法和工作方法的一个重要原则。习近平总书记指出，面对复杂形势和繁重任务，首先要有全局观，对各种矛盾做到心中有数，同时又要优先解决主要矛盾和矛盾的主要方面，以此带动其他矛盾的解决。[①] 当前，我国社会主要矛盾已经转化为人民日益增长的美好生活需要和不平衡不充分的发展之间的矛盾。

我国发展最大的不平衡是城乡发展不平衡，最大的不充分是农村发展不充分。二者彼此呼应、相互交织，"不充分"是"不平衡"产生的客观基础，"不平衡"反过来又会加剧"不充分"。

推进乡村全面振兴，是促进农村充分发展的必由之路，有利于破除发展不平衡和发展不充分的负向循环。乡村作为一个具有自然、社会、经济特征的地域综合体，在满足城乡居民多元化需求、促进经济

---

① 习近平：《辩证唯物主义是中国共产党人的世界观和方法论》，《求是》2019年第1期。

增长方面发挥着不可替代的重要功能，是全面建设社会主义现代化国家最广泛最深厚的基础。习近平总书记强调，"推进中国式现代化，必须全面推进乡村振兴，解决好城乡区域发展不平衡问题"。[①] 推进乡村全面振兴，促进地域广阔的乡村、规模巨大的农村居民整体迈入现代化，实现乡村充分发展和城乡平衡发展，将释放出巨大的创新动能和消费潜能，有利于畅通国内经济大循环，增强我国经济韧性和战略纵深，为中国式现代化提供坚实支撑。

（二）丰富内涵

推进乡村全面振兴，是"五位一体"总体布局、"四个全面"战略布局在"三农"工作中的体现。推进乡村全面振兴的"全面"，其内涵可以从以下四个方面来认识和把握。

1. 全方位振兴

全方位振兴即覆盖的领域全面，通过统筹推进产业振兴、人才振兴、文化振兴、生态振兴、组织振兴"五个振兴"，激发乘数效应和化学反应。乡村振兴是"五位一体"的总体布局，是一个有机衔接、内在统一的整体。"五个振兴"相互关联、各有侧重、互为补充。推进乡村全面振兴的"全面"，首先体现在五大领域全覆盖。乡村振兴不是单一方面或几个方面的振兴，而是"五个振兴"的整体性推进，不能存在明显短板，同时，也不是割裂推进，而是协同性推进，能够形成整体效能。

从实践看，"五个振兴"都取得了积极进展，但进展不一、彼此支撑还不够。比如，人才振兴与产业振兴的适配度不够，乡村特色产业发展普遍缺乏人才；产业振兴与生态振兴、文化振兴衔接不充分，

[①] 中央农村工作领导小组办公室：《有力有效推进乡村全面振兴》，《求是》2024年第2期。

丰富的自然资源、人文资源尚未通过多元的产业化运营实现价值增值；等等。推进乡村全面振兴，要强化"五个振兴"之间的联系性、支撑性和相互促进性，统筹推进农村经济建设、政治建设、文化建设、社会建设、生态文明建设和党的建设，推动乡村生产生活方式、社会制度、价值观念、文化心理等系统性变革，提高推进乡村全面振兴的效力效能。

2.全域覆盖

全域覆盖即覆盖的区域全面，从过去的贫困地区拓展到全部农村地区。与脱贫攻坚相比，推进乡村全面振兴不是针对特定状况和水平的乡村，而是将全部的乡村都纳入，在广度上实现进一步拓展。当然，全域振兴并不意味着现有的每个村庄都要振兴，或者以相同的模式实现振兴。

客观而言，我国城镇化进程尚未结束，农村人口向城镇集中是大趋势，随之而来的是村庄格局持续演变。一些规模较大的中心村会聚集更多的人口和产业，通过全面完善公共基础设施、提高公共服务便利度、深化人居环境整治，让农民就地过上现代文明生活。一些城市近郊区以及县城城关镇所在地的村庄会逐步同城镇融合，在形态上仍保留着乡村风貌，但通过一体化规划和建设，公共服务水平、社会治理水平等将与城镇相差无几。对于历史文化名村、传统村落等自然历史文化特色资源丰富的村庄，需要在保护中发展，保持村庄的完整性、真实性和延续性，加强资源保护和活化利用，发展壮大特色产业。

与此同时，推进乡村全面振兴，也并不意味着所有地区的乡村同步实现振兴。比如，一部分地区虽然整体上摆脱了贫困，但内生动力和自我发展能力还不强，部分脱贫人口的收入水平仍然不高，需要做好巩固拓展脱贫攻坚成果同乡村振兴的有效衔接工作，增强乡村经济活力和发展后劲。不少中西部地区乡村产业基础不稳固，农村基础设施和公共服务条件比较薄弱，需要进一步推进"四化同步"发展，壮大乡村特色产业，扎实推进乡村建设。东部地区乡村发展基础相对更好，具备率先破除城乡二元结构的条件，应着力推进城乡融合发展，加快实现全面振兴。

3. 全员共享

全员共享即覆盖的人口全面，从过去建档立卡的贫困人口到全体农村居民。共享发展不是少数人共享、一部分人共享，而是人人享有、各得其所。推进乡村全面振兴，是惠及全体农村居民的振兴。可以从两个方面来理解。

一方面，乡村振兴的成果要惠及全体农村居民，让广大农村居民过上更加富裕更加美好的生活，确保共同富裕的路上"一个也不能掉队"。习近平总书记强调，要牢记亿万农民对革命、建设、改革作出的巨大贡献，把乡村建设好，让亿万农民有更多获得感。[1] 未来即便我国城镇化率达到70%以上，还将有数亿人生活在乡村，要充分发挥农民的主体作用和首创精神，坚持不懈地推进宜居宜业和美乡村建设，持续提高农村生活质量、缩小城乡发展差距，让广大农民群众过上现代文明生活。

另一方面，推进乡村全面振兴，要以促进农民全面发展为目的。农民发展问题是"三农"问题的核心。马克思认为，人的全面发展是"人以一种全面的方式，也就是说，作为一个完整的人，占有自己的全面的本质"[2]，包括人的思想、人的需要、人的素质、人的价值等方面的全面发展。推进乡村全面振兴，不仅要改善农民的物质生活条件，同时也要保障农民政治、经济、文化、社会权益，提高农民综合素质，实现农业全面升级、农村全面进步与农民全面发展的有机

---

[1] 中共中央党史和文献研究院编《习近平关于"三农"工作论述摘编》（大字本），中央文献出版社，2019。

[2] 《马克思恩格斯全集》第四十二卷，人民出版社，1979。

统一。

4. 全要素保障

全要素保障即资源全力投入，人力财力物力都要向乡村振兴转移。通过资源高效动员、有效整合和集中投入，是我们打赢脱贫攻坚战的重要经验，也是推进乡村全面振兴的必然要求。党的十八大以来，党中央把脱贫攻坚摆在治国理政的突出位置，发挥社会主义制度集中力量办大事的优势，广泛动员全党全国各族人民以及社会各方面力量，形成跨地区、跨部门、跨单位、全社会共同参与的社会扶贫体系，汇聚起脱贫攻坚的强大合力并取得了全面胜利。

推进乡村全面振兴的艰巨性、复杂性，不仅体现为涉及的农村人口规模巨大，还在于其是在农业自我循环累积不足、集体配置资源能力总体不高的基础上进行的。城乡二元结构体制下，农村要素长期大量流出，造成农业无法从根本上摆脱"低水平均衡"，乡村通过自我组织动员来参与乡村建设在意愿和能力上都不足，客观上带来内生发展动力不足的问题。

当前推进乡村全面振兴，要充分发挥党总揽全局、协调各方的领导核心作用，促进有效市场和有为政府更好结合，加强对多元主体的有效整合，将人力投入、物力配置、财力保障转移到乡村振兴上来。加快破除城乡二元结构，消除妨碍城乡要素平等交换、双向流动的制度壁垒，促进发展要素、各类服务更多下乡，激发乡村发展内生动力。

第二章 续写新篇章：做好易地扶贫搬迁后续帮扶

"石头缝里不出苗，熬干汗水吃不饱"曾是深度贫困地区的真实写照。长期以来，生活在"一方水土养不起一方人"地区的贫困人口，其生存和发展问题始终是消除贫困面临的最大难点。为了使贫困人口彻底摆脱恶劣的生存环境和艰苦的生产生活条件，1983年，我国针对"三西"地区严重干旱缺水和当地群众生存困难的情况，探索实施"三西吊庄移民"扶贫，开了搬迁扶贫的先河。之后，易地扶贫搬迁成为我国开发式扶贫的重要措施。2001年，在内蒙古、贵州、云南、宁夏4个省份开展易地扶贫搬迁试点，随后又陆续扩大到全国17个省份。2001~2015年累计搬迁贫困群众680多万人。

然而，当时全国仍有近1000万建档立卡贫困人口尚未搬迁，分布于11个集中连片特困地区，特别是在"三区三州"，包括西藏和青海、四川、云南、甘肃四省涉藏州市，新疆南疆地区以及甘肃临夏州、云南怒江州、四川凉山州。他们的生存环境和居住条件更为恶劣、贫困程度更深，如不实施易地搬迁，这部分贫困群众很难脱贫，但如果按照原有政策力度，也无法完全搬迁。为此，党中央、国务院决定开启新时期易地扶贫搬迁工作，从2016年起，用5年时间把这部分群体搬迁出来，采取超常规举措啃下多轮扶持未啃下来的"硬骨头",让他们彻底稳定脱贫。

正如班纳吉（Abhijit V. Banerjee）和迪弗洛（Esther Duflo）在《贫穷的本质》一书中所言，"要消除贫穷，就必须倾听穷人的心声，理解穷人的生活方式。只有基于这样的理解，我们才能真正找到贫穷的原因，进而找到应对的方法"。①"一方水土养不起一方人"的地区资源环境承载能力不足、交通不便、信息不畅、自然灾害频发，易陷入"贫困—经济社会发展落后—贫困程度加深"的恶性循环。我国新时期易地扶贫搬迁，是一个系统的、渐进的经济社会建构过程，不仅强调居住社区的再造与重建，也统筹考虑提升迁入地的基本公共服务能力，以及搬迁群众后续发展、社会融入、稳定脱贫等一系列问题。实践证明，新时期易地扶贫搬迁是"一方水土养不起一方人"地区摆脱贫困最有效的途径，是铲除深度贫困根源、阻断贫困代际传递、破解区域贫困难题最彻底、最有效的方法。

通过"挪穷窝""换穷业"，实现了"拔穷根"。到2020年底，960多万名建档立卡贫困群众全部乔迁新居，其中在城镇安置的有500多万人，农村安置的约有460万人。易地扶贫搬迁工作取得决定性成效，实现了人类迁徙史和世界减贫史上的伟大壮举。当然，搬出来只是易地扶贫搬迁工作的第一步，让搬迁群众稳得住、能致富，需要在经济、生态、社会、文化等多个层面进行系统构建，扎实做好"后半篇文章"。

一 人类迁徙史上的伟大壮举

我国用5年时间将近千万贫困人口，这个规模相当于一个中等国家的人口，搬迁出来并实现有序安置，不仅搬迁人口数量在中外

---

① 阿比吉特·班纳吉、埃斯特·迪弗洛：《贫穷的本质：我们为什么摆脱不了贫穷》，景芳译，中信出版社，2013。

历史上前所未有,而且在搬迁过程中全面解决好"人往哪里搬、钱从哪里筹、地在哪里划、房屋如何建、收入如何增、生态如何护、新社区如何管"等问题,工作的系统性、全面性也是前所未有的。巨大成就的背后,是易地扶贫搬迁组织动员体系、减贫任务体系、资源保障体系的构建与高效运行。

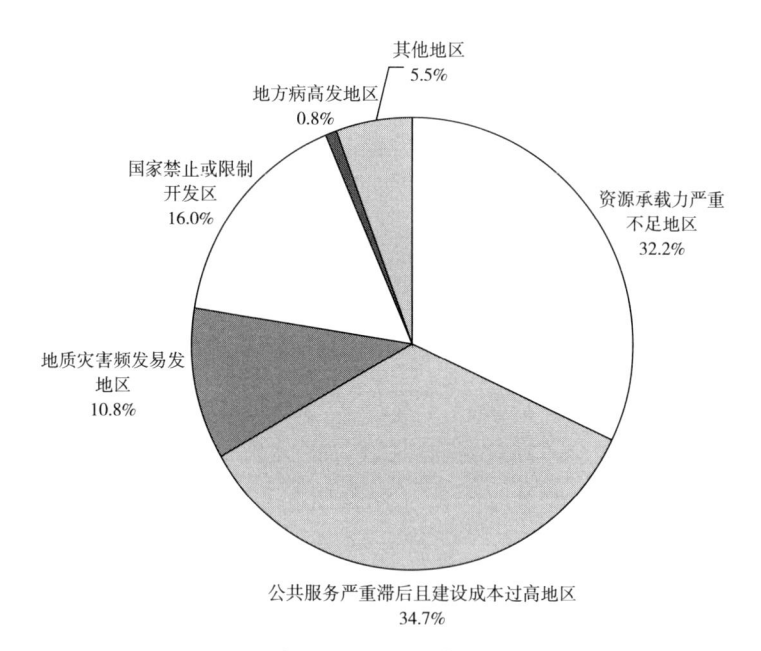

图 2-1　我国不同原因搬迁人口分布

其他地区 5.5%
地方病高发地区 0.8%
国家禁止或限制开发区 16.0%
地质灾害频发易发地区 10.8%
公共服务严重滞后且建设成本过高地区 34.7%
资源承载力严重不足地区 32.2%

注:此数据基于国务院扶贫办结合建档立卡"回头看"工作,截至 2016 年 5 月底通过扶贫开发建档立卡信息系统核定的建档立卡搬迁人口规模。

资料来源:国家发展改革委:《全国"十三五"易地扶贫搬迁规划》,2016 年 9 月。

(一)严密高效的组织动员机制

新时期易地扶贫搬迁任务之艰巨、工作链条之长,既不同于 20 世纪 80 年代我国的开发性移民,也有别于西方的生态移民或环境移民,面临的挑战不同以往。"十三五"期间，我国易地扶贫搬迁规模超过了20世纪80年代到2015年搬迁的680万人口，超过三峡移民规模近8倍，如此大的搬迁规模在中国扶贫史和世界历史上都是前所未有的。

易地扶贫搬迁所涉及的对象认定、工程建设、搬迁安置、土地复垦、后续发展、社会融入等工作，几乎涵盖了脱贫攻坚各领域各方面。我国能够在如此短的时间内进行大规模的人口搬迁，并一揽子解决搬迁群众行路难、吃水难、用电难、上学难、看病难、通信难、结婚难等突出困难，离不开高效的组织动员机制。从中央统筹、省负总责到市县抓落实，从政府主导到企业、社会组织协同参与，政府主导贫困瞄准、贫困干预、脱贫成效评估等减贫全过程，同时，又积极发挥市场组织、社会组织的专业性和补缺型作用，从而形成了环环相扣、步步咬合、高效运转工作格局。其中，中央统筹包括统筹政策供给、统筹资金安排、强化监督检查三个方面，既建立工作机制、编制全国规划、明确资金渠道，又强化效果监管，包括资金使用是否精准、还贷机制是否通畅、搬迁任务是否能如期保质保量完成、搬迁群众是否能在迁入地稳定脱贫。省负总责，包括统筹好中央相关政策和资金，做好省级规划编制、配套政策制定、资金承接拨付、融资统贷统还、日常工作调度、督促检查指导、宣传教育培训等工作。市县党委政府具体抓好对象识别认定、实施方案编制、搬迁组织动员、安置点规划选址、安置用地落实、工程项目建设、资金管理使用、后续产业就业、社会融入管理、旧房拆除和宅基地复垦复绿、土地增减挂钩交易等工作。

高效的组织动员机制，为对象认定、工程建设、住房分配、搬迁安置、土地复垦户籍迁移、社会保障、社区管理等工作提供了强有力的组织保障，进而有效提升了政府扶贫整体效能。新时代易地搬迁属于集中优势兵力打攻坚战，充分发挥了我国集中力量办大事的制度优势。

为保障扶贫搬迁工作有效开展，国家各部门相继出台相关方案、办法、通知等，详见表2-1。

表 2-1 新时期易地扶贫搬迁工作相关重要文件

年份	部门	文件
2015	国家发展改革委、国务院扶贫办、财政部、国土资源部、中国人民银行	《"十三五"时期易地扶贫搬迁工作方案》
2016	国家发展改革委	《全国"十三五"易地扶贫搬迁规划》
	国土资源部	《关于用好用活增减挂钩政策积极支持扶贫开发及易地扶贫搬迁工作的通知》
	国家发展改革委	《易地扶贫搬迁专项建设基金监督管理暂行办法》
	国家发展改革委、国务院扶贫办	《关于严格控制易地扶贫搬迁住房建设面积的通知》
	财政部、国务院扶贫办	《关于做好易地扶贫搬迁贷款财政贴息工作的通知》
	国家发展改革委	《易地扶贫搬迁中央预算内投资管理办法》
	财政部	《关于城乡建设用地增减挂钩支持易地扶贫搬迁有关财政政策问题的通知》
2018	财政部、国家发展改革委、国务院扶贫办、自然资源部、中国人民银行	《关于调整规范易地扶贫搬迁融资方式的通知》
	财政部、国家发展改革委、国务院扶贫办、中国人民银行	《关于进一步做好调整规范易地扶贫搬迁融资方式有关工作的通知》
	国家发展改革委	《易地扶贫搬迁事中事后监管巡查工作方案》
	国家发展改革委、国务院扶贫办	《关于进一步加强易地扶贫搬迁工程质量安全管理的通知》
	财政部、国家税务总局	《关于易地扶贫搬迁税收优惠政策的通知》
2019	国家发展改革委	《2019年易地扶贫搬迁监管巡查工作方案》
	国家发展改革委	《关于上下联动进一步加强易地扶贫搬迁监管巡查工作的通知》
	人力资源社会保障部、国家发展改革委、财政部、国务院扶贫办	《关于做好易地扶贫搬迁就业帮扶工作的通知》

续表

年份	部门	文件
2019	国家发展改革委等部门	《关于进一步加大易地扶贫搬迁后续扶持工作力度的指导意见》
2020	国家发展改革委等部门	《2020年易地扶贫搬迁后续扶持若干政策措施》
2021	国家发展改革委、国家乡村振兴局等部门	《关于切实做好易地扶贫搬迁后续扶持工作巩固拓展脱贫攻坚成果的指导意见》
2023	国家发展改革委等部门	《关于推动大型易地扶贫搬迁安置区融入新型城镇化实现高质量发展的指导意见》
	国家发展改革委、国家乡村振兴局	《巩固易地搬迁脱贫成果专项行动方案》

（二）有效衔接的减贫任务体系

从国内外移民实践看，移民搬迁后极易出现返迁、返贫等现象，实现移民稳定并突破贫困陷阱，往往是政策的难点所在。过去我国生态移民、扶贫搬迁等工作重点主要集中在安置点建设与人口搬迁，由于后续扶持措施不配套，经常出现"搬迁即失业""入住即返迁"现象。

与此不同，新时期易地扶贫搬迁坚持"搬迁是手段，脱贫是目的"的理念，着眼于贫困人口生计改善和全面发展各方面，以及搬迁、稳定、发展全过程，统筹考虑"人往哪里搬、钱从哪里筹、地在哪里划、房屋如何建、收入如何增、生态如何护、新社区如何管"等问题，形成了重点突出、相互衔接、系统配套的任务体系，既包括安全适用住房、基础设施和公共服务设施建设，也涉及搬迁群众就业创业、社区管理、文化传承以及迁出区生态修复等诸多方面，几乎涵盖脱贫攻坚各领域各方面，促进了人口、资源、生态的协调发展。

通过建设安置住房、配套公共服务设施、加强就业扶持和社会融入,"挪穷窝""换穷业""拔穷根"并举,从而消除贫困陷阱的内生性,有效防止搬迁"后遗症",全面改善广大搬迁群众的生产生活条件。截至2020年底,全国累计建成集中安置点约3.5万个,并实现社区管理服务全覆盖;建设安置住房266万余套,总建筑面积2.1亿平方米,人均住房面积20.8平方米;全国组织建档立卡搬迁群众外出务工392.83万人,有劳动力的搬迁家庭基本实现至少1人就业目标。

(三)与人口迁移相匹配的资源保障体系

为了使符合条件的搬迁群众能够应搬尽搬,相关部门出台了包括资金筹措方案、安置住房面积标准、旧房拆除和宅基地复垦复绿、土地增减挂钩节余指标交易等在内的一系列专项政策,形成了"钱"与"地"相统筹的资源保障体系。

1.创新资金筹措方式

在增加中央预算内投资规模的同时,引入了开发性、政策性金融资金,形成"中央预算内投资+专项建设基金+地方政府债务资金+低成本长期贷款+搬迁人口自筹资金"的资金筹措方式,有效解决了搬迁资金缺口问题,让贫困群众能够搬得起、搬得出。

其中,中央预算内投资由国家发展改革委在中央预算内投资中统筹安排;专项建设基金以资本金形式注入省级投融资主体,用于易地扶贫搬迁安置住房和配套设施建设;地方政府债务资金通过省级政府发行债券筹集资金后,以项目资本金形式注入省级投融资主体,由省级财政承担偿还责任;低成本长期贷款通过国家开发银行、中国农业发展银行发行专项金融债券筹集,由省级投融资主体承贷。

"十三五"期间,国家共安排中央预算内投资800亿元,撬动专项建设基金、中长期低息贷款、地方政府债务资金、群众自筹资金等各类融资资金约5200亿元,加上地方因同步搬迁投入的资金,总投资超过1万亿元。① 为了确保资金规范、高效使用，相关部门出台了一系列资金使用管理办法，建立易地扶贫搬迁常态化稽察机制，实现了资金安排使用全过程监管，确保了易地扶贫搬迁资金规范高效使用，实现"阳光搬迁""廉洁搬迁"。

2. 加强用地保障

搬迁人口大多集中在我国中西部地区，山地、高原、荒漠化土地、生态脆弱区域占比高，水土条件比较匹配、适宜安置的空间实际上并不多。为了破解搬迁安置面临的土地资源约束，用好用活城乡建设用地增减挂钩政策成为重要手段。新增建设用地计划指标优先保障易地扶贫搬迁工程用地需要，按照应保尽保的要求，增减挂钩指标向易地扶贫搬迁地区倾斜。集中连片特困地区、国家扶贫开发工作重点县和开展易地扶贫搬迁的贫困老区，可以将增减挂钩节余指标在省域范围内流转使用。同时，还建立了易地扶贫搬迁用地手续办理审批绿色通道，提高用地审批效率，确保了易地扶贫搬迁工程用地需要。

二 重构经济和社会关系

通过易地扶贫搬迁，实现了搬迁群众的生计空间重建，但客观而言，搬迁群众的经济和社会关系重构过程并没有完成。易地扶贫搬迁阶段转变后，搬迁群众的生计途径、发展诉求等都发生了一定的变化，这对过去建设搬迁阶段的组织体系、任务体系和资源保障体系转变提出了新的要求，做好"后半篇文章"，需要确立新的发展导向。

---

① 《"十三五"易地扶贫搬迁：伟大成就与实践经验》，http://www.ndrc.gov.cn，2021年6月30日。

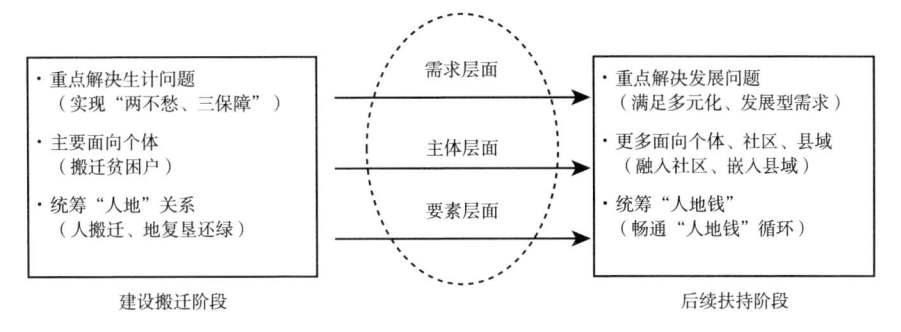

```
建设搬迁阶段                                              后续扶持阶段
·重点解决生计问题          需求层面          ·重点解决发展问题
 （实现"两不愁、三保障"）                  （满足多元化、发展型需求）
·主要面向个体            主体层面          ·更多面向个体、社区、县域
 （搬迁贫困户）                            （融入社区、嵌入县域）
·统筹"人地"关系          要素层面          ·统筹"人地钱"
 （人搬迁、地复垦还绿）                    （畅通"人地钱"循环）
```

图 2-2 易地扶贫搬迁后续扶持基本导向

（一）需求层面

易地扶贫搬迁的对象主要是"一方水土养不起一方人"地区的贫困群众，但这一群体并不是完全同质的，内部存在家庭资源禀赋、就业居住意愿等差异。并且，这一群体在搬迁安置过程中又进一步分化。为此，后续扶持不仅要关注普适性，也要兼顾差异性，实现从满足生存型需求向兼顾过渡性、满足发展型需求转型。

一方面，瞄准多元化发展型需求。人的需求具有多样性和发展性特点，易地扶贫搬迁群众的需求必然会随着自身生存境况的持续改善而不断变化。易地扶贫搬迁建设，系统地改善了搬迁群众的住房条件、就业空间、公共服务享有水平等，既"挪穷窝"又"换穷业"，帮助搬迁群众克服了地理空间禀赋差、资源匮乏、自然条件恶劣等导致贫困的决定性因素，破除了"贫困—经济社会发展落后—贫困程度加深"的恶性循环。

但是，当不愁吃、不愁穿、有房住等生存压力逐步得到解决后，搬迁群众的需求也更加多元化，发展型需求不断增长，非物质的、精神性需求逐步增长。这种需求转变是搬迁群众追求美好生活的必然结果，也是实现更加全面发展的要求。有效满足搬迁群众不断增长的发展型需求，客观上要求前期建设搬迁阶段政府全面主导、以

"硬件"建设为主的扶持模式和任务体系需要进行适当调整,有些超出后续扶持范畴的任务应结合乡村全面振兴和城镇化建设进程压茬推进。

另一方面,兼顾过渡性需求。由于易地扶贫搬迁的安置方式、搬迁个体能力禀赋等不同,搬迁群体的需求在搬迁过程中也出现了一定分化,部分需求呈现明显的过渡性特征。一些搬迁户在搬迁后仍主要依靠农业收入,从农村搬到农村,居住条件虽然有所改善,但在新居住地没有土地,如果不能外出务工,仍需继续耕种原有土地。由于居住地和耕种土地之间距离较远,出现为了耕种方便选择居住在老家,或者白天到原居住地耕种农田、晚上回安置区"两头跑"等现象。这种状况的存在,客观上对维护社会稳定、保障农民收入、降低安置成本具有重要意义,有一定合理性。如果将其老宅一拆了之而缺乏相应配套措施,或过早断掉其与迁出地的经济社会联系,可能引发矛盾。另外,还有一些分散安置的搬迁群众,尽管被纳入安置地村(社区)统一管理,但与当地村民(居民)"同权化"依然存在较多困难,涉及土地及其他利益分配时,仍然被当成"外乡人",这部分群体的资产和合法权益,需要有差异化的措施来保障。

(二)主体层面

易地扶贫搬迁安置阶段主要瞄准搬迁群众个体需求,无论是就业帮扶、产业扶持、安置房建设,还是安置点配套基础设施和公共服务设施建设,目的都是有针对性地改善搬迁群众的生产生活条件。做好"后半篇文章",一方面,扶持政策的连续性和稳定性要继续保持,避免政策"断档"造成返迁返贫;另一方面,实现稳得住、逐步能致富的目标,易地搬迁安置社区和迁入地县域经济的发展也要充分考虑。为此,要更加重视安置社区的群体化诉求和迁入县域的一体化发展需求，从重点扶持个体向促进"个体—社区—县域"融合发展转型。

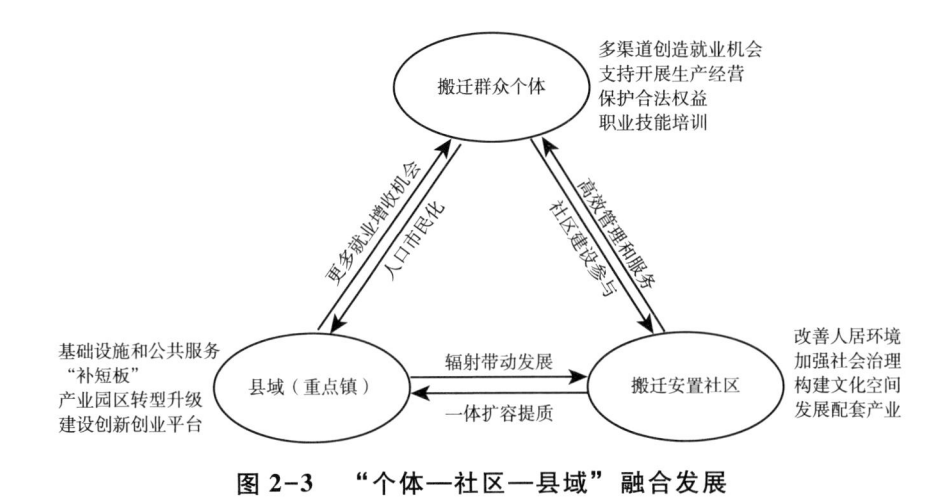

图 2-3 "个体—社区—县域"融合发展

一方面，安置社区的群体化诉求。社区是具有共同意识和共同利益的社会生活共同体，个人生计空间的改善离不开社区公共空间的塑造。正如 1917 年英国社会学家麦基弗（Robert Morrison MacIver）在《社群：一种社会学的研究》一书中指出的那样，社群必须建立在成员的共同利益之上，共同善或公共利益可以创造出社群。

易地扶贫搬迁群众由过去的分散居住变为集中居住，形成了新的村（居）民社区，但这种社区不同于斐迪南·滕尼斯（Ferdinand Tönnies）所说的有着相同价值取向、人口同质性较强的社会共同体，这类共同体是基于传统的血缘、地域和文化等自然因素而形成的社区，其人际关系往往亲密无间、守望相助，服从权威并具有共同信仰和共同风俗习惯。搬迁安置形成的新社区，大多缺乏健全的、内生的矛盾和冲突化解机制，能否形成社区共同体，直接关系到易地扶贫搬迁成效的巩固提升。为此，后续扶持不仅要关注搬迁群体个体需求，也应更加关注社区群体性需求，在组织体系建设、公共服务配套、环境整治、文化空间塑造等方面加大支持力度,确保搬迁群众住上新居所、过上新生活。

另一方面,迁入地县域经济的发展需求。易地扶贫搬迁安置点在选址上一般位于交通较为便利、基础设施和公共服务设施较为完善、产业发展较好的中心村、小城镇、产业园区,无论是安置区配套产业的发展壮大,还是搬迁群众就近稳定就业,都与迁入地县域经济发展水平关系密切。易地扶贫搬迁进入以做好后续扶持为主的阶段后,进一步改善搬迁群众生产生活条件,需要继续加强安置区"点"上建设,并加快推进安置区配套基础设施和公共服务设施与城镇互联互通、一体化提质扩容,避免安置区成为"孤岛"。与此同时,需要更加重视迁入地县域经济的发展,统筹县域内资源大力发展特色优势产业,提升搬迁群众稳定就业质量,增强对搬迁安置区的辐射带动效应。

(三)要素层面

易地扶贫搬迁阶段的主要目标是"搬得出、稳得住",因此工作重点在于统筹"人"与"地"的关系,实现"一进一退"。所谓"进",就是让贫困人口有序搬进安置房,并通过就业扶持、产业帮扶等实现"两不愁、三保障",有效改善其生产生活条件。所谓"退",就是有序退出原有旧房和宅基地,在人搬迁出来后,推进宅基地复垦和旧房拆除,并与增减挂钩拆旧复垦相结合,结余指标流转交易收益用于易地扶贫搬迁贷款偿还。

在这一阶段,为了解决地方政府财政实力弱、贫困群众资金自筹能力弱的问题,建设资金主要来源于政府,包括中央预算内投资、地方政府债务资金、专项建设基金、政策性金融资金,为减轻农民负担,农户自筹比例并不高。如何进行筹资,即"钱"的问题在此阶段并不是需要解决的突出问题。

然而,要想让搬迁群众能致富、过上好生活,无论是产业的培育发展，还是安置社区治理、人居环境改善等都需要大量的投入，现有投融资模式难以有效满足要求，"钱从哪里筹"的问题依然比较突出。比如，集中安置区房屋损坏维修缺资金，就从一个不是问题的问题变成了突出问题。由于搬迁安置对象是之前的贫困户，收取物业管理费比较困难，同时搬迁安置社区大多没有设立大修基金，县乡财力又比较紧张，造成安置区房屋损坏后只能小修小补。由此来看，做好"后半篇文章"重点需要放在畅通"人地钱"循环上，形成内生发展能力。

从"人"来说，需要面向人口城乡流动和搬迁群众身份转变，畅通和拓展包括土地在内的农村资产和权益处置通道，让有意愿市民化的搬迁群体有序进城或转换身份。同时，积极构建安置区创新创业平台，推进集体产权制度和土地制度改革，让不愿进城的搬迁群众和返乡下乡人群能够在安置区得到发展。从"地"来说，应面向土地集约化利用和资产增值，积极推进耕地流转、安置住房确权登记，加强集体土地承包经营权抵押等资本化利用。从"钱"来说，要健全多元化投入机制。近年来，国家不断加大易地扶贫搬迁后续扶持资金支持力度，推动各地在谋划安排相关专项年度中央预算内投资计划时，对易地扶贫搬迁集中安置点和搬迁群众予以重点支持。安排以工代赈中央预算内投资，重点支持安置点基础设施和配套产业建设。从2021年起，财政部将原中央财政专项扶贫资金调整优化为衔接推进乡村振兴补助资金，将易地扶贫搬迁后续扶持作为支持重点。2023年，中央财政安排衔接资金1750亿元，资金用于支持包括易地扶贫搬迁安置区在内的各地培育壮大特色优势产业、补齐必要的小型公益性基础设施建设短板等。除继续用好用活现有政策和资金渠道外，还需要确保集体资产保值增值，积极吸引金融资本、工商资本等，发展壮大社区集体经济，增加搬迁群众财产性收入。

三 做好"后半篇文章"

易地扶贫搬迁是脱贫攻坚的难中之难,更是守住不发生规模性返贫底线的重中之重。从贫困走向富裕,根本上取决于搬迁群众的内生动力和自我发展能力。做好易地扶贫搬迁"后半篇文章",确保搬得出、稳得住、逐步能致富,要把增加搬迁脱贫群众收入作为根本要求,把增强搬迁脱贫群众和安置区内生发展动力作为主攻方向,瞄准"五大能力"提升,在政策取向上实现三个维度的转型,即从人口动态发展视角,探讨生计改善、社会融入及人口市民化的整体诉求满足路径。从宏观与微观相结合的视角,将安置区融入县域经济发展范畴,探索县域经济发展的系统化支持政策。从全过程视角,按照迁出地、迁入地联动发展思路,提升"人地钱"等要素的匹配度,推动实现从外部帮扶转向内生发展。

(一)搬迁群体就业增收能力

贫困不仅仅体现为收入低,更重要的是可行能力缺失。正如诺贝尔经济学奖得主阿马蒂亚·森(Amartya Sen)所说,"贫困不仅仅是贫困人口收入低的问题,还意味着贫困人口缺少获得和享受正常生活的能力,或者说贫困的真正含义是贫困人口创造收入的能力和机会的贫困"。[①] 尽管通过易地扶贫搬迁帮助困难群众摆脱了绝对贫困,但并不必然会提升其可行能力,实践中"脱贫却离不开帮扶"就是典型表现。

不论是实施就业帮扶还是加强产业帮扶,目的都在于提高搬迁群众有效参与经济社会生活的能力,最终形成自我发展能力。就业帮扶

---

① 阿马蒂亚·森:《以自由看待发展》,任赜、于真译,中国人民大学出版社,2002。

可以让搬迁群众有工作可做，产业帮扶可以让搬迁群众有业可就，但要让他们真正端稳就业"饭碗"、做大致富产业，就必须增强其从市场获取收入或财富的能力。

一方面，要继续加强就业和产业帮扶，促进搬迁群众稳定就业。近年来一些地方探索形成了比较好的模式，取得了积极效果。比如，湖南沅陵县将以工代赈项目与搬迁群众技能培训、就业增收结合起来，2023年实施以工代赈项目72个，参与项目的务工人数达3020人，人均收入达17390元。[1] 再如，陕西省安康市大力实施社区工厂发展工程，依托1364个移民搬迁集中安置点，推行"园区总部+新社区工厂+家庭工坊"发展模式，建成新社区工厂525家，覆盖全市100户以上易地扶贫搬迁安置社区，通过发展以毛绒玩具（服饰织袜）、电子线束为重点，地方特色产品深加工、特色手工艺品制作为补充的社区工厂产业，吸纳就业2.03万人，让搬迁群众不出社区就能有活干、有钱赚。[2]

另一方面，要不断丰富搬迁群众获得技能的渠道，提升就业培训实效。为此，要摸清搬迁群众的培训意愿和培训需求，依托用工企业、职业院校、技工学校等，推行订单培训、定向培训、定岗培训等，避免培训凑数"拉人头"、走过场等现象，切实提高职业培训的实用性和含金量，真正帮搬迁群众提升技能。同时，要积极创新培训方式，给搬迁群众提供更多便利的培训服务，如"互联网+职业技能培训"。从地方实践看，将职业技能培训的部分场景从线下"搬"到线上后，因内容丰富、形式灵活、选择面广而受到欢迎，但也存在培训质量参差不齐等问题，需要加强"互联网+职业技能培训"规范化管理，确保在线培训走得快、更走得稳。

---

[1] 《湖南沅陵"易扶"持续发力 搬迁民众乐享"向阳花式"幸福生活》，中国新闻网，2024年8月24日。
[2] 《我市三个易地搬迁安置社区获评就业帮扶示范安置区》，安康市人力资源和社会保障局网站，2023年6月9日。

（二）安置社区社会治理能力

集体行动维系着人类社会，但集体行动困境也无处不在。易地搬迁群众来自四面八方，要确保搬迁群众"稳得住"，一个重要前提就是群众能融入新社区。由此，提升安置社区集体行动能力，加强安置社区治理至关重要。在易地扶贫建设搬迁阶段，不论是安置点建设，还是配套产业培育，主要依靠政府大规模投入和组织动员，是基于政府主导的社会资源动员和整合机制，这种模式短期内见效快，能较好地适应建设搬迁阶段的要求。但从长期来看，搬迁群众摆脱贫困走向富裕，既不能完全依赖政府帮扶，也不能仅靠搬迁群众单打独斗"自谋出路"，必须形成强有力的社区组织，提升社区治理能力。

实践表明，村集体的组织动员能力较强，则农民收入增长较快、村庄治理较好。后续扶持的重点应该放在推动安置社区共同体的培育和建设上，补齐社区服务设施短板，构建起促进安置社区稳定发展的新型组织体系，建设治理现代化的安置社区，提升公共事务集体行动能力。当然，实现组织化的过程，不仅需要提高集体资源动员能力，也要发挥各类组织的作用，构建新型人际互动支持网络，促进搬迁群众的交流。

我国易地扶贫搬迁群众的脆弱性更强、获取收入更加困难，搬迁群众来自不同村组，甚至不同县区，生活习惯、文化习俗等不同，存在邻里关系生疏、治理难度大等问题。做好易地扶贫搬迁"后半篇文章"，需要加强社会融合，建立健全社会矛盾风险隐患分析研判和预防化解机制，完善安置社区治保组织和调解组织，维护安置社区社会稳定。

（三）迁入地城镇综合承载能力

不论是从农村搬到农村还是从农村搬到城镇，搬迁群众生产生活条件的持续改善,都离不开迁入地县域经济的承载和带动。特别是一些大型易地扶贫搬迁安置社区,要真正让搬迁群众"稳得住、有就业、逐步能致富",从"村民"变"市民",实现高质量充分就业、生活水平不断提高,离不开迁入地城镇的有效承载和带动,进而使这些大型易地扶贫搬迁安置区融入新型城镇化进程。比如,贵州是全国易地扶贫搬迁规模最大、城镇化安置比例最高的省份,全省搬迁人数达到192万人,其中187万人为城镇化集中安置,万人以上的安置区就达到38个,因此贵州也是全国万人以上安置区数量最多的省份。黔西南州兴义市洒金街道的栗坪社区,就是一个因易地扶贫搬迁"应运而建"的万人以上大型安置社区,搬迁群众来自兴义市、晴隆县的多个乡镇(街道),共计2672户12068人,包括汉族、苗族、布依族、彝族等16个民族,少数民族人口占总人口的64%。要让栗坪社区这样的大型安置区实现可持续发展,让大量搬迁群众能够在摆脱贫困后走上致富路,需要将易地扶贫搬迁后续扶持与推进新型城镇化建设结合起来,不断提升迁入地城镇的综合承载能力。

为此,要聚焦提升迁入地城镇的经济和人口承载力,一方面,加强县城基础设施和公共服务补短板,推动大型安置区与县城基础设施一体规划、建设和管护,推进市政公用设施提档升级、公共服务设施提标扩面,引导搬迁人口有序市民化。另一方面,要着力扶持壮大县域特色富民产业,推动重点产业项目在县城优先布局,以产业园区为抓手,健全产业配套设施,促进产业园区提级扩能,利用信息技术等加快传统产业改造,推动新兴产业集群发展,培育县域经济支柱产业。

(四)安置区后续产业可持续发展能力

产业培育是稳定脱贫、逐步致富的关键举措和长久之策。在建设搬迁阶段,产业帮扶将贫困户引入了产业链循环,搬迁群众通过发展特色种养殖业、开发旅游资源、开办农家乐等实现脱贫增收。然而，一些脱贫地区的发展基础比较薄弱，难以支撑安置区后续产业的可持续发展。同时，过去帮扶产业中短平快项目多，同质化现象比较严重。部分产业对政府扶持存在较强依赖性，内生发展动力不足，可持续性不强。还有一些工业园区，经营主体与搬迁群众利益联结不紧密，带动能力不足。后续产业培育，需要着眼于提升产业发展质量和效益，提高可持续发展能力。

增强安置区后续产业可持续发展能力，要根据搬迁安置方式的不同，采取有针对性的举措。易地扶贫搬迁采取了集中安置为主、集中安置与分散安置相结合的方式，一部分向城镇、工业园区、旅游景区搬迁，还有一部分向中心村或移民新村搬迁。对于前者，要加强有针对性的就业服务，依托当地的产业聚集区，加大招商引资和政策支持力度，引进一批劳动密集型企业，为搬迁群众创造更多的就业机会。对于有条件的安置区，支持新建或改扩建一批配套工业园区、仓储保鲜冷藏设施、集贸市场等，完善产业链服务体系，做大做强优势特色产业。对于后者，鉴于大多数搬迁群众依然从事农业生产经营活动，要帮助他们逐步转变成新型农民，并依托安置点及周边自然资源，积极发展特色种养业、农产品加工业、乡村旅游业、家庭手工业、农村电商、乡村物流等，帮助他们持续增收。此外，要积极发挥东西部协作、对口支援、定点帮扶和省域内对口帮扶等机制的作用，鼓励东部地区和省域内发达地区的企业、社会组织对安置区开展结对帮扶。

（五）文化建设引领能力

文化具有凝聚社会共识、保持社会认同、促进社会统一的功能。易地扶贫搬迁在一定程度上改变了搬迁群体原有的社会文化结构，带来了传统性与现代性的不适应不协调问题。搬迁后多个村落的居民同时聚集在一个安置区内,从村落到社区的空间压缩与集聚,不仅改变了传统村落共同体的社会地域边界和物理空间形态,也改变了移民居住的社会空间,① 来自不同村落的移民在新社区难以实现社区认同和情感归依。陌生的邻里关系、新社区共同体意识的缺失及社会调适的张力等,各种因素叠加极易产生不稳定因素,社区文化空间再造尤为重要。

重构社区文化空间既是搬迁群体的诉求,也是推进安置社区治理现代化的重要内容。做好易地扶贫搬迁"后半篇文章",应更加重视文化建设的引领作用,将公共文化空间作为安置社区建设的标准配置,不断健全安置社区文化服务体系,有效满足搬迁群众基本文化需求,增强搬迁群众的认同感和归属感,促进人际和谐,增强安置社区凝聚力,确保搬迁群众既能住得上新居所又能过得上新生活。

---

① 郑娜娜、许佳君:《易地搬迁移民社区的空间再造与社会融入——基于陕西省西乡县的田野考察》,《南京农业大学学报》(社会科学版)2019年第1期。

第三章　开启新征程：走中国特色农业现代化道路

实现现代化，是近代以来中华民族孜孜以求的梦想，中国共产党自成立之日起，就一直把实现现代化作为不懈奋斗的目标。早在新民主主义革命时期，毛泽东同志就提出"为着中国的工业化和农业的近代化而斗争""使中国稳步地由农业国转变为工业国"的现代化设想。[①]

新中国成立后，党领导全国人民开展社会主义现代化建设，但面对的是一个千疮百孔、一穷二白的局面，既不能制造汽车、飞机，也没有冶金设备、矿山设备和大型发电设备等。如何在一个贫穷落后、人口众多的农业国家里搞现代化，没有现成的方案。建立先进的工业国的要求同落后的农业国的现实之间的矛盾日益突出。

纵观西方国家现代化历程，由农业国转变为工业国，不少国家走的是一条以牺牲农业为代价换取工业发展的道路，将工业化等同于现代化，把农业和工业发展对立起来。党的第一代中央领导集体深知农业现代化的重要性和紧迫性，在工业化取得一定发展的同时，就开始了"四个现代化"战略目标的酝酿。1953年，毛泽东同志在思考过渡时期的具体问题时，首次提出四个现代化的设想："实现国家的社

---

① 《毛泽东选集》第三卷，人民出版社，1991。

会主义工业化,就可以促进农业和交通运输业的现代化,就可以建立和巩固现代化的国防。"①

在1954年召开的第一届全国人民代表大会第一次会议上,周恩来同志从"摆脱落后和贫困"必须具备的条件出发,提出要"建设起强大的现代化的工业、现代化的农业、现代化的交通运输业和现代化的国防"。② 这是新中国领导人第一次提出四个现代化的概念。此后,"四个现代化"的内涵不断调整和充实,并在1964年底1965年初召开的三届全国人大一次会议上被正式确定为国家发展的总体战略目标。

农业现代化被列入四个现代化战略目标,其实现路径也逐步明确为农业的机械化、水利化、化学化、电气化和良种化等。改革开放以后,关于农业现代化的认识进一步深化,逐步拓展至生产方式、经营管理、组织制度等方面,农业现代化被视为生产技术科学化、生产工具机械化、生产组织社会化、管理多功能系列化的过程。20世纪90年代后期,对农业现代化的认识已经不再局限于农业本身,而是上升到国民经济整体层面,将其看作一个包括经济、社会、技术、生态在内的复杂系统工程。

当前,我国已经开启全面建设社会主义现代化国家建设新征程,进入以中国式现代化全面推进强国建设、民族复兴伟业的关键时期。中国式现代化是人口规模巨大的现代化,其中很大一部分人生活在农村,可以说,没有农业农村的现代化,中国式现代化就是不完整、不全面、不牢固的。农业现代化既是中国式现代化的重要内容,又是中国式现代化的基础支撑,一定程度上关系到社会主义现代化建设的得失成败。

---

① 中共中央党史研究室:《中国共产党历史 第二卷(1949—1978)》(上册),中央党史出版社,2011。
② 中共中央党史研究室:《中国共产党历史 第二卷(1949—1978)》(上册),中央党史出版社,2011。

一 彰显农业现代化的中国特色

既然农业现代化是普遍趋势,那么,是否存在统一的农业现代化标准和路径模式?从世界范围看,一个国家具体走什么样的农业现代化道路,以什么方式来推进农业现代化,往往由其基本国情和发展实际决定。已经实现农业现代化的国家,推进农业现代化的道路模式各有不同,但普遍呈现农业要素投入不断丰富、科技水平不断提升、组织方式不断完善、市场化程度不断提高等共性特征。我国农业现代化既有各国农业现代化的一般特征,同时也具有明显区别于过往现代化模式的制度基础、时空条件、价值目标和实现路径,因此具有自身的特色和优势。

(一)制度基础:农村土地集体所有制

制度是农业现代化的关键因素,不同的制度安排会产生不同的农业现代化模式。主要发达国家的农业现代化是在生产资料私有制基础上完成的,而我国推进的农业现代化,要在社会主义集体所有制基础上去实现。农村土地属于农民集体所有,这是我国农村最大的制度,这一制度以及建立在其上的以家庭承包经营为基础、统分结合的双层经营体制,构成了推进中国特色农业现代化的制度基础。

1999年,九届全国人大二次会议通过的《中华人民共和国宪法修正案》指出,"农村集体经济组织实行家庭承包经营为基础、统分结合的双层经营体制"。这标志着以家庭承包经营为基础、统分结合的双层经营体制的法律地位正式确立。此后,这一制度不断得到巩固和完善,广泛调动了广大农民的生产积极性。而且,我国农业农村领域的系列制度改革创新,包括农村集体产权制度改革、农村土地"三权分置"改革,都是在这一制度基础上形成和发展的,由此带来农村生产力的持续发展。

从实践看，坚持农村土地农民集体所有，坚持和巩固完善农村基本经营制度，从根本上保证了广大农民平等享有基本生产资料，将集体优越性和农民积极性有效结合，不仅适应以手工劳动为主的传统农业，也适应采用先进科学技术和生产手段的现代农业，具有广泛适应性和旺盛生命力。

目前，家庭经营依然是当今世界农业经营的主要形式，这是由农业的产业特点和家庭经营生产决策灵活、自主性强及监督成本低等优势所决定的。较之其他经营方式，家庭经营可以与不同所有制、不同物质技术条件、不同生产力水平相适应，具有广泛适应性和生命力。家庭经营既不是落后生产组织方式的代名词，也并不排斥规模化经营，家庭经营同样可以建成现代农业，这已经成为各国农业现代化的共有经验。我国基于农村土地集体所有制的家庭经营模式，赋予农户微观主体极大的经济自主权，在实践中显示出强大的自我变革能力和超强的稳定性。

同时，集体统一经营消除了私有制基础上土地所有者与农业劳动者的利益对立关系，体现了社会主义制度的本质特征，是我国农业经营体制的显著优势。集体统一经营在形式上并不要求集体成员共同劳动，可以有多元化的实现方式，比如，通过土地发包、对接市场、政策资源整合等，对家庭经营进行必要的协调、管理和服务，或者利用土地等生产资料直接从事经营活动，收益分配给集体成员、用于农村公共产品供给，从而有利于提高农民组织化程度、优化要素配置和实现农业长期发展。

固然，任何制度都不会一成不变，都有一个不断发展完善的过程。当前，我国农业功能、要素投入结构、外部条件等都发生了重要变化，要适应新形势新阶段要求，在坚持农村土地农民集体所有的基础上，处理好"变"与"不变"的关系，强化农业经营模式创新，进一步丰富双层经营体制的内涵和实现形式，为农业现代化提供更加坚实的制度保障。

（二）禀赋条件：超小经营规模与超大需求规模

我国既是一个农业大国，也是一个人口大国，农业人口数量多，人均耕地面积"超小"、农产品需求规模"超大"，这是我国推进农业现代化面临的约束条件，而且这一约束条件在短期内难以发生根本改变。由此，我国推进的农业现代化，必然是基于超小规模经营、超大规模农产品需求的现代化，这是有别于其他国家的一个特点。

从资源占有量看，我国人均耕地面积小，人地关系紧张程度要远高于其他国家。第三次全国国土调查结果显示，我国耕地面积达到19.18亿亩，人均耕地面积只有1.36亩，不足世界平均水平的40%，也低于亚洲国家平均水平。这意味着，超小规模家庭经营将是我国推动农业现代化必须长期面对的一个基本现实。第三次全国农业普查数据显示，2016年，我国规模农业经营户398万户，占农业经营户总数的比重不到2%；小农户数量占农业经营主体总数的98%以上，小农户从业人员占农业从业人员总数的90%，小农户经营耕地面积占总耕地面积的70%。

与此同时，我国农业发展的首要任务是解决好吃饭问题，但世界上没有任何一个发达国家像我国一样需要解决14亿多人口的吃饭问题。我国14多亿人口每天要消耗大量的粮、油、菜和肉。超大规模人口、超大规模农产品需求，决定了保障粮食安全和重要农产品稳定安全供给必然是推进农业现代化的首要任务，也决定了依靠国际市场来保障国内安全是不现实的，必须立足国内来解决。

要在超小规模经营基础上有效满足超大规模农产品需求，我国推进农业现代化的艰巨性和复杂性可想而知,由此,发展途径和推进方式也必然具有自己的特点。

(三)实现路径:"四化同步"推进

西方发达国家的现代化历时 200 余年,是一个工业化、城镇化、农业现代化、信息化顺序发展的"串联式"过程。国外的经验教训表明,在工业化、城镇化加快推进时期,农业往往面临被忽视或削弱的风险,一些国家在这一过程中由于没有处理好工农城乡关系,最终造成经济停滞、社会动荡、现代化进程严重受阻。

例如,1940 年起墨西哥进入城市化快速发展阶段,据世界银行集团发展研究局数据,1950~1980 年墨西哥城市化率从 42.6% 提升到 66.3%,基本接近于欧洲国家的城市化率,2008 年更是提升至 77.2%,与一些高收入国家 80% 左右的城市化率近乎持平。[1] 在快速的城市化过程中,墨西哥出现过早"去农业化"现象。在农业领域进行土地兼并改革、允许外资对本国农业生产进行全方位垄断等,导致大量农民破产而被迫进入城市谋生,最终造成农业比较优势丧失。同时,由于政府无力保障"贫民窟"内基础设施及移民子女的教育服务,居民对政府的扩张性城市化行为极为不满,聚众抗议活动频发,社会冲突以及矛盾激化问题十分严重。1984 年以来,墨西哥基尼系数长期处于高位,1992~2005 年更是超过 0.5。尽管近年来该国基尼系数有所下降,但总体上还是保持在 0.45 以上。

从墨西哥等拉美国家的发展实践看,在现代化推进过程中,处理好工农城乡关系具有重要意义。区别于其他国家,中国式现代化是新型工业化、信息化、城镇化、农业现代化同步推进的现代化,是一个并联式的伴生发展过程,有着丰富的内涵。

---

[1] 数据来源于世界银行,https://www.worldbank.org/ext/en/home。

从新型工业化与农业现代化的关系看,二者彼此依存、互为支撑。如果将工业化看作生产要素组合方式由低级到高级的突破性变化过程,则农业现代化本身就是工业化的重要内容。改革开放以来,我国工农关系逐步调适,并朝着更加良性互动的方向发展。特别是家庭联产承包责任制的实施,加速了农业现代化步伐,同时改革效应不断扩展,乡镇企业成为生机蓬勃的经济新生力量,农村工业化由此向前迈出了一大步。

1978年,我国乡镇企业产值占农村社会总产值的比重不到1/4,1987年首次超过农业总产值占比达到52.4%;到1998年,乡镇企业实现增加值22186亿元,占地区生产总值的比重达27.9%,上缴国家税收占全国的20.4%。[①] 同时,大量农村劳动力向非农产业转移,为低成本的工业化提供了强有力的支撑。工业化加快发展,反过来又为农业加快发展创造了条件。

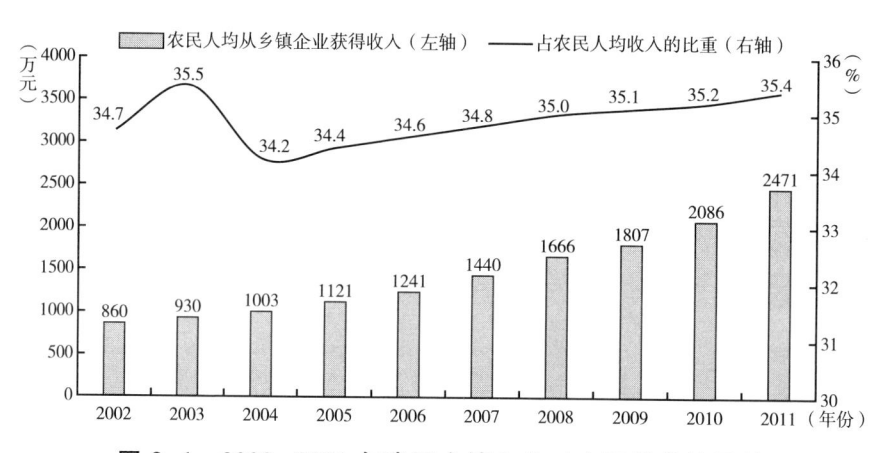

图3-1　2002~2011年我国乡镇企业对农民增收的贡献

数据来源:宗锦耀、陈建光:《历史不会忘记乡镇企业的重要贡献——为纪念我国改革开放四十周年而作》,中华人民共和国农业农村部网站,2018年7月31日。

---

① 《之六:乡镇企业异军突起》,http://www.stats.gov.cn,1999年9月18日。

从农业现代化与信息化的关系看，二者的深度融合为农业现代化提供了强大动力。相比而言，主要发达国家是在基本完成农业现代化后才进入信息化阶段，而我国农业现代化在加快推进阶段就迎来信息化大发展，这为其赶上工业化、城镇化发展步伐提供了重要动能。从实践看，当前农业现代化与信息化的融合发展，正在深刻改变着千百年来我国传统的农耕场景。采用新一代信息技术对农业进行全方位、全链条的改造，推动了农业生产智能化和经营网络化，促进了农产品供需精准匹配。甚至在改造传统农业生产组织方式方面，信息技术也展现积极的作用。反过来，农业的持续发展也为新一代信息技术提供了广阔的应用场景，包括智慧农业、农村电商等，已经成为农村经济的重要组成部分。

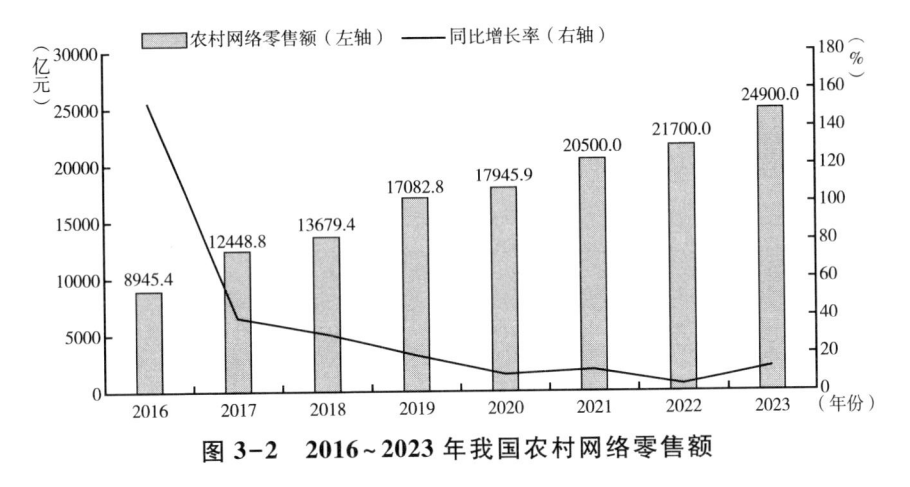

图 3-2 2016~2023 年我国农村网络零售额

数据来源：历年《中国电子商务报告》。

从新型城镇化与农业现代化的关系看，二者并行不悖、相辅相成。我国人均耕地面积远低于世界平均水平，在超小规模经营且面临资源紧约束条件下推进农业现代化，如果城镇化质量不能加快提升，农业人口无法有效转移、有序落户，就很难腾出农业适度规模经营空间，农业边际产出和收益也就难以提高。同时，没有农业现代化的基础保障，新型城镇化也很难顺利推进。不论是有效满足城乡居民消费需求，还是保持经济社会稳定运行，"三农"的"压舱石""稳定器"作用都十分重要。

由此可见，如果能够将农业现代化与新型工业化、信息化、城镇化有效同步起来，必将创造全球农业现代化新范例，并为推进中国式现代化提供更加坚实的支撑。

（四）目标取向：面向农民农村共同富裕

"国之称富者，在乎丰民。"在推进现代化的进程中，社会财富的创造和分配是各国都必须面对的重大问题。一些西方国家在社会财富不断增长的同时长期存在贫富悬殊、两极分化。中国式现代化将共同富裕作为重要目标，始终把满足人民对美好生活的新期待作为发展的出发点和落脚点，在实现现代化过程中而不是等实现了现代化再来解决共同富裕问题。

作为中国式现代化的重要组成部分，农业现代化是以农民为主体的现代化，这与西方以资本为中心、生产力发展单纯服从于资本逻辑的农业现代化模式大为不同，而后者往往带来的是贫富分化、小农户破产甚至消亡。从实践看，部分国家在推进农业现代化的过程中，资本化、商品化农业的发展并没有带来农户收入增长，反而造成土地等农业生产资料向农业资产阶级集中，导致农民不断被边缘化。

与此不同，始终把保障农民利益放在第一位，突出农民主体地位，是我国农业现代化建设长期以来坚持的基本原则，促进农民增收致富也一直是农业现代化的核心目标之一。事实上，共同富裕一词最早出现在我们党的重要文件中，是为了将农民联合组织起来进行农业的社会主义改造而提出的目标愿景。为推进农业的社会主义改造，1953年12月，中共中央通过的《关于发展农业生产合作社的决议》

提出，要进一步提高农业生产力，使农业能够由落后的小规模生产的个体经济变为先进的大规模生产的合作经济，"并使农民能够逐步完全摆脱贫困的状况而取得共同富裕和普遍繁荣的生活"。在推进农业现代化过程中，让广大农民过上好日子，逐步实现共同富裕，一直是中国共产党人孜孜不倦的追求。

客观而言，作为一个大国，如果没有农民农村共同富裕，全体人民的共同富裕就难以实现。因此，以农民为主体、以农民农村共同富裕为目标，让广大农民共享现代化成果，不仅是中国特色农业现代化的基本特征，也是实践发展的客观要求。

二 农业现代化的三重动力

"民不贱农，则国安不殆。"新中国成立后，要在一个积贫积弱的农业国基础上建设现代工业体系和国民经济体系，保持农业稳定发展至关重要。党的第一代领导集体对农业基础地位的认识随着实践的发展而不断深化，经过反复探索，确定了以农业为基础，以工业为主导，按照农业、轻工业、重工业的顺序安排国民经济的基本方针。改革开放以来，特别是进入21世纪，党中央高度重视"三农"问题，始终坚持把解决好"三农"问题作为全党工作的重中之重，驰而不息重农强农惠农。我国农业生产条件显著改善，综合生产能力大幅提升，取得历史性成就、发生历史性变革。

正是得益于农业的持续稳定发展，14亿多中国人的吃饭问题得到了成功解决。我国粮食总产量由1949年的11318.4万吨提高到2023年的69541万吨，增长5.1倍。自2012年起，人均粮食产量持续保持在450公斤以上，2023年人均粮食产量达到493公斤，即使不考虑进口和充裕的库存，仅人均粮食产量就已远远超过国际上公认的粮食安全线（400公斤），中国人的饭碗牢牢端在了自己手中。

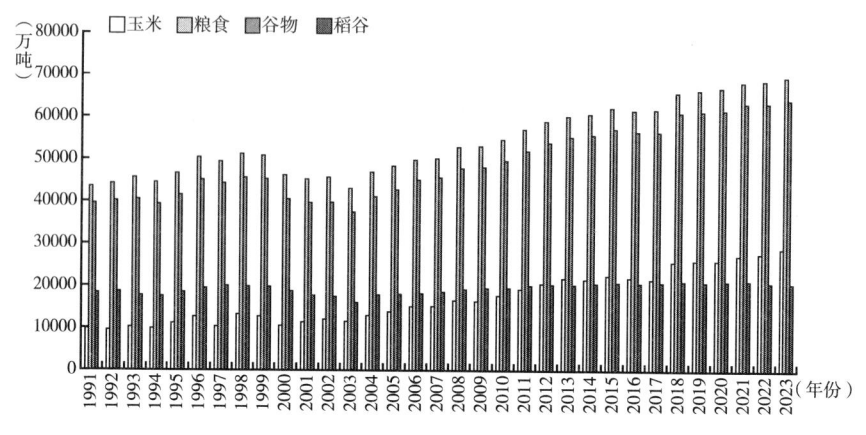

图 3-3　1991~2023 年我国粮食等作物产量变化

资料来源：国家统计局。

"米袋子""菜篮子""果盘子""肉案子""油瓶子"供应充足，不仅给整个国民经济和社会发展提供了坚实的基础，而且对世界农业发展也做出了突出贡献。历经 70 多年的变革与发展，我国农业不仅摆脱了底子薄、积累少、"靠天吃饭"的局面，更站上了加快实现农业现代化的历史新起点。2023 年，我国农林牧渔业总产值达到 158507 亿元，比 1952 年增加 158046 亿元，按可比价格计算，1953~2023 年年均增长 4.5%。

农业现代化的发展模式和进程，往往由历史传统、社会制度、发展条件、外部环境等诸多因素决定。回顾我国农业现代化发展历程不难发现，在诸多影响因素中，制度供给、技术进步和市场建设等长期发挥着主导作用，构成农业现代化的主动力因素。

（一）制度适变性演化

新制度经济学理论认为，制度是决定经济运行效率的内生性变量，"制度在社会中具有更为基础性的作用，它们是决定长期经济绩效的根本因素"。① 对我国这样一个人口众多、农业资源相对紧缺的国家而言，如何建设社会主义、实现农业现代化，没有经验模式可循。从发展实践看，新中国成立以来，体制机制的改革创新始终是贯穿我国农业发展的一条重要主线，发挥着十分重要的作用。正是由于制度供给的内在统一性及适应不同发展阶段要求的适变性，以及宏观战略、农业政策与制度改革的共同作用，改革开放以来我国农业才能够迅速得以恢复并实现快速发展。

宏观战略层面，改革开放以来从城乡二元结构的破冰到新时期确立农业农村优先发展总方针，我国城乡工农关系总体不断优化，其实质是国家战略导向下资源要素配置方式和结构的系统性转变，由此，不仅改善了资源要素长期大量从农业农村流出的局面，同时也提升了城乡之间经济循环的畅通性，带来农业生产力的发展和活力释放。

农业政策层面，以全面取消农业税为标志，国家与农民的关系实现由"取"到"予"的根本性转折，我国农业政策从过去被动式调整转向主动为农业农村设计政策，以农业补贴为核心的一系列强农惠农富农政策相继实施，国家对农业的支持力度不断加大，有效改善了农业生产条件，农业生产从主要依靠人力畜力向主要依靠机械动力转型升级，带来粮食等重要农产品的综合生产能力持续提升。截至2023年底，我国已累计建成高标准农田10亿亩以上，耕地灌溉面积10.75亿亩，比1952年增长2.6倍。同时，还催生出诸多新业态新模式，乡村产业发展边界不断拓展。

制度改革层面，改革开放初期赋予农民生产决策权和剩余索取权，极大地调动了亿万农民的生产积极性，增强了农业的自我积累能力和发展活力。进入21世纪特别是党的十八大以来，我国农村改革

---

① 道格拉斯·C.诺思：《制度、制度变迁与经济绩效》，杭行译，格致出版社、上海三联书店、上海人民出版社，2014。

的征程更加波澜壮阔，改革的广度和深度不断拓展，农产品价格形成机制、农村土地制度、农村集体产权制度等重大改革的推进，有效激活了市场、要素和主体，畅通了城乡要素流动和商品流通，成为农业现代化加快发展的动力源泉，也为经济社会改革发展全局夯实了基础、增添了动能。

新中国成立以来，每一步的改革和探索，都走过不平凡的道路，并对农业发展产生了极为重要而深远的影响。进入新发展阶段，农业现代化的顺利推进，将更加取决于宏观战略导向的稳定性和连续性，农业政策的优化调整和改革的纵深推进。

（二）农业技术创新扩散

"增长的每一种来源都可以还原为创新和技术变革的作用。"[①] 在罗斯托（W. W. Rostow）看来，"传统"与"现代"的区分标志，在于是否存在自我维持的增长，这种自我维持的动力来自稳定的、经常不断的技术革新。从各国农业现代化历程看，每一次重大科技进步都会带来农业大变革，推动农业升级和结构调整，先后出现能源农业、生物农业、绿色农业、智慧农业等多种形态。[②] 我国能以占世界9%的耕地、6%的淡水资源，养育世界近1/5的人口，离不开农业技术的持续创新和进步。

新中国成立后，党和政府十分重视农业科技工作，制定了农业科技相关计划或规划，初步建立农业科技研究、教育和推广体系。改革开放以来，我国农业科技迎来发展的春天，农业科技投入持续增长，农业科技体制和运行机制改革不断走向深入，一系列良种良法的广泛应用，现代农业装备水平的提升，让农业告别了"靠天吃饭""人扛

[①] 罗伯特·戈登：《美国增长的起落》，张林山等译，中信出版社，2018。
[②] 魏后凯、崔凯：《面向2035年的中国农业现代化战略》，《中国经济学人（中英文）》2021年第1期。

牛拉"的传统生产方式，科技进步成为粮食和重要农产品综合生产能力稳步提高的重要基石。2023年，我国农业科技进步贡献率达到63%，农业科技整体水平跨入世界第一方阵。

特别是近年来，生物工程、基因编辑等前沿技术在农作物育种中的广泛应用，物联网、大数据、人工智能、区块链等新一代信息技术与农业深度融合，核心种源"卡脖子"问题得到缓解，科技在农业生产中的作用日益增强。目前，我国畜禽、水产核心种源自给率分别超过75%和85%，农作物良种覆盖率超过96%，对粮食增产贡献率在45%以上。

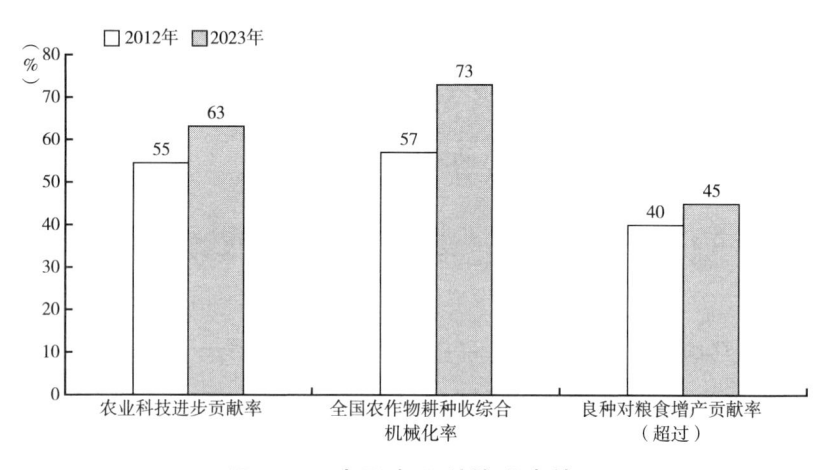

图 3-4 我国农业科技进步情况

数据来源：国家统计局。

从发展趋势看，我国农业科技创新呈现以下特点：一是适应农业全产业链建设要求，农业科技从"点"上创新向链式创新转变，即从生产环节的技术创新转向种养加销、资源环境等全过程全要素全链条技术创新耦合，提升了农业附加值。二是农业科技从聚焦"量增"向实现可持续发展转变。过去以高产品种、现代化学投入等为主要内容的农业技术进步提高了土地生产率，带来农业产出的增长，但同时也造成耕地质量下降、环境污染加剧等问题,资源高效利用等技术的创新和推广,促进了重要农产品产量增长、质量安全和生态安全的统一。目前,我国主要农作物病虫害绿色防控面积覆盖率达到54.1%,畜禽粪污综合利用率、秸秆综合利用率、农膜处置率分别超过78%、88%、80%。三是农业技术创新从粮食领域向大农业拓展。为适应食物多元化和多样化的要求,在强化粮食生产技术创新的同时,农业科技创新逐步向大农业领域拓展,促进了农林牧渔业的协调发展。

未来,科技创新依然是我国农业现代化的根本动力。多学科、跨领域、跨部门的农业技术集成创新,科技与劳动力等要素的优化组合,将推动传统农业加快向现代农业转型。

(三)渐进式市场化转型

对于一个国家而言,如果没有比较健全的市场体系和高度的市场化水平,就很难有真正意义上的农业现代化。市场化不仅能为工业化提供广阔需求、充分的资源集中渠道(资金、劳动力及科技创新人才),而且能够为其提供自由竞争、财产和合同保护等制度保障。[①] 实践表明,市场配置资源是最有效率的形式,对城市和农村都是如此。市场化建设过去是,将来仍将是我国农业发展的关键动能。

我国农村是公认最早引入市场机制的领域,农民率先进入市场,市场化一直引领着我国农业现代化发展。过去40多年来,我国农业市场化改革走出了一条渐进式道路,将传统农业逐步带入现代市场经济轨道。作为市场经济重要组成部分的农村市场体系,从无到有、逐

---

① 武力:《论中国现代化过程中的工业化与市场化——西欧现代化与中国现代化比较研究》,《教学与研究》2002年第9期。

步完善。

农村市场体系是一个在类型上包括农产品市场、农业要素市场和农村消费市场，在层次上包括现货市场和期货市场，在主体上包括农户、新型生产经营主体、农产品流通主体的综合体系。

改革开放以来，我国市场经营和农产品价格逐步放开，农产品批发市场逐步建立起来，农产品流通体制、农产品市场调控机制不断健全，市场运行效率不断提高。特别是，针对部分农产品生产与市场之间的矛盾，开展了新疆棉花、东北大豆目标价格改革试点与玉米市场定价、价补分离改革等，以市场定价为基础的农产品价格机制逐步形成，在引导农业资源要素配置方面发挥越来越重要的作用。

与此同时，尽管我国农村要素市场建设起步较晚，但也取得了积极进展，城乡要素不平等交换的局面已大为改观，要素从大量流出农村朝着在城乡之间双向流动转变。以劳动力要素为例，新中国成立初期，我国城乡劳动力曾有过短暂的自由流动时期，然而，大量农民为了谋生涌入城市，随之而来的是城市交通、住房、劳动力就业和生活供应等压力日益加大，此后开始对农民进城采取限制措施。改革开放以后，随着户籍制度改革的不断深入，一部分有意愿、有能力的农业转移人口逐步在城镇落户，同时，一些城市人才走上了返乡入乡的道路，参与乡村建设和发展。从实践看，城乡劳动力流动不仅为我国经济增长做出了突出贡献，也促进了农业现代化和农民增收。

然而，与一些发达国家推进农业现代化时市场体系已经比较成熟、产品和要素定价机制也相对健全不同，目前我国农村市场体系还不健全、发展不充分，需要积极探索在深化市场化改革过程中同步推进农业现代化的路径，强化农村市场化建设，加快推动农业向市场化、社会化的大农业转型。

三 加快农业现代化步伐

农业现代化是一个不断演进的过程。在不同发展阶段，社会主要矛盾及其决定的主要发展任务明显不同，而农业现代化则是在不断破解社会矛盾中前进的。推进农业现代化，要牢牢把握城乡发展不平衡、农村发展不充分这一社会主要矛盾的主要方面，找到符合我国国情农情、能够发挥制度优势的科学路径。

（一）面临的挑战

我国的现代化既是最难的，也是最伟大的。其中，推进农业现代化，既是重中之重，也是难中之难，面临诸多挑战。

1.多元目标兼容协调的难度上升

对于一个拥有14亿多人口的大国来说，人地关系紧张，供需规模巨大，环境约束趋紧，在这样的基础上推进农业现代化，需要兼顾的目标必然不是单一的而是多元的，包括保障粮食安全、促进农民稳步增收、维持乡村稳定、实现农业可持续发展等。这些目标既具有统一性，也有矛盾性，在不同时期、不同发展水平下，统一性和矛盾性的表现又有所不同。客观来看，实现上述多元目标有效兼容的难度增加。

比如，农业增产和农民增收两大目标之间的兼容问题一直备受重视。改革开放之初，家庭联产承包责任制的实施极大地调动了农民的生产积极性，加上国家提高农副产品收购价格，在农业产出增长的同时，农民收入也随之得到增长。进入21世纪，农产品长期供不应求或处于供需紧平衡状态，一系列强农惠农政策的出台，使农业增产和农民增收较好地协调起来，农村居民人均可支配收入增速连续多年超过城镇居民。然而，未来我国农产品的结构性矛盾将更为突出，随着农业生产成本不断上涨，加之大幅提高农产品价格的空间不会太大，兼顾好产量增长和收入增长的难度会逐步加大，确保农民收入持续稳定增长面临一定挑战。

再如，农村要素市场化配置改革涉及的经济效率提升与乡村稳定之间的统一性问题。要素市场化配置改革，对推进经济高质量发展具有重要意义。在城乡融合发展背景下推进农业现代化，必须优化城乡要素配置，但前提是要素能够自由流动。然而，要素大规模流动可能会给乡村社会稳定带来一定挑战。有观点认为要让农民在城乡之间进退有据，住房财产权抵押、担保、转让就不能推进得太快；还有观点认为，让农民保有"一亩三分地"，如果在城里找不到工作，回家种地还能有饭吃；等等。这些观点事实上是将农业农村作为社会"稳定器"和"蓄水池"来看待的。这种具有保障性的土地制度安排，使农民住有所居、有"兜底"收入而不至于流离失所，具有现实必要性，但从保障城乡财产公平和提高要素配置效率看，土地制度又需要加快改革突破。

2.农业生产激励边际效应趋减

农业发展总是与激励约束机制密切相关，一般以"稳定—激励—发展—稳定"的规律循环发展，每一次循环产生一次飞跃。改革开放以来，家庭联产承包责任制以及一系列惠农富农政策的实施，重构了农业生产激励机制，由此带来农业生产力跨越发展。

然而，近年来我国农业生产成本不断上升，比较效益降低，现有生产激励机制的作用减弱。具体来看，统分结合双层经营体制中"分"的激励作用减弱，农业补贴的边际效应有所下降。与此同时，农村市场化建设水平不高，要素和主要农产品价格形成机制还没有完全理顺，农产品流通尚未充分体现优质优价的市场特征。不论是政策激励还是市场激励，其持续性都面临一定挑战。

正如西奥多·W. 舒尔茨（Theodore W. Schultz）所言，在改造传

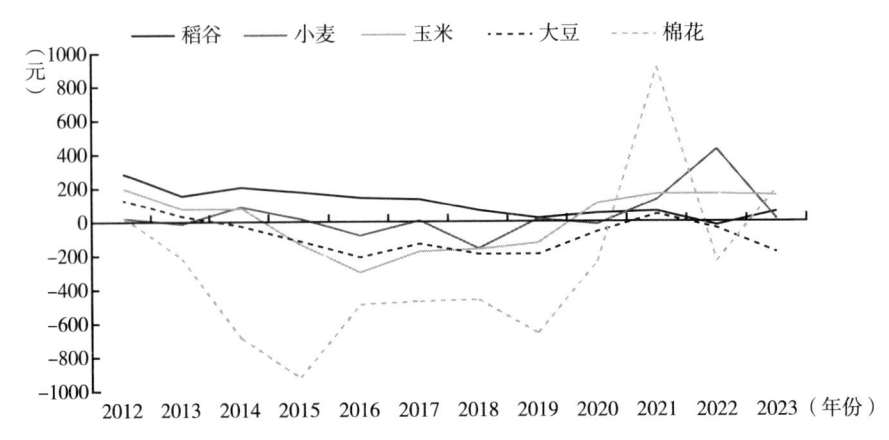

图3-5　2012~2023年我国稻谷、小麦、玉米、大豆和棉花的每亩净利润

资料来源：历年《全国农产品成本收益资料汇编》。

统农业过程中，关键问题不是规模问题，而是要素均衡性问题。[①] 如果没有新的生产激励机制，农业生产的稳定性、新技术采纳的普及性等，都会受到影响，农业生产要素继续流出的格局也很难得到根本改观。农业要素不断流出，势必影响农业要素的优化配置，进而给农业发展方式转变带来挑战。

3.城乡要素资源结构性错配

我国农业现代化不断向前推进，但在整个现代化中仍滞后于工业化、城镇化和信息化。我们通常采用比较劳动生产率这一指标衡量一个部门的劳动生产率，即该部门产值比重同在此部门就业的劳动力比重的比率。

据测算，我国农业比较劳动生产率还不高，与其他部门存在较大差距。2023年，我国第一产业、第二产业的比较劳动生产率分别为0.17和1.43。农业劳动生产率一直提高得不快，造成工农两部门劳动生产率不能有效"收敛"，很大程度上是因为农村要素市场化配置水平还不高。

[①] 西奥多·W. 舒尔茨：《改造传统农业》，梁小民译，商务印书馆，2006。

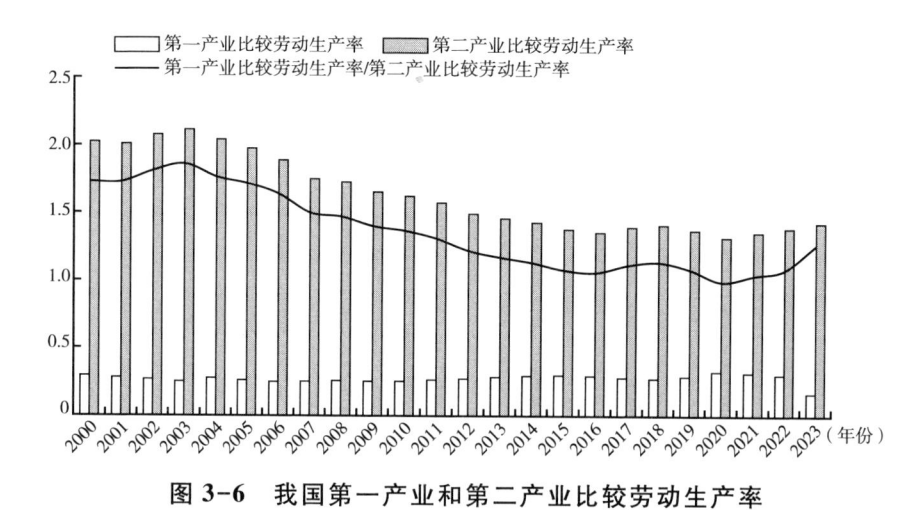

图 3-6　我国第一产业和第二产业比较劳动生产率

资料来源：根据国家统计局数据测算。

在我国社会主义市场经济体制的确立和发展过程中，市场发育存在要素滞后于商品、农村滞后于城市的现象，造成城乡要素出现结构性错配，带来全要素生产率损失，进而成为城乡差距难以缩小的关键原因之一。据相关研究，土地资源误配造成较大的农业效率损失，若土地资源能够有效配置，平均而言 2004~2013 年我国农业生产的全要素生产率可提高 1.36 倍，加总的劳动生产率可提高 1.88 倍。[1] 加快推进农业现代化，亟须对传统资源要素配置方式、结构进行系统性调整。

4.农业外部挑战和冲击加大

推进中国特色农业现代化建设，不可能在一个封闭体系中进行。满足农产品超大规模需求，既要立足国内，但也不可能完全依靠国内供给来实现。从我国农业对外开放实践看，深度融入国际市场，充分利用国际资源，对保障国内粮食安全和重要农产品有效供给不可或缺。

---

[1] 盖庆恩、朱喜、程名望、史清华：《土地资源配置不当与劳动生产率》，《经济研究》2017年第5期。

但是，近年来贸易保护主义、地缘政治冲突等交织，全球化红利逐步消退，全球农产品供应链安全运行面临较大挑战，加大了我国依靠进口调节国内粮食和重要农产品余缺的难度。同时，随着农业生产成本上升，我国农产品参与国际竞争的成本优势逐步削弱，一些重要农产品出现国际国内价格"倒挂"，即国内市场价（批发价或到港价）全面高于国外产品配额内进口到岸税后价。目前，一些发达国家仍然维持了很高的国内支持和市场保护水平，而我国尚不具备全面、大规模补贴支持农业的能力，与发达国家搞补贴竞争既不现实也不合理，如何有效应对国外农产品的冲击，妥善处理开放发展与产业安全的关系，是推进农业现代化面临的重要挑战。

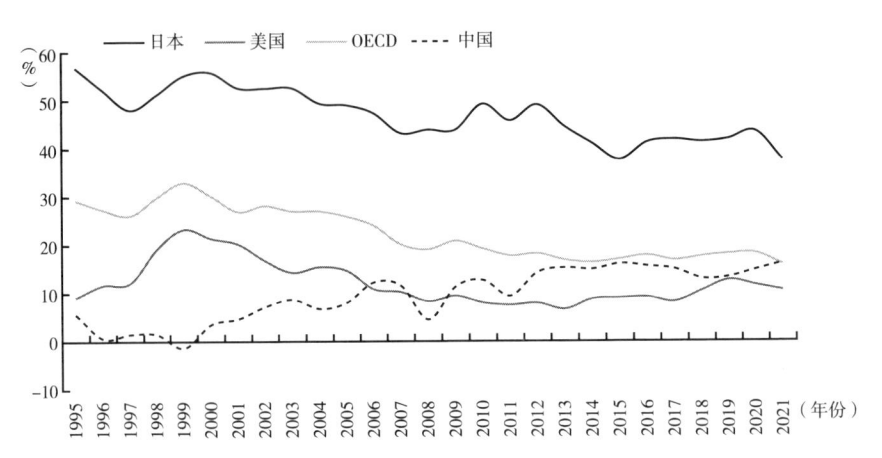

图 3-7　1995~2021 年生产者支持占农业总产值比重的国际比较（PSE）

数据来源：OECD 数据库。

（二）实现路径

推进农业现代化，必须立足我国国情农情和农业产业特性，以保障粮食安全和重要农产品有效供给为首要目标，守稳守牢粮食安全底线,深化农业供给侧结构性改革,处理好农民与土地、"统"与"分"、开放发展与产业安全等重大关系,全面提高农业劳动生产率、资源利用率和全要素生产率,提升农业产业链供应链现代化水平。

1. 制度成熟化定型化

不论是过去还是将来,制度供给对我国农业现代化而言,都始终发挥着基础性、全局性作用。我国农业现代化的实现过程,必然是相关制度成熟化定型化的过程。当前我国农业现代化建设面临更多深层次复杂问题,对制度供给的系统性、整体性、协同性要求更高,应该从以下三个方面加快构建起更完备、更稳定、更管用的农业制度和政策体系,增强制度供给效能,重塑现代农业发展激励约束机制。其一,推进政府与市场关系法治化。依托《乡村振兴促进法》的实施,明确推进农业现代化的政府与市场边界,强化政府在守好粮食安全底线、加强农民权益保障、解决好种子和耕地等"要害"问题方面必须为的责任,同时避免政府大包大揽和对市场的不当干预,健全农村市场体系,完善农产品和要素价格形成机制,充分调动社会各方面力量推进农业现代化建设。其二,强化农业支持政策效能。聚焦粮食等重要农产品、粮食主产区等重点区域和纯农户等重点群体,统筹直接补贴、价格支持、收入保险等政策,提高农业支持政策的精准性和协调性,推动新增补贴和支持手段从农业生产领域向全产业链建设拓展,促进产业深度融合发展。其三,加强政策手段机制化建设。明确政策实施、调整和退出程序,保持连续性、稳定性、可持续性,加强农产品加工、农产品价格等重点领域调控手段的机制化建设,提高政府市场监管能力、组织管理能力和风险防范能力。

2. 农村要素配置市场化

要素市场化配置改革是一项战略性、全局性、基础性改革举措,对优化农村要素配置、推进农业现代化具有重要意义,具有牵一发而动全身的作用。由于不同要素的属性和市场化程度存在差异,推进要素配置市场化应该分类施策。首先,劳动力要素是最活跃、最能动的要素。应加快建立城乡统一的劳动力市场,推动城乡人力资源双向流动。进一步完善"人地挂钩""人钱挂钩"政策,健全农村"三权"市场化退出机制和配套政策,提高农业转移人口市民化质量,为农业规模化经营腾出更大空间。同时,健全人才入乡激励机制和城乡人才合作交流机制,积极引导人才要素向乡村流动。其次,土地是农业生产最基本的生产要素。农村土地制度改革牵一发而动全身,既拖不得但也急不得,既要积极进取也要审慎稳妥。应加快建立城乡统一的建设用地市场,在农村土地承包关系长久不变的有效实现形式、农村宅基地制度有偿使用和有偿退出、集体经营性建设用地入市以及土地增值收益合理分配制度建设等方面加快探索,有效激活土地要素、盘活土地资产。再者,资本是农业生产不可或缺的重要生产要素,不论是改造传统农业,还是推进乡村全面振兴,都需要通过财政、金融、引入社会资本等方式,为"三农"发展提供更多的资金支持。特别是,应大力创造资本留在农村、造福农民的应用场景,积极畅通资本下乡、普惠金融助农通道。最后,加快发展技术要素市场,培育农业战略科技力量,加强关键核心技术攻关,推进种业振兴,完善农业设施装备条件,创制运用新型农机装备,弥补农业水土资源禀赋的先天不足。

3. 经营形式多样化

以家庭经营为基础,集体经营、合作经营、企业经营与家庭经营共同发展,是中国特色农业现代化的前进方向。近年来,家庭经营的基础地位不断巩固,其他经营形式不同程度上也得到了发展,但依然不充分,且共同发展的效应尚未充分发挥。未来可以从两个层面拓展,推动多种经营共同发展,加快小农户与现代农业有机衔接。一方面,着力解决好将现代要素导入小农户问题。通过加强利益联结机制建设,提升小农户经营能力,促进小规模农户与现代农业有机衔接。

另一方面，探索多种经营形式共同发展路径。各种经营方式不是孤立的，需要打破共同发展障碍，探索共同发展形式。比如，部分地区积极发展农村集体混合所有制经济，村集体经济组织以集体资产资源参股农民专业合作社或经营稳健的工商企业，或发展混合所有制经济项目，实现了集体经营、合作经营、企业经营的共同发展，取得了积极效果。下一步，可以针对多种经营形式共同发展模式创新，按照试点先行、观照全局的原则，选择有条件的地区开展试点，条件成熟后逐步推开。

4. 一二三产业融合化

以农业为依托，推进农村一二三产业融合发展，开发农业多种功能和乡村多元价值，是发展农村生产力的有效路径。从全球范围看，三次产业交叉融合发展是普遍趋势，日韩等东亚小农经济体通过产业融合构建起高质量农业供给体系，美国、荷兰等国家在产业融合中塑造了农业引领型发展优势。农村产业融合发展本质上是一个自然历史过程，但政府并非无所作为，可以从以下几个方面着手营造一二三产业融合发展生态，强化农业全产业链建设，拓展农业增值增效空间。其一，聚焦人、地、钱、技等关键环节，构建系统性、常态化政策支持体系，破解用地、融资和人才等痛点。比如，围绕"用地难"问题，应加快落实单列一定比例建设用地指标支持农村一二三产业融合的政策，推广部分地区"点状供地"经验等。其二，聚焦降低农村一二三产业融合成本，推进道路、电网、供水、供气、物流、环保、信息、应急保障等基础设施建设，强化基础设施共建共享、互联互通；健全农村产业融合公共服务体系，培育产业融合社会化服务组织，强化规划、项目信息、融资、土地、建设运营等综合服务。其三，聚焦紧密型利益联结机制建设。遵循把增值收益、就业岗位尽量留给农民的原则，加大对紧密型利益联结模式的激励和补偿力度，强化违约处罚或规制，完善农村信用体系，积极引导构建多种形式的利益联结机制。

5. 农业数字化转型

进入数字时代，数字技术对农业的转型发展无疑将产生重要作用，而事实上已经在农业要素配置、生产组织、产业形态、产品流通等方面显现出变革性影响。加快推进农业数字化转型，一方面，要依托数字技术推进农业实体性要素变革。生产力是在劳动者、劳动资料和劳动对象三者交互作用下形成的。数字技术的深化应用，只有在促进农业实体要素变革的情况下，才能真正释放出巨大的生产力。为此，应加强数字技术对农业对象、环境和全过程的可视化表达、数字化设计、信息化管理，加快数字化终端设备普及应用，提升农业经营主体素质素养，将农业全生命周期数字化、数据化，让手机、无人机、智能化农业机械等成为"新农具"，数据成为"新农资"，促进农业资源空间上的优化配置和时间上的合理利用，提升农业产业链运营效率，推动农业增长方式从依赖自然资源向依靠信息资源和知识资源转变。另一方面，依托数字技术构建新的农业生产关系。数字时代的生产力需要数字化的生产关系与之匹配。为此，可以结合农村一二三产业融合发展，从生产、交换、分配、消费等方面入手，利用数字技术来革新农业生产关系，包括依托"反向定制"等改善农业生产组织模式，提高农业组织化程度；发展新型电商创造新的交换模式，提高市场流通效率，提升农业产业整体素质、效益和竞争力。

四　建设有中国特色的农业强国

党的二十大对未来一个时期我国农业农村工作作出了"三步走"的总体部署，即未来5年"三农"工作要全面推进乡村振兴，到2035年基本实现农业现代化，到本世纪中叶建成农业强国。实现农业现代化是建设农业强国的基本要求，世界范围内建成农业强国的国家，都实现了农业现代化，但并不是实现了农业现代化的国家都成为农业强国。

强国必先强农，农强方能国强。农业强国是社会主义现代化强国的根基。推进中国特色农业现代化，必须瞄准建设农业强国目标。我们要建设的农业强国、实现的农业现代化，既有国外现代化农业强国的共同特征，更有基于自己国情的中国特色。

目前对农业强国特征的一般性描述，侧重于生产效率和竞争力角度，如认为农业竞争力位居世界前列的国家，可称其为农业强国。但是，对我国这样一个人口众多的大国而言，农业强就不仅仅是一个效率或竞争力概念，而是一个发展与安全、效率与公平相统一的概念。农业强国不仅表现为农业自身强，而且体现为对整个国民经济和社会主义现代化强国建设的支撑能力强。大体有以下几个能力特征。

（一）农产品供需动态匹配能力强

大国经济和小国经济发展的约束条件不同，在发展路径上也有着本质的区别。大国经济发展具有内源特征，往往采取以国内资源和国内市场为主的经济增长模式。[①] 我国作为一个发展中的大国经济体，建设农业强国既不能掠夺别国，也不能依靠别国支援、依赖国际资源，必须立足国内、走内源型发展道路。走独立自主的中国特色现代农业强国之路，最突出的要求是立足国内解决好吃饭问题。为此，农业强国之强，是与农业产出能力强以及供需适配性高联系在一起的，本质上是以成熟的现代农业产业体系作为支撑的供需总量平衡和结构匹配能力。

对于一个拥有 14 亿多人口的发展中大国而言，超大规模人口、超大规模农产品需求的现实，决定我们解决吃饭问题不能指望国际市

---

① 欧阳峣：《大国经济发展理论的研究范式》，《经济学动态》2012 年第 12 期。

场，必须立足国内来保障粮食和重要农产品的安全稳定供给。只有把住粮食安全主动权，把饭碗牢牢端在自己手中才能保持社会大局稳定。世界范围内，真正的农业强国都有能力解决自己的吃饭问题。如果在吃饭这一基本问题上还受制于人，就谈不上是农业强国了。

为此，农业究竟强不强，首先就要看农业综合产出能力强不强，能不能主要依靠自身保障粮食和重要农产品供给。因此，尽管中国特色农业强国建设目标不是单一的而是多元的，但不论从哪个方面看，保障粮食和重要农产品有效供给都是头等大事。不管农业强国建设到什么程度，保证粮食安全都是基本底线。只要粮食供给不出大的问题，建设农业强国就有基础和底气。与此同时，如果只是农业产出能力强，而供给结构对需求变化缺乏适应性和灵活性，不能有效满足居民对农产品的升级化、多样化需求，这样的农业也不是强大的农业。基于此，中国特色现代农业强国建设，必然建立在坚实的物质技术基础、优化的农业产业结构和完善的农业产业体系之上。

（二）农业价值创造和分享能力强

效率效益体现发展质量，农业劳动生产率高、价值增值能力强是农业强国的核心表现。农业强国的人均产出效率、综合效益等主要指标往往达到世界领先水平，不论是美国这样经济体量大的综合型农业强国，还是荷兰、以色列这样的特色型农业强国，农业都具有高效率、高效益特点。农业价值创造能力，往往取决于高水平农业科技、现代化物质装备的支撑，科技成为农业价值创造的源泉。

同时，主要发达国家在实现农业现代化进程中，农业人口占比不断下降，有些甚至降至2%~3%，与此不同，农业人口规模大的特征可能伴随我国农业强国建设的整个过程，即便未来城镇化成熟定型，还会有数亿人居住生活在农村，依靠农业获得收入，这决定我国农业强国建设逻辑必然不同于西方以资本为中心的逻辑，必然是以农民富裕为目标。

我国推进农业强国建设，必须立足人多地少的资源禀赋，以农民为主体，紧紧依靠广大农民，创新农业组织模式，构建紧密型利益联结机制，让小农户充分参与农业强国建设，决不能排斥甚至剥削小农户。由此，衡量农业强不强，还要看对农民增收致富的带动能力强不强，农民能不能充分分享农业强国建设带来的好处，逐步实现共同富裕。

（三）全球范围内配置资源能力强

对大国经济体而言，在全球范围内配置资源的能力也是农业强国的重要标志。这些资源不仅包括土地等自然资源，也包括技术、资本、人才等经济社会资源和技术资源。农业强不仅体现为本国农产品在全球贸易中具有竞争力，同时也体现为在全球范围内配置资源的能力要强。

2001年12月11日，经过长达15年的艰难谈判，我国正式成为世界贸易组织（WTO）第143个成员。加入WTO后，我国农业对外开放也进入了新的阶段，农产品贸易稳定增长，农业农村国际合作在多双边交流、对外贸易投资、科技合作、对外援助和全球粮农治理等领域取得重要成效，农业对外开放水平不断提升，我国在全球农业治理结构中的地位和作用也得到提高。2001~2023年，我国农产品贸易额扩大11.93倍，从279亿美元增长至3330亿美元，年均增速达3.98%，高于同期全球农产品贸易1.3%的增速。

但客观来看，我国农业"走出去"进展还不够快，在全球范围内配置资源的能力还不强。农业"走出去"存在"单打独斗"、缺乏国际化人才、"走出去"企业本土化经营不够和社会责任意识不强、权益产品回运受阻以及政策支持有待加强等问题。[1]

---

[1] 杜鹰、张秀青、梁腾坚：《国家食物安全与农业新发展格局构建》，《农业经济问题》2022年第9期。

建设农业强国，需要继续提升农业对外开放水平，加快农业"走出去"步伐，着力培育一批具有较强全球资源配置和产业链整合能力的跨国农业企业，增强全球农产品供应链安全维护、全球农业公共产品供给、农业国际规则制定、农产品定价等方面的能力，更好地统筹利用国际国内市场和资源。另外，安全也是大国经济体建设农业强国的重要考量。更强的资源配置能力，意味着更强的农业产业链供应链韧性，从而能够有效应对各种外部冲击挑战。

（四）农业可持续发展能力强

不能长期存续的农业必然不是现代农业，农业强国的农业一定是可持续发展的。可以分两个层面来理解，从狭义角度来说，体现为资源环境可以承载农业长期持续发展。农业发展不以浪费资源和污染环境为代价，农业生产系统与自然生态系统能够有机耦合，表现为农业资源利用率往往比较高；或者，能够以较低的资源代价取得高于世界平均水平的增长并保持可持续增长；从更广泛角度，体现为农业能够持续发展的内生能力，包括劳动力、技术、资本、数据等要素能够优化组合配置，以及政府对农业的合理支持、有效干预和高效制度供给，使农业产出效率能够长期维持在较高水平，进而实现良性循环发展。

如何在农业生产力快速发展的同时避免巨大的生态环境代价，是建设农业强国普遍面临的难题。西方一些国家推进的农业现代化，是通过对自然资源的攫取实现的，尽管创造了巨大的物质财富，但也带来了严重的生态环境问题。同时，我国过去靠透支资源环境来换取农业产出增长的粗放型发展模式，也带来了土壤质量退化、水土污染、过度开垦等一系列生态环境问题，被证明是不可持续的。高消耗、高污染的农业发展模式行不通，资源环境也不可承受。促进人与自然和谐共生是中国式现代化的本质要求之一，也是中国特色农业强国建设的时代要求。站在人与自然和谐共生的高度谋划推进农业强国建设，符合我国人口众多、资源相对不足、环境承载力较弱的实际，也是对西方农业强国建设模式的超越。

相比其他国家，我国建设现代农业强国具有无可比拟的优势，体现在社会主义体制、大国经济和市场体量、多元农业资源、国际政治影响力等方面，"大国小农"建设现代农业强国具有深厚的基础。要立足我国国情农情，将保障粮食和重要农产品稳定安全供给作为头等大事，依靠科技赋农和改革强农双轮驱动，提高农业土地产出率、劳动生产率和资源利用率；发挥有效市场和有为政府的共同作用，构建更加完善的政策体系和市场体系；统筹国内建设和对外开放，全面增强农业发展内在动力和国际竞争力，彰显农耕文化蕴含的时代价值，传承发展农耕文化赋能农业强国建设，全面提升农业产出能力、价值创造和分享能力、全球资源配置能力和可持续发展能力，走中国特色现代化强国建设之路。其中，发挥文化赋能作用十分重要。

一个国家、一个民族的强盛，总是以文化兴盛为支撑的。在世界古代文明中，我国传统农业曾长期领先于世界各国，主要得益于优良的农业传统和农耕文化。我国是一个农业古国，在五千年文明史中，勤劳智慧的中华民族创造了光辉灿烂的农耕文化。时至今日，农耕文化中的许多理念、思想和对自然规律的认知在现代仍具有一定的现实意义和应用价值。

但客观地看，在过去多年来的快速工业化、城镇化进程中，农耕文化并没有得到有效保护、传承和发展，人们对传统农耕文化的记忆逐渐淡化，农耕文化价值在乡村建设和发展中并没有被充分发挥出来，生活在乡村社会的人们，在享受现代城市文化带来的富足、文明与进步的同时，其内心也承受着文化冲突与价值冲突带来的不确定性和不安全感。[1] 农耕文化是我国农业的宝贵财富，蕴含着优秀思想观

---

[1] 赵霞：《传统乡村文化的秩序危机与价值重建》，《中国农村观察》2011年第3期。

念、人文精神、道德规范,是推进乡村全面振兴的持续精神力量,也是加快建设农业强国的文化滋养和力量之源,更是中国农业强国道路有别于其他国家的特色所在。推进中国特色农业强国建设,必须立足农耕文明的历史底蕴,系统挖掘农耕文化深层价值,既从农耕文明中汲取养分,也通过建设农业强国赓续农耕文明。

第四章　城乡融合发展：中国式现代化的必然要求

在漫长的人类历史中，采集和狩猎是原始人类获取食物的主要方式，使得原始人类往往随着食物资源变化而迁徙，生存地并不固定。大约1万年前的农业革命，使人类变成食物生产者，并产生了定居的生活方式，村庄聚落由此形成。城市又由乡村发展而来，成为人类进行生产和社会活动的场所。而城市出现后，城乡差别和城乡矛盾关系由此产生。可见，城乡对立并不是人类社会一开始就存在的社会现象，而是社会发展到一定历史阶段的产物。正如马克思和恩格斯在《德意志意识形态》中所说，"城乡之间的对立是随着野蛮向文明的过渡、部落制度向国家的过渡、地域局限性向民族的过渡而开始的，它贯穿着文明的全部历史直至现在（反谷物法同盟）"。[①]

城乡关系作为人类社会发展中的一对基本关系，这种关系在不同阶段、不同制度条件下，又表现出相互促进或彼此对立的不同形态，深刻影响着整个社会的变化。正如马克思在《哲学的贫困》中所言，"城乡关系一改变，整个社会也跟着改变"。[②]

自18世纪工业革命以来，各国纷纷走上现代化道路，但发展进

[①] 《德意志意识形态》，人民出版社，1961。
[②] 《马克思恩格斯文集》第一卷，人民出版社，1972。

程、实现方式各有不同。然而，无论采取怎样的路径，都回避不了如何处理城市和乡村关系的问题。国内外经验深刻揭示，促进城乡协调发展，是不可违背的客观规律，是现代化建设必须遵循的普遍准则，直接关系到现代化建设的得失成败。已经实现了现代化的国家，一般都较好地处理了城乡关系，而一些国家由于没有处理好城乡关系，不仅乡村和乡村经济走向凋敝，工业化、城镇化也陷入困境，甚至造成社会动荡。

处理好城乡关系的重要性无须赘言，但放眼全球，没有一个国家面临犹如我国这样复杂的城乡关系问题。这一方面在于我国是一个十几亿人口的发展中大国，农村人口数量庞大，这些人口如何在城乡之间有序流动、迁徙、安居，是一个极具挑战的课题，没有先例可循、没有成熟的经验可照搬。处理不好，极易引发各类矛盾和冲突。另一方面，还在于我国工业化、城镇化是以高度时空压缩的方式进行的，过去几十年走过的发展历程，西方国家曾用了上百年的时间，由此带来城乡关系的急剧变迁。在这种背景下，处理好城乡关系具有特殊性和紧迫性。

然而，不论城乡关系问题多么复杂，都绕不开协调好城乡关系的问题；不管现代化进展到哪一步，协调好城乡关系始终具有全局性战略意义。推进城乡融合发展是一项带有根本性和全局性的战略任务，是中国式现代化的必然要求。现实地看，从城乡分割到城乡统筹再到城乡融合，新中国成立70多年来，我国城乡关系的调整与发展，已经成为中国社会结构性变迁的重要组成部分，与中国特色社会主义现代化进程大体相适应。城乡关系从二元结构体制中逐步解放出来，带来整个社会生产力的发展和文明进步。在中国式现代化进程中，推进城乡融合发展，有利于缩小城乡差别，促进城乡共同繁荣，是摆脱贫困迈向共同富裕的必然选择。

第四章 城乡融合发展：中国式现代化的必然要求

一 城乡融合发展是一个动态过程

城乡融合并非新概念，但其内涵却远不够清晰明确。关于城乡融合这一概念，早见于马克思和恩格斯的著述。他们根据19世纪德国、法国、英国等国的城乡发展状况，分析了城乡分离与对立的原因及其影响，并从生产力和生产关系的矛盾运动中指出城乡融合发展的历史必然性。恩格斯在《共产主义原理》中首次提出了城乡融合的概念：通过消除旧的分工，进行生产教育、变换工种、共同享受大家创造出来的福利，以及城乡的融合，使社会全体成员得到全面的发展。[1] 在《反杜林论》中，他进一步指出，城市和乡村的对立的消灭不仅是可能的，而且已经成为工业生产本身的直接需要，同样也已经成为农业生产和公共卫生事业的需要。只有通过城市和乡村的融合，现在的空气、水和土地的污染才能排除。[2]

在马克思恩格斯看来，城乡融合是把城市和农村生活方式的优点结合起来，避免二者的片面性和缺点的新的统一体。这一定义把握住了城乡关系的内在特点，具有重要的参考价值。进入21世纪，特别是党的十八大以来，我们党在不断改善城乡关系的实践中，持续深化对城乡融合发展本质和规律的认识，将马克思恩格斯城乡融合思想同我国城乡发展实际相结合，形成了关于城乡融合发展的重要理论创新成果。

综合来看，城乡融合是社会生产力充分发展条件下，由制度变革、技术进步、文化创新共同引致的，以城乡要素自由流动、功能深度耦合、权利平等化为基本特征，形成新的地域组织结构、均衡化资

---

[1] 恩格斯：《共产主义原理》，载《马克思恩格斯文集》第一卷，人民出版社，2009。
[2] 恩格斯：《反杜林论》，人民出版社，1993。

源要素配置格局、互补型城乡功能形态等，最终实现人的全面发展的动态过程。城乡融合发展，涵盖了城乡规划布局、要素配置、产业发展、公共服务、生态保护等诸多方面，本质上是城乡优势互补、协同联动进而形成发展共同体的过程。

城乡关系的形成由二者的差异性和互补性导致。作为城乡关系的高级形态，城乡融合的内涵极为丰富。如果从各种外在表征中抽象出基本元素，大体包括以下几个方面。

（一）城乡要素自由流动

要素双向流动和优化配置，是城乡融合发展的首要特征，基本表现是生产要素在城乡间双向自主有序流动和平等交换，并通过要素优化配置，促进城乡产业链、供应链、价值链的重构与升级。

"双向"，即城乡要素流动不是单向度的，或者说不存在长期单向流动。当然，对不同区域、不同发展阶段，城乡要素双向流动的情况会有所差别。长期以来，资源要素由乡到城大量流出，导致城市繁荣而农村发展滞后。近年来，通过积极引导要素向乡村流动，要素过多流向城市的格局已经得到较大改善，但尚未从根本上扭转。一般而言，在市场经济条件下，要素总是向生产率高、回报率高的地区、部门和企业流动。只有城乡各自不可替代的功能能够有效实现，乡村价值能够被充分挖掘，城乡要素流动和交换才能更加充分。

"自主"，即城乡要素流动是自由的，不存在市场垄断阻碍和不合理的行政限制，可以自由进入市场。正如马克思在《资本论》中描绘的利润平均化景象：资本有更大的活动性，也就是更容易从一个部门和一个地点转移到另一个部门和另一个地点；劳动力能够更迅速地从一个部门和一个地点转移到另一个部门和另一个地点。① 这要求必须具备比较顺畅的通道或场域，也就是说要素市场是相对健全的。一般而言，市场作用发挥的有效性往往与其完善程度成正比，而市场作用的有效性又直接影响甚至决定资源配置效率和供需匹配效率，统一和充分开放的要素市场对要素流动不可或缺。同时，市场也是有效的。如果行政过度限制要素交易对象和范围，市场就很难形成公平价格，必然导致要素价值的剥夺或流失。只有具备健全的市场功能，要素价格真正做到由市场决定，才能使要素价格能真实灵活地反映市场供求关系、资本稀缺程度和使用成本，推动城乡要素配置依据市场规则、市场价格、市场竞争实现效益最大化和效率最优化。

"有序"，即推进城乡要素自由流动是有时序和一定节奏的，安全可控是基本前提。我国的基本国情农情是"大国小农"，不同地区具备的条件不同，不同要素的属性和市场化程度也存在差异，特别是农村土地要素，一定程度上还承载着就业和社会保障功能，这就决定了实现要素自由流动必然是有序的，而非一蹴而就。另外，有序还体现为不同要素市场化配置改革具有整体性和协同性，从而实现更高的组合配置效率。

（二）城乡功能互补耦合

城乡融合发展不仅表现为城乡各自功能充分拓展和完善，还在于城乡功能互补。在这种关系结构中，城乡各自发挥其不可替代的功能，进而形成互补互利、具有多样性和灵活性的功能体系，这是一个多阶段动态依存状态与多样性动态适应的过程。② 在城市化进程中，

---

① 《资本论》，人民出版社，2004。
② 陈乙萍、刘洋：《动态特征、现实境况与城乡协调发展的关联度》，《改革》2016年第2期。

多数国家都经历过以城市为中心的阶段，乡村处于从属或边缘状态。当城市化进程完成后，一些国家开始重新反思城乡的地位和关系，更加重视城乡的地位平等和功能互补。

比如，德国、法国等为了避免城市过度扩张，都采取了传统村庄保护措施，目的是构建城乡异质性空间。而部分国家过度强调城市的中心地位，忽视了乡村的独特功能，将乡村长期置于附属和从属地位，最后造成乡村发展活力丧失、城乡差距不断拉大，甚至演变成社会危机，现代化进程受阻，教训不可谓不深刻。

城乡功能的互补耦合，涵盖了生产功能、生活功能、生态功能等多个方面。其中，生产功能耦合，体现为城乡产业融合发展，不仅停留在要素和产品的交换上，而且体现在产业转移和互动过程中共生产业链和价值链的形成上。生活功能耦合，是通过乡村生活空间重构和城市生活空间优化，形成满足城乡居民多样化需求的一体化空间。生态功能融合，即通过城乡生态的共建共享、山水林田湖草沙系统治理，形成和谐的城乡生态新秩序。

长期以来，我国乡村的主体功能或基础地位，主要体现在原料供给和食物保障方面。生产主义乡村的功能定位，让乡村地理因简约为农业地理而被边缘化。[1] 当前推动乡村全面振兴，就是要使乡村从要素和实物供给单元向生态空间、文化传承和新消费载体等转变，成为与城镇互补互促而又不同于城镇的多功能异质性空间。

（三）城乡经济循环通畅

城乡经济循环通畅是城乡融合发展的基础，表现为城乡产业的有机关联、城乡之间供给和需求的高效适配。城乡经济循环不仅是商品

---

[1] 余斌、卢燕、曾菊新、朱媛媛：《乡村生活空间研究进展及展望》，《地理科学》2017年第3期。

和要素的交换，而且体现在产业转移和融合过程中共生产业链和价值链的形成方面，即城乡产业的关联畅通。其中，产业转移是形成合理的产业分工体系、优化生产力空间布局的重要途径，既包括产业从高梯度地区向低梯度地区的转移，也包括在城乡之间的转移。从发展规律看，空间集聚性是城市的本质特征，非农产业向城镇集聚、各类经济要素向城镇集中，是城镇化的伴生现象。但是，当城镇化达到一定程度，市场拥挤效应和要素成本上涨，会导致部分不依赖城市集聚效应的产业或产业链环节向乡村转移。

与此同时，产业向数字化、智能化、网络化方向演化，将推动基于传统地理空间的产业集聚向虚拟集聚发展，产业链将逐渐走向有机连接的产业价值网络，资源型产品开发、农产品加工、部分劳动密集型产业的产业链不同环节和价值功能可以在城乡之间进行布局。随着新的技术变革和城乡关系变化，产业在城乡之间转移布局将不再是单向维度而是双向的。

同时，经济循环的本质是把经济活动连接起来，从而实现生产与消费的动态平衡。城乡经济循环的另外一个重要体现是建立在城乡经济分工基础上的商品交换，农产品和工业品的价值在交换中得到实现，而利益分配结构会因不同的制度安排和技术条件而产生不同的结果。其中，存在两对供需匹配关系，即城市对农产品的需求与农村供给之间的匹配，农村对工业品、生产资料的需求与城市供给之间的匹配。

随着我国城乡居民消费需求的升级变化和生产技术的不断进步，城乡之间商品交换的内容和实现形式并不是固定不变的，不仅需要保持总量平衡，更要求结构匹配。供需结构高效匹配，取决于供给体系的质量和效率，即供给能够灵活适应需求结构变化，并引领和创造新需求。同时，也取决于商品流通效率。流通是畅通城乡经济循环的重要基础，承担着引导生产和促进消费的双重职能。畅通城乡经济循环，就是减少无效供给、扩大有效供给，并通过现代流通提高供需匹配效率，进而有效满足城乡居民多层次多样化的消费需求。

（四）城乡居民基本权益平等化

在马克思、恩格斯看来，城乡融合的最终目的是实现人的自由全面发展。推进城乡融合发展，目标是促进城乡居民基本权益的平等化，主要包括机会均等和权益平等两个方面。所谓机会均等，是指城乡居民和社会成员在获得资源的可能性上是平等的、相同的，不应有人为的限制和区别，包括流动和迁徙机会、就业机会、公共领域平等参与机会等。权益平等，包括基本权益平等、财产权益平等。推进城乡融合发展，落脚点在于实现好、维护好、发展好城乡居民的物质利益和民主权利。

在这方面，"千村示范、万村整治"工程（简称"千万工程"）提供了很好的经验。"千万工程"的成果之所以能够经得起历史的考验，具有重要示范引领作用，关键在于坚持以人民为中心的发展思想，贯彻增进农民根本利益、尊重农民权利的"以人为本谋'三农'"的理念，建立了一套从收集农民群众诉求、捕捉农民群众需求再到解决农民群众痛点、满足农民群众意愿的工作机制，有效发挥了农民群众的主体作用。

二 避免城乡融合发展知行误区

城乡融合发展是一个自然历史过程，同时也是一个主动创造的建构过程，对此需要有正确的认知。实践中，关于什么是城乡融合、以什么方式推进城乡融合发展、如何处理城乡融合发展与乡村全面振兴的关系，存在一些认识和行动上的偏差。

（一）概念混用或简单等同

关于城乡关系，目前主要有统筹城乡发展、城乡发展一体化、城乡融合发展三个概念。三者在目标取向上有共同之处，在精神实质上一脉相承，在核心要义上不断丰富，反映出我们对城乡关系认识的不断深化。但是，这并不意味三个概念可以混用，甚至相互替代。城乡融合发展是城乡关系在更高形态上的演替、在更深层次上的重塑。如果将统筹城乡发展、城乡发展一体化、城乡融合发展简单等同，只看到三者的联系而忽视了它们的差别，要么会因概念过多而无所适从，要么会产生概念一样化的认识而无法全面把握概念的实质和内涵，进而在政策执行中出现偏差。

从区别看，统筹城乡发展着眼于城乡共同发展，目的在于解决城乡二元分割、发展不同步问题，把工业与城市、农业农村与农民的现代化整合为同一个历史过程。城乡发展一体化突出城乡协调发展，力图通过调整城乡利益关系，补齐乡村发展不足的短板，促进政策上的平等、国民待遇上的一致。不论统筹城乡发展还是城乡发展一体化，都强调通过调整重城抑乡的"汲取型"政策，推动由"取"向"予"的政策转型，改变城乡资源要素流向，强化工农城乡联系，解决"城市有、农村没有"的问题。

相比而言，城乡融合发展破除了城市代表现代、乡村是落后的，乡村必然被城市所取代的观念误区，更加突出城乡互补发展，更加强调城乡功能差异和各自特色的彰显，更加强调城乡之间的共生关系，着眼于从根本上破除城乡二元结构，通过制度改革、政策调整和市场建设来激活主体、激活要素、激活市场，重塑城乡关系。

（二）城乡融合变成城乡一样化

有一种观点认为，推进城乡融合发展就要完全消除城乡差别，这是将城乡差别与城乡差距、城乡二元结构等概念简单等同的结果。由此，往往造成要消灭乡村，或者把乡村建设得完全像城市一样等认识和行动上的偏差，最后使城市不像城市、乡村不像乡村。

固然，破除城乡二元结构，消除城乡对立，缩小城乡发展差距，是推进城乡融合发展的应有之义。但是，推进城乡融合发展，要消除的是由制度性、历史性因素造成的城乡公共资源配置、公共服务享有、基本权益保障等方面的差距，而不是要消除城乡的功能差异。

乡村是一个具有自然、社会、经济特征的地域综合体，兼具生产、生活、生态、文化等多重功能，与城镇共同构成人类活动的主要空间，各自发挥着不可替代的重要功能。"无论发展到什么程度，城乡始终是有差别的，有些方面如交通信息等城市会优于农村，有些方面如生态环境等农村又会优于城市，但终极的目标应当是，虽有城乡之别，而少城乡之差。"①

不管未来我国城镇化发展到什么水平，乡村都不可能被替代或消灭。推进城乡融合发展，既要"求同"也要"存异"，应充分发挥城乡各自功能，构建发展共同体，促进城乡协调发展、共同繁荣。

（三）超越阶段急于求成

城乡融合发展是一个涉及面广、关系复杂的系统工程。当前，加快推进城乡融合发展，重塑城乡关系固然具有现实紧迫性，但这一过程必然是复杂的、艰巨的、长期的，对此要有清醒认识。如果对城乡融合发展过程的长期性、复杂性认识不足，就容易脱离实际、超越阶段而急于求成、急躁冒进，埋下一些隐患。

全球范围内，西方发达国家在实现现代化的进程中，从城乡对立到城乡融合，经历了一个长期而缓慢的过程。尽管我国通过"四化

---

① 习近平：《之江新语》，浙江人民出版社，2007。

同步"发展能够有效缩短这一进程，但城乡融合发展也不会是一蹴而就的，必然是一个从量变到质变循环往复的上升过程。

关于城乡关系发展演变规律，马克思恩格斯从人类社会生产力和生产关系矛盾运动视角进行了揭示，认为城乡分离、对立的根源是生产力发展和生产关系变革的结果，大力发展社会生产力、消除私有制是实现城乡融合的根本途径。由此来看，城乡关系由生产力水平决定，实现城乡融合发展必须具备一定的物质条件、社会条件和经济组织条件。

目前，我国生产力发展在总体上依然处于社会主义初级阶段水平，城乡区域之间的发展差距还比较大，城乡关系呈现较为复杂的多样化格局。如果不顾发展基础，超越发展阶段，忽视区域差异，急躁冒进、齐步走或"一刀切"式地推进城乡融合发展，就难免会走一些弯路。需要保持战略定力和历史耐心，把战略坚定性和策略灵活性结合起来，加快发展社会生产力，积极创造城乡融合发展的条件。

（四）"只合不融""为融而融"

城乡融合发展是一个多层次、多领域、全方位的全面融合概念，不仅涉及城乡经济和物质空间的融合，也包括社会、文化、制度等层面的深度融合。实践中，一些地方将城乡融合等同于搞城乡建设，比较重视城乡基础设施的互联互通，在"看得见"的融合上下的功夫比较多，乡村基础设施完备度、公共服务便利度、人居环境舒适度得到了较大改善，但在城乡社会融合、文化融合等方面进展却不够快。特别是，实现城乡融合发展不仅是建设和发展问题，更是改革创新问题，如果不从根本上破除城乡二元结构体制机制壁垒，不仅发展会受到限制，真正的融合也很难实现。

推进城乡融合发展，需要加快破除城乡二元结构壁垒，完善城乡融合发展体制机制，促进人口在城乡之间自主迁徙、劳动力在工农之间自由转换、要素在部门之间有序流动,不论进城人群,还是下乡人群,都能公平公正地享受公共资源和社会福利,全面参与政治、经济、社会和文化生活,实现社会接纳和心理认同。

(五)非此即彼,顾此失彼

关于城乡关系认识上的另一个典型误区,是认为乡村振兴与城镇化彼此对立,只有限制城镇化发展,才能避免农村资源要素流出,进而才能振兴乡村。客观而言,过去几十年来我国城乡二元结构下农村资源要素长期大量流出,在城镇化快速发展的同时,农村发展后劲不足,出现城市繁荣、农村衰败的结果,这种城乡关系模式显然是不可持续的。

为了改变这一局面,近年来通过推进乡村全面振兴,农业农村现代化取得明显进展,但一些地方由此又陷入就乡村论乡村的误区,把乡村从城乡分工体系和经济循环中割裂开来,看不到城镇化对"三农"的带动作用。事实上,农业农村优先发展与新型城镇化发展不是彼此否定、相互割裂的,二者相辅相成、互促共进。我国城镇化进程尚未结束,依然是解决"三农"问题的重要途径,乡村振兴离不开新型城镇化的继续推进,城镇化的高质量发展也必须以乡村全面振兴为基础,二者并行不悖。

推进城乡融合发展,需要统筹新型城镇化和乡村全面振兴,全面提高乡村规划、建设、治理融合水平,完善城乡要素平等交换、双向流动的政策体系,促进城市资源要素有序向乡村流动,增强农业农村发展活力和后劲,缩小城乡差距。

三 扎实推进城乡融合发展

为塑造新型城乡关系,走城乡融合发展之路,我国在调整优化城乡关系上做出了不懈努力,取得重要突破性进展,深刻改变了城乡发展面貌。关于这一进展,常用的衡量指标是城乡居民人均可支配收入比值,如果仅就这一比值来看,城乡融合进展似乎并不是太快。1979~2023年,这一比值从2.57缩小至2.39。但单一收入指标的缺陷也很明显,不能完整、准确地测度城乡居民实际生活水平的变化,进而反映城乡融合发展的真实进展。

我国城乡居民的消费支出重点不同、生活成本不同、消费感受不同,同时,我国国情农情和惠农政策与西方国家不同,许多能够提升农民生活质量的政策措施,比如农村基础设施建设、公共服务提升、人居环境改善等,难以被纳入可比的统计口径。这些都与居民生活质量密切相关。结合实际看,这些政策的实施使农村居民的生活环境、公共服务、社会保障等得到明显改善,实际生活质量显著提高。

在推进城乡融合发展过程中,制度创新发挥了十分重要的作用,这些制度创新呈现立柱搭梁、整体推进的特点。

途径一:通过改善城乡要素配置提高发展效率。我国城乡二元结构在要素配置层面的集中表现,是城乡要素交换关系不平等以及生产要素由农村大量流出,造成乡村发展活力和动力不足。近年来,围绕城乡要素配置的改革,大体路径是通过破除妨碍城乡要素平等交换、双向流动的制度壁垒,推动资金、技术、人才、管理等要素向乡村集聚、向农业新产业新业态流动,带动乡村产业要素配置结构、经营组织方式等变革,进而达到改造传统农业、提高农业生产效率、提升乡村产业发展水平的目的。

途径二:通过优化城乡公共资源配置增进居民福祉。我国城乡发展不平衡的一个最直观体现是基础设施和公共服务差距大。有效缩小城乡基础设施和公共服务差距,必须改善城乡公共资源配置不均衡的格局。近年来,城乡公共资源配置领域的改革,重点是将农村基础设施建设放在更加优先的位置,通过不断加大公共资源向"三农"配置的力度,持续推动城镇基础设施向农村延伸,城镇公共服务向农村深度覆盖，补齐农村基础设施和公共服务短板，不断缩小城乡居民生活水平差距。

途径三：通过推动城乡治理一体化提升治理效能。改革开放以来，我国城乡二元分治格局随着人口、要素的开放流动而逐步被打破，但并没有从根本上消除，与城乡经济社会融合发展的要求不相适应。近年来，围绕城乡治理的改革，突出以构建城乡一体的空间规划管制制度和现代化社会治理体制为引领，推动城乡空间治理、社会治理、生态治理等一体化。其中，新一代信息技术在城乡治理各方面的深度应用，改变了传统治理路径，提高了城乡治理一体化水平。

当然，由于城乡二元结构矛盾依然没有从根本上得到解决，推进城乡融合发展依然存在不少挑战。

挑战一：城乡要素优化配置存在制度性障碍。长期以来，城乡二元体制阻隔了城乡要素的互动，割裂了城乡经济循环。近年来，伴随一系列重大改革的深入推进，生产要素跨城乡、跨区域流动更加顺畅，但城乡要素配置依然不尽合理，不仅表现为要素流向的不均衡，更突出地表现在城乡要素交换的不平等，主要包括要素财产权益的不对等、城乡要素市场的二元性和要素收益分配的不公平。

从实践看，仅仅依靠政策引导，抑或单纯依靠市场机制的自我完善来化解、发展的过程来消化这一问题，显然还不够。城乡要素结构性错配已经成为我国城乡差距难以根本缩小的主要原因之一，必须从根本上消除妨碍城乡要素平等交换、双向流动的制度壁垒。对农村而言，我国以小农户为主体的农业经济活动还没有从根本上突破低水平陷阱，资金、技术、人才、信息等要素无法向乡村汇聚，造成农业生产效率很难提升，农村资产也无法有效盘活。对城市而言，农业转移人口向城市流动，但土地要素跨城乡、跨区域配置通道不畅，导致土地供求关系日趋紧张，影响新型城镇化建设。

与此同时，城乡要素流动的整体性、协同性也需要加强，人才、资本、技术等生产要素协同从低质低效领域向优质高效领域流动还不够畅通，影响到要素配置整体效率。在城乡要素双向流动取得一定突破的基础上，进一步推动生产要素层面的改革，重点应放在提高要素流动的整体性和协同性、要素配置效率上来。

挑战二：城乡公共资源配置效率不高。近年来，通过加大公共财政在"三农"领域的投入倾斜力度，我国农村基础设施和公共服务明显改善，但农村地区基础设施和公共服务历史欠账多、城乡差距依然明显，城乡基础设施建设投资体制、教育卫生文化等公共服务体制、社会保障制度等的二元特点还比较明显，影响农民的实际获得感，同时也带来城乡在发展机会和发展能力上差距的难以有效缩小。

城乡基础设施和公共服务差距不仅体现在总量上，也体现在质量上。比如，城乡互联网普及率、数字技术创新能力和应用能力存在明显差距，农村医疗设施、医疗服务、医疗技术，以及教育设施条件、师资力量、财政投入等资源分配与城镇相比差距也比较明显。同时，随着大量农村人口向城镇流动，县域公共服务供给与人口分布不协调的现象逐步凸显，部分地区农村基础设施和农村校舍等公共服务设施闲置或使用低效，公共资源配置效率有待提高。

目前我国城乡形态仍在不断变化，优化公共资源配置要把效率放在更重要的位置。综合考虑农村总和生育率、平均预期寿命、出生性别比和人口迁移等因素，我国乡村人口规模逐年减少的趋势难以逆转。据相关预测，结合未来生育支持政策变化，到2035年，我国乡村常住人口将有3.4亿人左右。随着乡村常住人口持续减少，部分村庄也将不可避免地出现收缩，这直接影响到乡村建设的规模体量、乡村公共服务供给和乡村治理。为此，要统筹好城乡基础设施和公共服务布局，避免浪费。

挑战三：城乡市场体系一体化建设仍需加快。市场决定资源配置是市场经济的一般规律，市场经济本质上就是市场决定资源配置的经济。在我国社会主义市场经济体制确立和发展过程中，市场发育存在要素滞后于商品、农村滞后于城镇的现象，城乡统一的要素市场体系还没有完全建立起来，难以满足城乡资源优化配置、产业协同联动发展的要求。

具体地看，城乡统一的劳动力市场、土地市场等尚未真正形成，资本要素、技术要素、数据要素等市场发育则相对迟缓，产权保护、市场准入等市场基础制度存在短板，市场主体平等使用生产要素、公平参与市场竞争、同等受到法律保护的局面还没有完全形成。市场体系不健全，整体运行效率不高，导致要素价格难以真实灵活地反映市场供求关系、资源稀缺程度，制约了城乡要素在更大范围、更宽领域和更深层次进行平等交换和优化配置。以农村产权流转交易市场为例，截至2022年底，全国具有法人资格的农村产权流转交易市场达到1345家，但规则制定不完善、监管机制不健全、配套服务不充足等问题比较突出，影响农村产权流转交易发展质量。

同时，市场功能不健全。价格机制是市场机制的核心。我国重要农产品价格形成机制还有待完善，部分农产品价格调控成本过高，市场竞争规范性不足，农产品优价激励优质的正向激励机制尚未形成，品牌产品优质不优价、叫好不叫卖，质量溢价效应不明显。此外，市场基础设施建设滞后。城乡间流通网络和物流配送体系不完善，工业品下乡"最后一公里"尚未被完全打通，农产品出村进城通道也不畅通，不仅影响商品价值的实现，也增加了城乡居民消费成本。

客观来看，我国农业农村发展中的不少问题，根源在于农村市场化改革滞后。当前的城乡市场一体化建设水平，还难以有效支撑城乡融合发展。乡村要实现全面振兴，必须全面融入全国统一大市场建设进程。为此，要坚持市场化基本取向，推进城乡市场一体化建设，加快健全符合社会主义市场经济要求的农村经济体制。

四 加快畅通城乡经济循环

破除城乡二元结构是推进城乡融合发展的内在要求。我国城乡二元结构的形成不仅存在西方二元经济理论阐述的普适性原因，也具有历史和制度原因导致的特定性，还包括除分工深化、市场成长以外的制度性因素。而且，城乡二元结构不仅仅局限于二元经济结构层面，还渗透到社会、文化等诸多方面。[①]

客观地看，城乡二元结构是历史的产物，使我国能够有效组织动员工业化所需的巨大资源和投入，从而在较短的时间内建立起一个比较完整的工业体系，但同时也带来诸多问题，至今依然影响深远。随着我国改革开放不断深入，城乡二元结构持续转化，但总体上依然比较滞后。

通过测算二元对比系数和二元反差指数可以发现，我国城乡二元结构总体呈现弱化态势，但仍有很大改善空间。1978~2023年，二元反差指数从0.42下降至0.16，特别是2004年以来下降趋势比较明显，表明城乡二元结构逐步转化；但是，二元对比系数呈现波动徘徊态势，仅从0.16增加至0.26（见图4-1），表明二元结构转化依然存在不少挑战。

破除城乡二元结构，推进城乡融合发展，首先要在二元经济结构转化上取得突破，加快畅通城乡经济循环。所谓畅通城乡经济循环，是指依托城乡分工体系和市场体系，通过体制机制创新、先进技术赋能、现代市场体系建设，促进城乡两个异质性空间要素对流、产业耦合和供需适配的过程。畅通城乡经济循环，关键取决于国家

---

① 白永秀：《城乡二元结构的中国视角：形成、拓展、路径》，《学术月刊》2012年第5期。

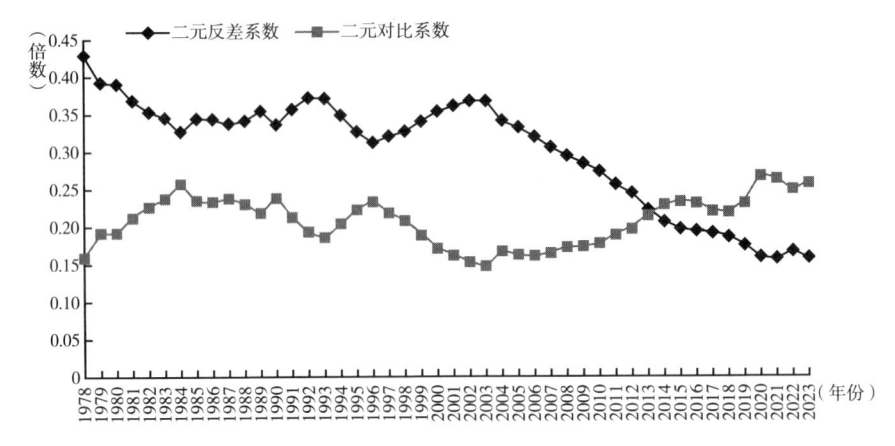

图 4-1　1978~2023 年我国二元经济结构转化状况

数据来源：根据国家统计局相关数据计算。

战略导向、高效制度供给、高标准市场体系、技术创新赋能等有效协同。

（一）发挥发展战略导向作用

从全球看，发展中国家为摆脱贫穷、实现经济起飞，往往选择通过制定和实施重大发展战略来调节重大结构关系和生产力布局，这是一个比较普遍的现象。但是，不同国家的国情和生产力水平各异，采取的发展战略不尽相同，即便同一个国家在不同的历史时期采取的经济发展战略也会有所不同。新中国成立以来，我国立足发展阶段和现实任务制定了一系列经济社会发展战略，并一以贯之接力推进，为实现中国经济增长奇迹和历史性解决绝对贫困问题、全面建成小康社会提供了战略指引和保障。

其中，城乡关系作为经济社会发展最重要的关系之一，处理好工农关系、城乡关系一直是国家发展战略的重点，不论是新中国成立初期的重工业发展优先战略，还是 21 世纪以来实施的统筹城乡发展战略，都对城乡资源要素流动、工农产业关系等产生了重要影响。例如，重工业发展优先战略的实施，使我国在短期内建立起比较独立完整的工业体系，但也导致农、轻、重等国民经济重大比例关系的严重失调和城乡二元分离。

由此来看，畅通城乡经济循环，国家城乡发展战略导向十分关键。党的十九大报告提出实施乡村振兴战略，确立了优先发展农业农村的城乡融合发展战略框架，这是在兼顾城乡发展需求、城乡共同利益的基础上做出的战略性安排，有利于形成更加合理的城乡要素流动和交换格局，重塑工农关系和城乡关系，进而促进城乡经济循环的通畅。

（二）推进制度变革与政策创新

诸多研究表明，技术进步和人力资本积累并不能对经济长期增长做出充分解释，产权和制度安排对资源配置、经济增长同样具有重要影响。回顾和审视新中国成立以来我国城乡关系变迁过程，制度安排的调整变化无疑起着关键作用。我国城乡二元分离和工农关系扭曲，始于以汲取农业剩余支持重工业优先发展的一系列制度安排，包括工农产品价格剪刀差、农产品统购统销制度、城乡二元户籍制度等。改革开放后，城乡发展不平衡格局的改变和经济联系的增强，得益于以对农民赋权和市场化改革为核心的一系列制度创新。

然而，我国城乡关系的根本性改善和经济循环的初步形成，始于21世纪以来以农业农村为主体、由"取"向"予"转变的一系列政策和制度设计，特别是党的十八大以来农产品价格形成机制、农村土地制度、农村集体产权制度等重大改革的深化和系统集成，有效激活了市场、要素和主体，促进了资源要素在城乡部门之间的有序流动，提高了农业生产效率和自我循环发展能力，成为新型工业化和农业现代化加快发展的重要动力源泉。

可以看出，畅通城乡经济循环，将在很大程度上取决于制度改革的系统深化。然而，制度改革从来都是正负效应相伴，制度体系的定型和成熟也不是朝夕之功，而是一个渐改渐进的过程。在畅通城乡经济循环过程中，应加强制度系统性、集成式创新，加快促进城乡要素的流动、重组和优化组合，推动城乡产业的转移、联动和融合发展。

（三）强化先进技术创新赋能

科技创新是经济社会有机循环的重要动力。在我国几千年农业文明的历史进程中，技术进步长期以来扮演着重要角色。生产工具和耕作方式的改进，推动古代农业精耕细作达到相当高的均衡水平。建立在现代自然科学基础上的农业科学技术的形成和推广，打破了技术滞后的低水平均衡，推动了改革开放以来我国农业生产力的飞跃。当前，新一轮技术革命正在加快兴起，创新链与产业链、供应链深度融合，信息技术、生物技术等广泛渗透于生产、加工、流通和营销等各个环节，对工业和农业的改造将是全方位的，有利于提升产业效率和价值。

同时，新一代信息技术的广泛应用和交通条件改善，缩短了时空距离，强化了城乡空间关联效应，[1] 可能从根本上改变要素流动与空间配置路径以及城乡组织和连接方式，供应链不同功能在城乡之间便捷地连接，使一些农村区域可能通过新的链接形成新的价值，也为城市部分产业功能转移和城乡产业融合发展创造了更好的条件。总体来看，现代技术的快速迭代和深度应用，有利于提升城乡生产要素质量和配置水平，在一定程度上塑造城乡分工体系和价值网络，从而促进城乡良性互动发展。

---

[1] 孙久文：《新技术变革下的城乡融合发展前景展望》，《国家治理》2021年第Z4期。

（四）建设高标准市场体系

畅通城乡经济循环，根本上要依靠市场机制来实现。在现代社会复杂的分工体系下，市场主体数量和类型、市场进入与退出障碍、市场主体参与市场竞争的规则等，都会影响市场效率，进而决定整体经济循环是否畅通。[1] 城乡经济循环畅通，必然建立在城乡商品市场和要素市场充分发展的基础上，同时，还取决于土地市场、劳动力市场、技术市场、资本市场等的有效协调。过去40多年来，在市场化改革进程中，从城乡商品流通一体化到土地、劳动力等要素市场的发育，以及市场作用从"基础性"到"决定性"的转变，我国城乡市场体系不论是在完备程度还是在整体性上都有了很大提升，尽管这一体系目前尚难言完善并且还不平衡。从实践看，城乡一体化市场体系建设，有效激发了各类市场主体的活力，带来了城乡经济繁荣和居民消费品质提升。加快建设城乡一体、竞争有序、制度完备、治理完善的高标准市场体系，进一步畅通市场循环，有利于提高市场运行效率，催生市场规模效应和要素集聚效应，为畅通城乡经济循环注入强大市场动能。

---

[1] 黄群慧：《以更深层次改革推动构建完整内需体系》，《经济日报》2020年10月27日。

第五章　县域率先突破：推进城乡融合发展的切入点

当前，在我国国家政权结构中，县一级处在承上启下的关键环节，是发展经济、保障民生、维护稳定的重要基础。截至2023年底，我国内地共有1867个县（自治县、旗、县级市），占国土面积的90%左右，集聚了全国超50%的常住人口、近40%的经济总量。

县域，即县的行政管辖区域，是我国经济社会发展和社会治理的基本单元。县域要素完整、功能齐备，在我国革命、建设、改革各个历史时期都发挥着重要的作用，时常扮演着改革试验场的角色，一些重大改革都是在县域率先取得突破的。

城乡融合发展是一个自然历史过程，同时也是一个涉及面广、关系极为复杂的系统工程。全球范围内，西方发达国家在推进现代化的过程中，从城乡对立到城乡融合，经历了一个长期而缓慢的过程。我国通过"四化同步"发展有效缩短了这一进程，但城乡融合发展不会一蹴而就。那么，在城乡二元结构依然没有完全破除的背景下，城乡融合发展应该率先在哪里破题，以什么方式来推进，就成为必须回答好的理论和现实命题。

习近平总书记强调，要把县域作为城乡融合发展的重要切入点，推进空间布局、产业发展、基础设施等县域统筹，把城乡关系摆布好处理好，一体设计、一并推进。①2023年中央经济工作会议提出，要把推进新型城镇化和乡村全面振兴有机结合起来，促进各类要素双向流动，推动以县城为重要载体的新型城镇化建设，形成城乡融合发展新格局。以县域作为统筹新型工业化、新型城镇化和乡村全面振兴的切入点，在做好破除城乡二元结构、推动城乡融合发展这篇大文章上率先破题、探索路径，具有重要实践价值。

一　县域城乡融合发展的内在逻辑

县域涵盖县城、集镇、村落，以及国民经济一二三产业各部门，是城市与乡村、工业和农业的联结点，也是最有条件率先实现城乡融合发展的载体。县域能够作为当前推进城乡融合发展的切入点，有着深厚的历史逻辑、理论逻辑和实践逻辑。

（一）历史逻辑：县域城乡融合发展是我国城乡关系演进的必然要求

改革开放以来，县域的地位和作用更加凸显，但在不同时期随着城镇化发展导向的调整而有所变化。20世纪80年代，我国城镇化的主导方向是"小城镇大战略"，"城市太大了不好"，要"多搞小城镇"。1980年全国城市规划工作会议提出，"控制大城市规模，合理发展中等城市，积极发展小城市"。这一时期，我国小城镇的数量、规模和质量都快速提升。

20世纪90年代中期后，大量农民工开始向大中城市流动，小城

---

① 习近平：《坚持把解决好"三农"问题作为全党工作重中之重　举全党全社会之力推动乡村振兴》，《求是》2022年第7期。

镇的吸引力和功能逐渐弱化，在城镇化发展总体格局中的作用出现下降。"十五"时期，我国提出走符合国情、大中小城市和小城镇协调发展的城镇化道路，开始积极发展中小城市。

"十一五"以来，我国城镇化发展的导向出现了新的转变，提出把城市群作为推进城镇化的主体形态，优化城镇化空间格局，发展集聚效率高、辐射作用大、城镇体系优、功能互补强的城市群、都市圈，支撑全国经济增长、促进区域协调发展、参与国际竞争合作。至"十四五"规划时期，城镇化发展导向重新发生调整，进一步明确"以城市群、都市圈为依托促进大中小城市和小城镇协调联动、特色化发展""因地制宜发展小城镇，促进特色小镇规范健康发展"。为了适应城乡融合发展趋势，党的二十大报告提出，"推进以县城为重要载体的城镇化建设"。推进县城高质量发展，以县域为切入点推动城乡融合发展已经成为广泛共识。

近年来，县域发展地位重新上升，这是适应城乡融合发展的需要，在很大程度上，也与我国城镇化进入下半程后，城乡人口从大规模流动转向定居安居的要求有关。我国人口规模巨大，城镇化规模超过了世界发展史上任何时代任何国家，而且这一进程还没有结束。《中华人民共和国2023年国民经济和社会发展统计公报》显示，2023年我国城镇化率达到66.2%，离稳定成熟阶段还有较大的提升空间。

未来，从城市承载能力看，数以亿计的人口从流动逐步转向定居安居，不可能都集中在大中城市。与此同时，不少农业转移人口，特别是新生代农民工，他们很难在就业居住的大城市落户安家，又不太愿意回乡村，作为"城尾乡头"的县城就成为他们就业安家的重要选择。近年来，农民到县城居住、向县城集聚的现象更为普遍，县域城乡融合发展伴随就地城镇化成为必然趋势。

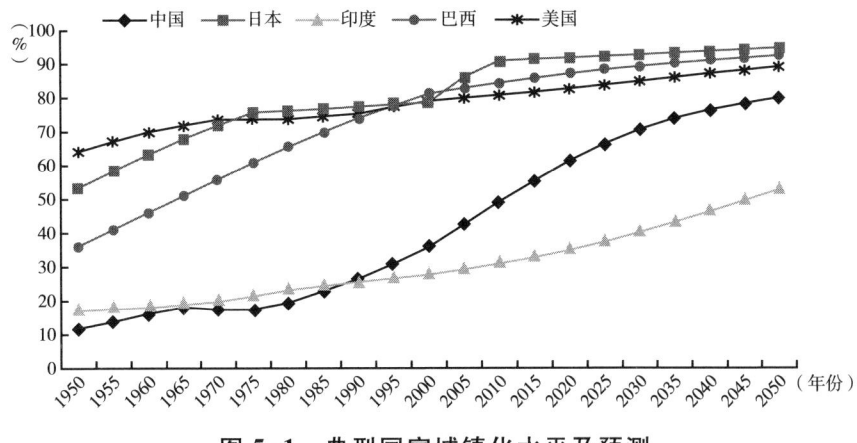

图 5-1　典型国家城镇化水平及预测

数据来源：联合国《世界人口展望》。

（二）理论逻辑：县域城乡空间结构、治理能力和经济联系具有互补互动性

县域是一个要素完整、功能齐备的单元，是城乡经济循环的交汇点，是城乡融合发展的有效载体。从空间结构看，城乡融合发展是一个克服城乡空间不平等、进行空间结构关系重组和空间整合的过程。① 法国著名的思想家亨利·列斐伏尔（Henri Lefebvre）在其著作《空间的生产》中提出，空间是一个发生于社会生活中的由人们的活动在客观现实中建构起来的关系性存在，空间生产的本质是社会关系性的，每一种特定的生产关系都生产出一个空间——自身独特的空间。②

我国县域涵盖县城、集镇、村落等多层次空间载体，县域内

---

① 林聚任：《新城乡空间重构与城乡融合发展》，《山东大学学报》（哲学社会科学版）2022 年第 1 期。
② 亨利·列斐伏尔：《空间的生产》，刘怀玉等译，商务印书馆，2021。

无论是社会交流还是物质交流都比较密切，县城和村落及农民之间较少存在文化隔阂与心理距离，往往具有一体化的同质特性。县域城乡具有空间上的互补性和兼容性，在县域内实施统一的城乡发展策略，重构城乡关系的空间模式，促进城乡要素合理流动具有优势条件。

从治理能力看，城乡融合发展实际上是治理的范畴。这里的城乡治理，是一个包括城乡基础设施建设、公共服务供给、社会治理、生态环境保护等在内，旨在提高城乡居民生活质量和福利水平的广义概念。县域是一个相对独立、结构完整的发展与治理空间，既能与国家治理体制、地方治理体制有机衔接，又能很好地对接和适应基层社会，推动自上而下政策措施的落实和自下而上问题需求的解决。[①] 县域具有政策制定和统筹城乡资源的能力，可以对基层社会进行广泛组织动员，对县域内城乡人口分布、生产力布局、公共服务资源配置、基础设施建设、生态环境保护等进行综合统筹，从而提高资源要素配置效率和社会福利水平。

从经济联系看，县域城乡之间能够更好地形成经济循环效应。县域经济包含国民经济三次产业各部门，涉及生产、流通、交换、分配等各环节，具备独立运行、自我循环的能力。在新型城镇化、乡村全面振兴、数字经济等制度供给和技术变革的双重赋能下，县域经济呈现发展地位更具可重塑性、发展动能更具可培育性、市场需求更具可挖掘性和供给质量更具可提升性等特征。[②] 从产业融合发展角度看，农业产业链条延伸所衍生的农产品加工业、农业服务业等，由于追求集聚效应和规模经济，会向县城、重点乡镇及产业园区等集中，成为

---

① 杨华：《治理机制创新：县域体制优势转化为治理效能的路径》，《探索》2021年第5期。
② 孙久文、邢晓旭：《中国式现代化下县域经济高质量发展的理论与实践》，《齐鲁学刊》2024年第1期。

县域工业化的动力。县域工业化发展，又会通过空间溢出效应，推动农村工业化和市场化。

（三）实践逻辑：县域城乡融合发展的条件逐步完善

城乡融合是社会生产力发展的结果。随着近年来我国县域经济不断发展，资本、技术、信息等向县域集聚的态势更加明显，城乡间商品、要素交换更加频繁，推进县域城乡融合发展的条件更加充分。

从制度层面看，制度集成创新不断取得新的突破，县域城乡融合发展的体制机制更加完善。我国传统的城镇化道路是一条速度型、规模扩张型的城镇化道路，是一个农村人口大量向城市转移、农村资源要素大规模向城市流动进而实现城市规模不断扩张的过程。这种粗放建设、大规模空间扩张的城镇化模式，建立在城乡公共资源配置不均衡、要素交换不平等、利益分配不合理的基础上，因而必然与乡村发展存在内在冲突，造成农业农村发展活力和动力不足。为扭转这一局面，近年来通过不断深化相关领域的改革，建立健全城乡融合发展体制机制，逐步建立起工农互促、城乡互补、协调发展、共同繁荣的新型工农城乡关系，为推进县域城乡融合发展提供了更为坚实的制度保障。同时，以县城为重要载体的城镇化建设、深化要素市场化改革等，为县域发挥比较优势、开展综合改革试验提供了更为良好的制度环境。

从技术条件看，新技术的变革应用改变了城乡之间的互动模式，使传统治理框架和规则边界被打破，其所产生的城乡空间效应对城乡融合发展带来重要影响。以新一代信息技术为代表的技术变革，推动城乡生产网络、社会网络、创新网络、生活网络的持续演化，交通运输技术、信息技术等的融合发展，改变了要素流动与空间配置路径，城乡之间的组织和连接方式也在发生变化。这些流动的现代性因素，拓宽了城乡空间冲撞的深度、广度和频度，从而使地方性要素跟现代的、后现代的要素相互交织，在更大、更广泛的空间系统内相联系、相冲突，也在持续互动中实现整合，超越了原有的空间限制。①

同时，数字技术推动县域内城乡基本公共服务供给方式创新，促进城市优质教育、医疗等公共服务资源向农村下沉，"互联网+教育""互联网+医疗"等的发展，促进了城乡公共资源的均衡化配置。此外，城乡数字治理一体化建设的推进，也提高了县域城乡治理现代化水平。比如，浙江省桐乡市基于"浙江乡村大脑"总体框架，打造了"桐乡乡村大脑"，构建起"党建+治理""服务+治理""产业+治理"三大数字化体系，基于"三治融合"基层治理方式，建立了善治积分体系，形成了数字乡村善治新机制，并入选第二批国家数字乡村试点地区（特色型乡村数字治理试点）。

从基础条件看，我国县域内基础设施一体化和基本公共服务均等化水平不断提升。近年来，随着新型城镇化建设和乡村全面振兴的逐步推进，大中城市疏解产业向县域延伸，农产品加工业、农业生产性服务业向县城集聚趋势更加明显，一些城乡联动的优势特色产业集群逐步形成。同时，我国县域内城乡交通、供水、信息通信网络、广播电视、物流体系建设等的一体化程度不断提高，基础设施覆盖面、联通度持续提升，教育服务、公共文化服务、医疗卫生服务、社会保障均等化程度持续提高。

正是在这种背景下，近年来我国外出农民工中"乡外县内"务工人员数量占比不断提升，农民到县城居住、向县城集聚的现象更为普遍，在县域内率先破除城乡二元结构、实现城乡融合发展的条件更加充分。2021年开始，我国外出农民工中"乡外县内"务工人员数

---

① 孙久文：《新技术变革下的城乡融合发展前景展望》，《国家治理》2021年第4期。

量超过省外务工人员数量,其成为常年外出务工劳动力群体的最大组成部分,且占比仍呈上升态势。

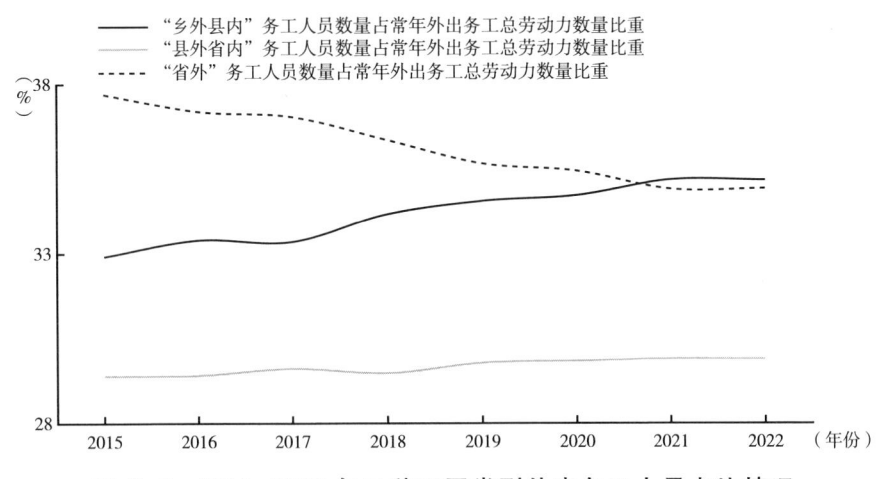

图 5-2 2015~2022 年三种不同类型外出务工人员占比情况

数据来源:历年《中国农村政策与改革统计年报》。

二 县域城乡融合发展的着力点

在看到优势的同时,也要清醒地看到推进县域城乡融合发展的难点所在。县域城乡融合发展,不仅是通过优化城乡公共资源配置来解决"城市有、农村没有"的问题,也是一个城乡空间布局、公共资源配置、产业发展、社会治理体系等系统性构建的过程,其复杂性、挑战性可想而知。我国城乡二元结构由来已久,其所导致的发展壁垒的破除不会一蹴而就。同时,我国县域发展面临的困难也是客观存在的,这决定了推进县域城乡融合发展必然是一个长期过程,既不能好高骛远,也不能因循守旧,要保持历史耐心,找准着力点稳步有序推进。

（一）促进城乡人口双向流动与社会融合

按照马克思、恩格斯的城乡融合观，城乡融合发展的目的是人的自由全面发展。恩格斯在《共产主义原理》中提到，"通过消除旧的分工，进行生产教育、变换工种、共同享受大家创造出来的福利，以及城乡的融合，使社会全体成员得到全面的发展"。[1] 城乡人口双向流动与社会融合既是县域城乡融合发展的基础，也是县域城乡融合发展的重要体现。

双向自由流动，意味着人口在城乡之间流动和迁徙应该是无障碍的，不仅包括农业转移人口能够在城镇自主选择落户或不落户，也包括有意愿定居农村的城镇人口转移也不存在障碍。更为重要的是，人口在不同空间的流动与基本权益的保障是有效匹配的，也就是说，无论就业居住在何处，都能享有平等的发展机会。

改革开放以来，我国农村居民的迁徙权和居住权呈现从权利限制转向权利开放的趋势，县域内人口由乡到城的户籍壁垒已经基本消除。不少农村人口到县城买房、向县城集聚，很重要的一个原因是让子女教育能够接受到更好的教育，而县城人口集聚定居、产业发展升级和城市能级提升的良性循环没有完全形成。

与此同时，城市人口入乡发展过程中，在加入农村集体经济组织、享有农村相关权益等方面存在一定困难，实现向乡村迁徙和融入乡村社会也面临一些挑战。推进县域城乡融合发展，需要率先在城乡人口双向自由迁徙和社会融合上实现突破，让能进城愿进城的，更快更好地融入县城；让愿意下乡的，扎根农村、施展所能。

---

[1] 恩格斯：《共产主义原理》，载《马克思恩格斯文集》第一卷，人民出版社，2009。

（二）畅通城乡经济循环

城乡关系很大程度上是一种经济关系。长期以来，城乡二元经济结构下农村发展动力不足。推进县域城乡融合发展的关键在于打破城市经济和农村经济二元并立发展局面，重塑工农城乡要素流动和物质交换关系，使资源要素能够在工农部门之间、城乡之间有序流动和优化配置，各类生产部门能以更合理的方式、更高级的形态组织起来，生产、分配、流通、消费各环节衔接畅通，实现城乡要素对流、产业耦合和供需适配，进而使城乡二元经济结构由二元归于一体化发展，实现工农城乡循环畅通。

一方面，县域内城乡产业实现联动发展，形成共生产业链和价值链。为此，需要将县域新型工业化和乡村产业振兴有机衔接起来，强化县域产业发展统筹，提升城乡产业协同发展平台功能，构建县城、中心镇（乡）、中心村层级分工明显、功能有机衔接的格局。近年来，一些地区通过优化城乡产业布局，建设产业协同发展平台，打造特色优势产业集群，促进了县镇村协同发展。比如，浙江省嘉兴市首创农业经济开发区，开创了一种新的城乡产业协同发展模式。一直以来，经济开发区建设主要集中在工业领域，嘉兴市借鉴工业发展理念和产业融合发展思维，2017年在平湖市设立了全省首个农业经济开发区，推动政策、资金、人才、技术等资源高效集聚，促进了一二三产业联动发展。目前，嘉兴已经实现农业经济开发区模式县（市、区）全覆盖。截至2023年，累计集聚农业项目198个，涉农投资204.1亿元，入驻主体675家。再如，四川省成都市邛崃市依托丰富的川西林盘资源和自然生态本底，构建"产业功能区+特色镇+川西林盘"空间格局，促进农商文旅体融合发展，构建了以镇为核心功能节点的产业集群，推动了县域产业一体化发展。

另一方面，县域内生产、分配、流通、消费等实现有效贯通，消费市场与生产主体形成良性互动，供需能够在更高水平实现动态平衡。其中，关键途径是健全县域商贸流通体系。县域商贸流通体系贯通城镇和乡村、连接生产和消费，是推动县域城乡融合发展的重要内容。关于县域商业体系建设，2021年商务部等17部门印发了《关于加强县域商业体系建设促进农村消费的意见》。2023年8月，商务部等9部门印发《县域商业三年行动计划（2023—2025年）》，其中提出到2025年，要建设改造一批县级物流配送中心、乡镇商贸中心（大中型超市、集贸市场）和农村新型便民商店，在全国打造500个左右的县域商业"领跑县"，90%的县达到"基本型"及以上商业功能。从进展看，2023年，全国新建改造县城综合商贸服务中心达到1044个、乡镇商贸中心4195个，村级便民商店45353个。

县域商业体系建设推动了供应链、物流配送、商品和服务下沉以及农产品上行，提升了流通效率，释放了农村消费潜力。但也要看到，目前我国县域商业体系建设总体上依然滞后，商品和服务供给不足，产品流通成本高、效率低，与城乡融合发展的要求还存在一定差距。推进县域城乡融合发展，需要加快补齐县域商业设施、商品服务等短板和弱项，更好地发挥县域商业对畅通城乡经济循环的促进作用。

（三）推动城乡要素平等交换、双向流动

要素双向流动和优化配置是县域城乡融合发展的首要特征，是推动城乡二元结构转化的内在动力。城乡二元结构下，城乡要素交换不平等、流动不均衡，城乡生产要素长期存在结构性错配，导致全要素生产率损失，进而成为当前城乡差距难以从根本上得到缩小的关键原因之一。促进县域城乡要素平等交换和双向流动，有利于改善城乡资源配置，推动农业效率变革以及工农业部门之间劳动生产率收敛。

为了推动城乡要素平等交换和双向流动，相关制度和政策体系在不断健全的同时，试点工作也在持续推进。2019年4月，印发《中共中央 国务院关于建立健全城乡融合发展体制机制和政策体系的意见》，提出把试点作为重要改革方法，选择有一定基础的市县两级设立国家城乡融合发展试验区。同年12月，印发《关于开展国家城乡融合发展试验区工作的通知》，公布了《国家城乡融合发展试验区改革方案》和国家城乡融合发展试验区名单，明确在试验区针对11项具体任务进行重点探索、先行先试，其中，关于人、地、钱、技等要素方面的试点任务占了很大比例，并明确试验区通过改革探索，到2025年基本打通城乡生产要素双向自由流动的制度性通道，基本建立城乡有序流动的人口迁徙制度，全面形成城乡统一的建设用地市场。

从试点进展看，一些试验区聚焦人、地、钱、技等要素，通过深化要素市场化配置改革，使城乡要素流动更加顺畅，取得了积极效果。比如，江西省鹰潭市聚焦土地入市、农村产权抵押担保等五项试验任务，探索建立了139项体制机制，鹰潭市余江区建立起"同权同价、流转顺畅、收益共享"的城乡建设用地市场，目前已入市47宗，面积498亩，入市价款4695万元，并建成全部使用集体土地入市建设的产业园——锦江入市产业园。

目前，全国还有不少地区和鹰潭一样，在推动城乡要素平等交换和双向流动上不断探索，未来也一定会有更多好的模式涌现出来。但也要看到，推动城乡要素平等交换、双向流动是一项十分艰巨复杂的任务，既要及时总结提炼试点中形成的经验做法，也要在推进城乡统一大市场建设中，系统性谋划和推动城乡要素市场化配置改革。

同时，由于农村要素的属性各有不同，市场化程度也有差别，推进城乡要素平等交换、双向流动，必须分类实施、有序推进。比如农村土地在一定程度上还承载着就业和社会保障功能，改革的敏感性、复杂性较强，对改革的系统性要求也较高，需要予以稳妥推进。但客观上而言，人、地、钱等关键要素中，地的问题又最为关键，这一关键中的关键如果不能取得积极突破，也会影响到其他要素的市场化配置改革。为此，需要树立系统思维、底线思维，在兼顾效率与安全的基础上，把握好改革"稳"与"进"的节奏，逐步破除妨碍城乡要素平等交换、双向流动的制度壁垒。

（四）推动县域城乡治理一体化

关于县的地位和作用，习近平总书记在《从政杂谈》中讲道："如果把国家喻为一张网，全国三千多个县就像这张网上的纽结。'纽结'松动，国家政局就会发生动荡；'纽结'牢靠，国家政局就稳定。国家的政令、法令无不通过县得到具体贯彻落实。因此，从整体与局部的关系看，县一级工作好坏，关系国家的兴衰安危。"[①] 县域治理，事关国家政权稳固，事关民生福祉。

推动县域治理的最终目的是人民幸福安康，这与县域城乡融合发展的目标是内在一致的。推进县域城乡融合发展，在于推动实现城乡居民机会均等和权益平等，而这在很大程度上依赖于县域城乡治理一体化水平的提升。为此，要加快消除由制度性、历史性因素造成的城乡公共资源配置、公共服务享有、基本权益保障等方面的差距，梯度配置县乡村公共资源，发展城乡学校共同体、紧密型医疗卫生共同体、养老服务联合体，推动县域供电、供气、电信、邮政等普遍服务类设施城乡统筹建设和管护，推动实现城乡在工作条件、收入水平、居住环境、社会待遇等方面等值化，使城乡各类人群，不论是居住在县域内的城镇还是乡村，都能公平地享受公共资源和社会福利，全面参与政治、经济、社会和文化生活。对此，不少城市有很好的探索。

---

① 习近平：《摆脱贫困》，福建人民出版社，1992。

比如，浙江省桐乡市围绕"做大做强伯鸿阅读平台、打造书香城市建设"目标，建成了覆盖市镇村三级的阅读体系。截至2023年底，伯鸿系列阅读平台共建成镇（街道）图书分馆11家、伯鸿城市书房19家、伯鸿乡村书屋（礼堂书屋）100家、伯鸿书屋69家、伯鸿校园书屋16家，为全社会提供了更高质量、更优效能、更具均衡、更富多元的公共阅读服务。

近年来，我国县域治理水平有了较大的提升，推进县域城乡融合发展，需要发挥县域作为相对独立、结构完整的发展与治理空间的优势，全面提高城乡治理融合水平，加快推进县域治理现代化，让城乡居民有更多、更直接、更实在的获得感、幸福感、安全感。

三　县域城乡融合发展的难点

整体来看，目前我国县域经济发展水平不高，不同地区县域发展水平差异较大，城乡关系呈现较为复杂的多样化格局。推进县域城乡融合发展，面临一些挑战与障碍。

（一）县城综合承载能力不强

县城作为县域政治、经济、科技、教育、文化和交通中心，既是连接城乡宏观经济与微观经济的结合部，也是工业化、城镇化、信息化与农业农村现代化的连接点，具有连接城市、服务乡村的双重效能。[①] 县域内城乡要素流动、产业协同发展、公共服务优化配置等都需要充分发挥县城的载体作用。由此，县城建设品质以及综合承载能力、辐射带动能力，在相当程度上影响甚至决定县域经济发展水平以

---

① 陈文胜、李珊珊：《城乡融合中的县城：战略定位、结构张力与提升路径》，《江淮论坛》2023年第5期。

及城乡融合发展进程。

目前,我国县城在公共卫生、人居环境、公共服务、市政设施、产业配套等方面仍存在不少短板弱项。以公共服务为例,我国县域优质公共服务资源比较短缺,县城公共服务标准和实际供给远低于中心城市,且人口分布不协调,县城每千人口医疗卫生机构床位数、卫生技术人员数、执业(助理)医师数和注册护士数都远低于城市平均水平。

同时,县城建设投融资机制还不够健全,基础设施建设项目以公益性项目为主,资金需求量大但收益相对偏低,基本依赖政府财政单一投入。在当前县级财力普遍较弱、统筹资源能力不强、地方金融资源相对欠缺、社会资本不够活跃等情况下,推进县城补短板强弱项面临较大资金压力。据《中国县域高质量发展报告2024》,我国县域财政自给率偏低,2023年平均财政自给率(全部县域一般公共预算收入与一般公共预算支出之比)仅为33%,财政自给率高于50%的县域只占全部县域的13%,863个县域的财政自给率低于20%。

县城综合承载能力和服务能力不强,导致其既很难承接中心城市非核心功能疏解,有效满足农民日益增长的到县城就业安家需求,同时,又缺乏服务带动乡村发展的能力,难以对城市要素入乡发展、城市人口入乡消费提供高效的服务保障。

(二)城乡产业融合程度不深

目前,我国县域工业化水平整体不高,县域空间规模、人口规模与经济规模不完全匹配。多数县域经济整体实力不强,县域城乡产业融合发展存在一些挑战。

产业发展水平方面,多数县城产业发展能级不高,辐射带动乡村产业发展的能力不强。目前,不少县城特别是中西部地区县城,产业结构普遍比较单一,资源要素外流,产业转型升级面临"三不"困境,即转型能力不够,"不会转",转型成本偏高,"不能转",转型阵痛期长，"不敢转"，县域经济活力不够，内生增长动力不足。部分县城在产业转型升级过程中，又陷入片面追求先进制造业和新兴产业的误区，过早过快去传统产业，在利用农业农村资源发展壮大本地化产业经济方面重视不够，导致县城产业发展与乡村产业进一步割裂，甚至出现产业"空心化"。

产业发展平台方面，城乡产业协同发展平台的功能不强、承载能力较弱。不少县城产业园区配套设施不健全，创新能力不强，企业生产成本和交易成本较高，在吸引人口和要素向县城流动集聚方面的作用发挥得不充分。一些富民乡村产业项目由于投资强度偏弱、税收贡献相对较小，很难进入县城产业园区集聚发展。

发展要素保障方面，县域经济转型升级的要素保障能力不强。比如，县城建设用地指标普遍紧缺，不少县城土地资源紧缺与低效闲置并存，产业发展、基础设施、公共服务等项目用地需求得不到满足，发展受到限制；县城人口老龄化加剧和年轻人口外流，导致人才存量不足、流失严重、结构不佳，对县域产业转型升级的支撑力不强。

（三）县域治理能力尚待提升

高水平县域治理是城乡融合发展的基础。目前，我国县域治理体系和治理能力与城乡融合发展的要求还不完全适应，普遍存在治理资源短缺、治理机制不畅、治理能力不足等问题，治理能力和水平亟待提升。

从治理资源看，事实上我国实行的是按行政等级配置公共资源管理体制，公共资源配置与行政级别挂钩，县城可支配的公共资源有限，且资源整合使用的自主权不够，难以进行高水平基础设施和公共服务设施建设，导致吸纳人口、经济要素和承载产业的能力不强。

从治理机制和治理能力看，县域治理面临任务多、责任重、资源有限的局面，现有压力型体制下呈现任务导向的被动式治理，现代治理理念与方式均成为一种纯粹策略性的工具选择,其治理变革缺乏自身的动力机制和外在的保障机制。[①] 此外,县域城乡融合发展是一个多层次、多领域、全方位的全面融合过程,对县域治理提出了很高要求,但目前基层治理队伍建设、公共服务能力、市场规制能力普遍存在短板。

四 率先在县域内实现城乡融合发展

县域城乡融合发展是一个城乡优势互补、协同联动形成共同体的过程,涉及城乡空间系统、经济系统、体制系统和社会系统重构,是一项长期任务。同时,我国不同地区县域发展水平差异较大,城乡关系呈现较为复杂的多样化格局,推进县域城乡融合发展,不能忽视区域差异,需要探索不同县域城乡融合发展的多元化模式和路径。

(一)率先在县域内畅通城乡要素流动

推进县域城乡融合发展,必须系统谋划城乡融合发展领域的制度改革,强化城乡改革的整体性、协调性,在县域率先破除城乡二元结构。在诸多改革事项中,关键在于通过深化要素市场化配置改革,重点理顺"人地钱"的关系逻辑,实现人口能够在县域内双向迁徙,资源要素能够在城乡之间双向流动和优化配置。

关于"人",应着力促进人口在城乡之间的双向迁徙。针对下乡返乡人才,健全人才入乡激励机制和城乡人才合作交流机制,保障其合法权益,让下乡返乡人才"留得住、有保障、干得好",能够参与乡村社会治理,顺利融入乡村社会。针对农业转移人口,进一步完善"人地钱挂钩"政策,推进城镇基本公共服务均等化,特别是结合第

[①] 吴兴智:《破解基层治理现代化的三个困境》,《学习时报》2016年2月22日。

二轮土地承包到期后再延长30年试点等工作，健全"三权"市场化退出机制和配套政策，让人口流动与土地权益流转匹配起来，提高农业转移人口市民化质量，让愿意落户的农业转移人口顺利落户，平等享受合法权益。

关于"地"，应积极做好存量建设用地盘活文章，完善城乡建设用地增减挂钩政策，深化农村宅基地制度改革试点，推动农村集体经营性建设用地入市，建立公平合理的增值收益分配制度。适应乡村产业振兴要求，围绕解决"用地难"问题，加快探索适合农村新产业新业态特点的供地方式，建立高效的产业用地供给制度，促进休闲农业、乡村民宿、农产品初加工、农村电商等规范健康发展。

关于"钱"，应着力拓展乡村建设资金来源渠道。围绕增强农村金融服务的可得性、便利性和有效性，进一步完善县域银行业金融机构服务"三农"的激励约束机制，充分利用现代技术手段，积极发展农村数字普惠金融，拓展金融服务覆盖的广度和深度。同时，完善社会资本投资农业农村指引目录制度，改善乡村营商环境，更多地利用市场化手段，引导社会资本投向农业农村。深化农村集体产权制度改革，积极探索农村集体经济有效实现形式，发展壮大新型农村集体经济。

（二）推动县域经济高质量发展

县域经济是县域内各种经济关系和经济活动的总称。我国县域经济发展整体上是一个连续上升的过程，但不同阶段有不同的特征和实现形式。在新发展格局构建中，县域经济更具开放性、能动性和可塑性。发展壮大县域经济，是畅通国民经济循环、促进县域城乡融合发展的必然选择。我国县域经济随农村改革开启和乡村工业化步入加快发展轨道，至今已经成长为国民经济的重要支撑力量。进入新发展阶段，构建新发展格局，县域经济发展面临更高要求，也具备转向高质量发展的条件。

县域经济发展的动力在于融合，活力在于循环，生命力在于特色。推进县域经济高质量发展，必须把握以下三个关键词。

一是"融合"。系统的整体性是以系统的有机关联为保障的。县域经济作为复杂性、综合性经济系统，由多层次空间结构、差异化功能构成，使其能够通过内部要素的不同连接和组合，形成多样化的结构形态和价值体系。但现实是，我国县域经济不同程度上存在结构单一、动能转换不畅等问题，究其原因，主要在于县域空间、产业、人口等缺乏统筹，要素优化配置存在制度障碍。这也意味着，如果能够有效统筹县域经济地理空间，强化城乡资源要素连接和功能耦合，则县域经济依然有发展空间。实践中，县域经济比较发达的地区，城乡互动性、要素流动性、产业融合度大多比较高，而融合程度不高的地区，县域经济发展普遍困难重重。

二是"循环"。自古而今，县域一直是一个相对独立的地域单元，有其自身运行秩序和逻辑。县域经济是一个要素完整、功能齐备的经济单元，具备独立运行、自我循环的能力。但过去多年来，受大中城市优先发展的战略导向以及城乡二元结构影响，资源要素长期流出县域，城乡之间、市场供需之间出现割裂，县域经济内在循环机制不畅，进而在一定程度上变成了城市经济的依附，这是当前县域经济发展活力普遍不足的重要原因。发展壮大县域经济，关键在于赋予县级更多资源整合使用的自主权，修复县域经济自我循环机制，让生产、流通、分配、消费在县域内动态循环起来。

三是"特色"。县域经济的生命力在于特色。县域经济本质上是特色经济，其竞争力高低往往取决于经济特色化程度和水平。县域经济不是一个封闭系统，需要通过融入区域分工体系，主动承接城市产业转移、知识溢出和技术扩散，与城市经济进行物质、能量和信息交换，以此强化自身发展动能。但是，这并不意味着县域经济发展要与城市经济一样。客观来看，我国县域资源组织配置能力和要素支撑条件，决定县域经济不可能做到大而全，只有在与城市经济的互动中寻求差异化优势，走特色发展道路，才可能真正做大做强。同时，县域在地理区位、自然资源、人文历史等方面存在较大差异，这为县域立足资源禀赋、发挥比较优势、发展特色经济提供了可能。

推进县域经济高质量发展，首先要加快县域新型工业化步伐。新型工业化是县域经济发展的必由之路。然而，如果将工业化狭义理解为发展工业，或者提高工业在国民收入和就业结构中的比重，就可能造成县域产业结构的扭曲失衡。工业化的本质是产业化和专业化，是包括农业、工业和服务业各部门整体升级的过程。就此来看，我国多数县域都尚未完成工业化进程，有些甚至处于工业化初级阶段。

县域经济该怎么发展，县城产业该如何培育，长期以来困扰着地方发展。当前，多数大中城市的产业成熟度不高，发展极化效应大于辐射效应，对县城资源要素存在虹吸效应，完全寄希望于通过承接产业转移做强县城产业并不现实。同时，县城组织和配置资源能力不强，在招商竞争中不具备优势，与周边大中城市进行产业同质化竞争、片面追求"高精尖"更不会有出路。发展壮大县域经济，必须依托资源禀赋结构，加快推进县域新型工业化，培育特色支柱产业，促进县域经济可持续发展。

其次，推进县域经济高质量发展，要健全城乡产业协同发展机制。围绕产业链延伸、价值链提升和供应链优化，积极创设有利于城乡产业转移和产业融合发展的良好生态，建立适应城乡产业分布规律、新产业新业态特点的政府引导和管理机制。推进各类开发区、产业集聚区、农民工返乡创业园等规范发展，健全城乡产业协同发展平台，打造集聚特色产业的创新创业生态圈。健全城乡产业融合公共服务平台，积极培育产业融合社会化服务组织，强化人才培训、投资融资、技术创新、管理咨询、市场开拓等服务功能。强化技术创新对农村一二三产业融合的赋能作用，提升融合层次和水平。加强新技术推广应用，强化产业链内各环节的技术衔接与配套，推动大数据、人工智能、区块链与工农业深度融合，提高供给体系的质量和效率。面向城乡居民消费，支持企业开发适合于休闲农业的新品种新技术以及适用于农村电商、餐饮、娱乐等新业态的信息化新技术。

再次，推进县域经济高质量发展，要加快补县域商业体系短板。县域商业体系沟通城乡、连接供需，既是县域经济的重要组成部分，又是县域经济高质量发展的重要保障。目前我国县域商业体系建设普遍滞后，高品质商品和服务供给不足，无法满足消费提质扩容的需求，也抑制了县域消费潜力释放。健全县域商业体系，要强化县城的中心地位，发挥镇的重要节点功能，统筹推进县乡村商业网点空间布局、业态发展、基础设施建设等，培育县域商业市场主体，打造消费服务的新模式新场景，优化农村商品和服务供给，畅通工业品下乡和农产品进城双向流通渠道，促进形成需求牵引供给、供给创造需求的更高水平动态平衡。

最后，推进县域经济高质量发展，要着力优化县域要素配置。经济发展质量与生产要素的匹配度和要素质量是密切相关的。长期以来，要素保障能力不足和低效率配置，是县域经济发展质量不高、后劲不足的重要原因。推动县域经济高质量发展，重点是提高要素质量和配置效率。应加快深化城乡要素市场化配置改革，引导各类要素协同向先进生产力集聚，促进县域城乡产业链、供应链、价值链的重构与升级。特别是，要结合未来农业转移人口在县城就近城镇化和城市人口下乡的需求，推动城乡土地资源统筹整合和优化配置，有效保障县城建设和乡村振兴合理用地需求。

（三）全面提升县城发展质量

我国城镇化是在人口和地理超大规模基础上推进的，县城对于保持国民经济畅通性和社会稳定性的作用至关重要。县城连接城市、服务乡村，既是县域经济内部循环的中心节点，也是县域经济与城市经济融通发展的关键枢纽。增强县城综合功能，有利于优化城乡要素配置，促进土地、资本、技术、信息等向农村良性汇聚，提高农业劳动生产率，推动农业现代化。再者，县城的加快发展，有利于促进城乡间生产、流通、分配、消费的良性循环，产生规模经济效应和溢出效应，带动农村工业化、市场化发展。此外，基础设施和公共服务设施建设只有在充分考虑不同区域人口密度的基础上，才会更加高效，否则就可能造成不必要的闲置浪费。我国农村形态仍在不断变化，平均人口数量少，公共设施配置成本高，基于县域来统筹配置公共资源会更为合理。

随着城乡分界日趋模糊、商品和要素交换更加频繁，县城在城乡体系中的地位提升有其必然性。县城发展质量的高低，在相当程度上影响甚至决定着县域城乡融合发展水平。

2022年5月，中共中央办公厅、国务院办公厅印发的《关于推进以县城为重要载体的城镇化建设的意见》明确提出，要因地制宜补齐县城短板，提升县城发展质量，为实施扩大内需战略、协同推进新型城镇化和乡村振兴提供有力支撑。以县城为重要载体是现阶段推进城乡融合发展的必然选择，但这并不意味着城镇化空间格局要推倒重来，也不是只发展县城而不发展大中城市。促进大中小城市和小城镇协调联动发展，是我国新型城镇化建设一以贯之的方向。我国城镇化进程尚未完成，优化城镇化空间布局和形态，既要发展承载功能强、集聚效率高、辐射作用大的城市群、都市圈，也要分类引导大中小城市发展方向和建设重点，促进大中小城市和小城镇功能互补、协同发展。就此来看，推进以县城为重要载体的城镇化建设，与推动城市群建设、大中城市发展和乡村振兴是并行不悖的，县城有其不可替代的重要作用。

我国县城数量大、类型多，发展路径各不相同，不可能有统一模式，必须尊重县城发展规律，因县施策、分类发展，充分考虑人口流动变化趋势、资源环境承载能力等，按照混合功能要求补齐产业配套设施、市政公用设施、公共服务设施和环境基础设施等短板，促进县城基础设施和公共服务向乡村延伸覆盖，实现县域经济规模与资源环境容量、人口规模与经济规模、公共服务能力与人口规模相匹配。

推进县城高质量发展，必须强化要素保障，尤其是土地要素。土地是县城发展最为基础的要素，也是县城发展可以充分挖潜的空间。推进县城建设，既要合理安排新增建设用地计划指标，保障县城建设用地需求，更要深化土地要素市场化配置改革，推进城乡土地资源统筹整合和优化配置，提高土地利用效率。比如，一些地区结合农村全域土地整治，将村（社区）零碎土地指标统一归集后"腾挪"到县城更优质的区域，开发产业项目进行"飞地抱团"，满足了县城用地需求，也壮大了集体经济、增加了农民收入。同时，应支持有条件的地方稳妥有序推进农村集体经营性建设用地入市，健全城乡建设用地增减挂钩节余指标、补充耕地指标跨区域交易机制，有效盘活和高效利用土地资源，为县城和乡村发展注入新动能。

（四）推进城乡等值化建设

推进县域城乡融合发展，需要发挥城乡各自不可替代的功能，加大县乡村公共服务资源投入和统筹配置力度，推动城乡在工作条件、收入水平、居住环境、社会待遇等方面的等值化，让县城更具承载力和包容性，让农村基本具备现代生活条件，促进人口在城乡之间自主迁徙、劳动力在工农之间自由转换、要素在部门之间有序流动。

一方面，要强化县乡村功能互补。城乡规划管理脱节既是城乡二元结构的重要表现，也是城乡二元结构难以破除的重要原因。目前，县城、乡镇、村庄规划建设存在一定的脱节现象，一些村庄尽管完成了规划编制，但由于规划主体责任不明、缺乏调研论证等，规划的规范性和实用性不强，不少被束之高阁。要加快构建县域城乡一盘棋的规划管理和实施机制，将工业和农业、县城和乡村作为一个整体予以统筹谋划，逐步打破城乡界限，在县域内率先破除城乡分割的规划格局。统筹县域产业、基础设施、公共服务、基本农田、生态保护、城镇开发、村落分布等空间布局，引导城乡公共资源配置、产业发展、公共服务、生态保护一体化，推动形成县乡村功能衔接互补的发展格局，实现城镇与乡村相得益彰。

另一方面，优化县域城乡公共资源配置。公共资源是社会基础性资源，是城乡社会发展的重要保障。推动县域城乡公共资源优化配置，既要强调公平，将乡村建设和以县城为重要载体的城镇化建设结合起来，推动县城服务重心下移、资源下沉，加大县乡村公共服务资源投入和统筹配置力度，推动城镇基础设施向农村延伸、城镇公共服务向农村覆盖、城镇现代文明向农村辐射，形成全域覆盖、普惠共享、城乡一体的基础设施和公共服务设施网络，提高乡村基础设施完备度、公共服务便利度、人居环境舒适度，不断缩小城乡基础设施和公共服务差距。当然，乡村现代生活与城市现代生活"和而不同"，在乡村建设过程中，不能机械照搬城镇建设模式，需要突出地域特色和乡村特点，加强传统村落民居和优秀乡土文化的传承保护，保留具有本土特色和乡土气息的乡村风貌。

同时，也要注重公共资源配置效率。随着城乡融合发展，农村居民的生活和消费行为将会越来越超出村域范围，更多地向县城和重点镇集聚，进而形成"县城+重点镇+中心村+村民集聚区"的生活圈。这意味着，县城综合服务能力、乡镇服务农民的区域中心功能将越来越凸显，县域和重点镇会逐步成为城乡公共服务资源配置的枢纽。那么,农民生产生活的便利性,就不仅仅局限于农村有什么、农村什么好,而在于与县城、重点镇(中心村)的生活连接度和便利度上。要适应县域城乡人口结构、发展形态变化趋势,加强重点镇、中心村建设,增强公共资源与人口分布的空间适应性,提升人口—设施(服务)匹配性,增进城乡居民整体福利。

第六章　统筹"三大任务"：城乡融合发展的战略路径

城市和乡村是人类社会两种聚落空间形态。在人类社会发展初期，社会分工不发达，生产力极低，农业与畜牧业、手工业直接结合在一起，整个社会呈现为混沌性、同质性的空间聚合体。[①] 伴随着生产力和社会分工的发展，手工业和商业逐渐从农业中脱离出来，人类集聚形态也发生着深刻变化，城市开始出现。随着社会生产力的进一步发展，私有制开始产生和发展，城乡之间利益分化与矛盾加剧，人类社会系统也由城乡"无差别的统一"转向城乡对立统一的异质结合体。

随着工业革命的发展，乡村被纳入资本主义生产体系，发展也日益依附于城市。乡村不断为城市提供健康的劳动者及其所需的食物，为工业发展提供必需的原料与土地，为资本投资提供更大的空间范围，为工业消费品提供广阔的农村市场。[②] 城与乡的对立、工业对农业的剥夺，带来了一系列难以克服的消极影响，并成为各国推进现代化都无法回避的问题。

从国际经验看，一国的现代化往往伴随着以工业化、城市化、农

[①] 高春花：《城乡融合发展的哲学追问》，《光明日报》2018年10月22日。
[②] 刘守英、陈航：《马克思主义乡村转型理论及其对中国的启示》，《中国农村观察》2023年第3期。

业现代化为代表的结构变迁。① 纵观一些国家的发展历程，往往是在工业化、城镇化达到相当程度以后，通过工业反哺农业、城市支持农村来解决农业和农村发展问题，推动工农城乡协调发展。我国"并联式"推进现代化的战略路径，决定了城乡融合发展必然建立在工农互促、城乡互补的基础上，这与西方一些国家存在明显区别。

2023 年底召开的中央经济工作会议提出，统筹扩大内需和深化供给侧结构性改革，统筹新型城镇化和乡村全面振兴，统筹高质量发展和高水平安全（简称"三个统筹"），强调要把推进新型城镇化和乡村全面振兴有机结合起来，促进各类要素双向流动，推动以县城为重要载体的新型城镇化建设，形成城乡融合发展新格局。"三个统筹"既是 2024 年经济工作要把握的重要原则，也是长期性的重大战略任务。统筹新型城镇化和乡村全面振兴能够被纳入"三个统筹"，上升到关系经济高质量发展的高度进行部署，充分体现了党中央对城乡融合发展的高度重视，也反映出推进城乡融合发展的重大意义。

随后，党的二十届三中全会决定提出，"统筹新型工业化、新型城镇化和乡村全面振兴"（简称统筹"三大任务"），进一步明确了我国推进城乡融合发展的路径。这一全新的提法，既是对过去以来处理工农城乡关系所形成的经验的总结，又是顺应工农城乡关系演变规律、基于我国城乡融合发展阶段、契合我国国情农情作出的探索创新，体现了我们对推进城乡融合发展在认识上和理论上的不断深化。

统筹新型工业化、新型城镇化和乡村全面振兴这一重要部署安排是在 2023 年中央经济工作会议提法的基础上增加了新型工业化，将统筹"两大任务"拓展到统筹"三大任务"，既强调城乡关系，同时也强调工农关系，并将工农、城乡关系结合起来，丰富拓展了城乡融

---

① 高帆：《城乡融合发展是中国式现代化的必然要求》，《人民论坛》2024 年第 18 期。

合发展的内涵。根据历史唯物主义生产力与生产关系的辩证原理，生产力发展是推动社会进步和城乡关系演变的根本动力。如果生产力不能得到充分发展，城市和乡村就很难实现真正意义上的融合，而新型工业化是发展生产力的关键路径。由此，只有将新型工业化、新型城镇化和乡村全面振兴三大任务统筹起来，城乡融合发展的内涵才是完整的，推进城乡融合发展才是现实可行的。

一 理解统筹"三大任务"的价值意蕴

工农城乡关系是基本的经济社会关系，影响到一国现代化建设进程。习近平总书记指出，在现代化进程中，如何处理好工农关系、城乡关系，在一定程度上决定着现代化的成败。[①] 实践深刻揭示，促进工农城乡协调发展、共同繁荣，是不可违背的客观规律，是现代化建设必须遵循的普遍准则。从全球范围看，在现代化进程中，城的比重上升、乡的比重下降，非农产业比重上升、农业比重下降，是一个普遍性趋向。

但是，我国目前仍有近5亿人居住在乡村，第一产业就业人员占就业总人数的比重超过20%。即便将来我国完成了工业化、城镇化进程，仍然会有大量农民留在农村、从事农业，这就决定了我国推进工业化、城镇化建设不能以荒芜的乡村、萎缩的农业为代价。

与此同时，乡村与城镇共同构成了人类活动的主要空间，城乡功能型差异不可能消除，农业作为国民经济基础产业和战略产业的重要地位不会改变。由此，在推进中国式现代化进程中，不管工业化、城镇化进展到哪一步，农业都要发展，乡村都不会消亡，处理好工农关

---

① 习近平：《把乡村振兴战略作为新时代"三农"工作总抓手》，《求是》2019年第11期。

系、城乡关系将始终是我国现代化建设中具有全局性和战略意义的重大课题。

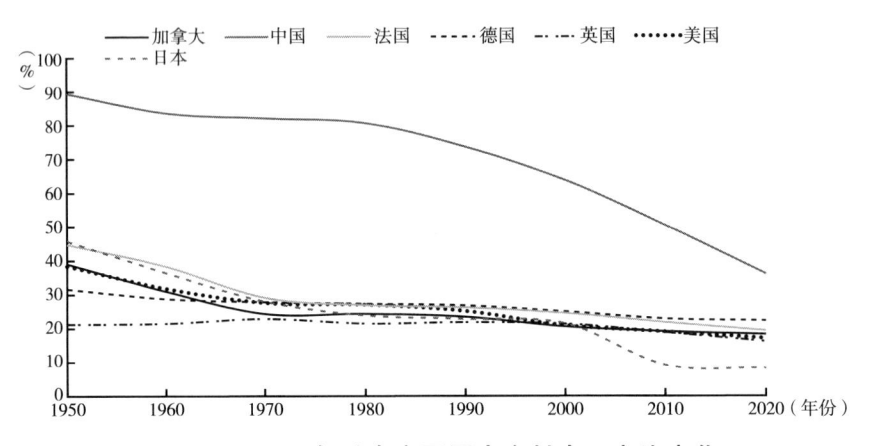

图6-1　1950年以来主要国家乡村人口占比变化

资料来源：根据世界银行数据整理。

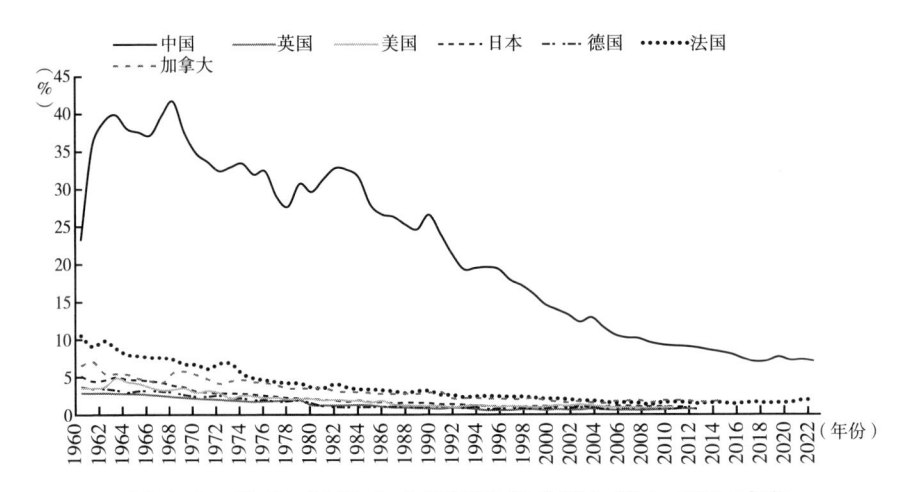

图6-2　1960~2022年主要国家农业增加值占GDP变化

资料来源：根据世界银行数据整理。

过去很长一段时期，我国工业化呈现粗放式发展特征，城镇化走的是一条速度型、规模扩张型道路。在传统工业化城镇化路径模式下，城乡公共资源配置不均衡、要素交换不平等、利益分配不合理，工业对农业的反哺能力、城市对乡村的带动能力都不强。由此，城乡之间、工农之间也就很难形成新型城乡工农关系。其结果是，与快速推进的工业化、城镇化相比，我国农业农村现代化掉了队，农业农村成为社会主义现代化建设的突出短板。党的十九大作出"中国特色社会主义进入新时代"的重大判断，并对新时代我国社会主要矛盾的变化作出新的概括，即"我国社会主要矛盾已经转化为人民日益增长的美好生活需要和不平衡不充分的发展之间的矛盾"。城乡发展不平衡、农村发展不充分则是社会主要矛盾的集中体现。

与传统工业化、城镇化发展模式不同，新型工业化、新型城镇化与乡村全面振兴具有理念统一性、目标互促性和过程互动性，三者是内在联系、相互贯通、相互促进的有机整体。统筹"三大任务"顺应了我国工农城乡关系演变规律，是在推进中国式现代化进程中，基于生产力发展阶段要求对处理好工农城乡关系做出的战略安排。

统筹"三大任务"的目的在于发挥新型城镇化、新型工业化和乡村全面振兴各自的作用，构建形成工农互促、城乡互补、协调发展、共同繁荣的新型工农城乡关系，缩小城乡差别，通过构建城乡融合发展新格局来推动开创中国式现代化建设新局面。

从新型工业化角度看，在工业化向高质量发展转变过程中，会产生新的工农业协调发展模式，有利于形成新型工农关系。西奥多·W.舒尔茨认为，传统农业只能维持简单再生产，是一种长期停滞的农业形态，原因在于农业技术长期停滞和生产要素长期得不到更新；改造传统农业的关键是引进新的现代农业生产要素，这些要素可以使农业收入流价格下降，从而使农业成为经济增长的源泉。[1] 新型工业化带动城镇产业结构优化升级，有利于增强城镇集聚经济和人口的能

---

[1] 西奥多·W.舒尔茨：《改造传统农业》，梁小民译，商务印书馆，2006。

力，并通过技术扩散、产业协同等带动乡村经济发展，促进工农业部门劳动生产率收敛，为城乡融合发展提供基础。

从新型城镇化角度看，与传统城镇化模式不同，新型城镇化更加注重城乡空间合理规划、城乡功能耦合和公共资源一体化配置，有利于缩小城乡基础设施和公共服务差距。同时，以人为本的新型城镇化通过有效吸纳农业转移人口，有利于改变农村人地紧张关系，为农业适度规模经营腾出更大空间，优化农业生产要素配置结构，促进农业生产效率提升。此外，新型城镇化有利于促进城乡社会文化交流，消除城乡之间的文化隔阂和偏见，营造城乡融合发展的社会基础和文化氛围。

从乡村全面振兴角度看，通过补齐农业农村发展短板，推动乡村全面振兴，更好发挥乡村作为要素市场和消费市场的作用，有利于促进新型工业化和新型城镇化发展。乡村是一个与城市不同的差异化消费场域，对城乡产业转型升级和经济循环具有重要牵引作用。同时，乡村作为要素市场，对优化农业部门要素配置和改善城乡要素交换关系具有积极意义，前者有利于推动农业效率变革，后者对改善城乡资源配置、推动新型城镇化具有重要作用。

本质上，统筹"三个方面"在于构建互补互利、具有多样性和灵活性的功能体系，促进城乡功能耦合协调。

对城镇而言，统筹新型工业化、新型城镇化和乡村全面振兴，将对城镇化的内涵品质和结构形态带来重要影响，有利于形成产业升级、人口集聚、城镇发展的良性互动，促进城镇综合功能提升。比如，产业数字化、智能化、网络化发展，将推动基于传统地理空间的产业集聚向虚拟集聚发展，新的产业价值网络的构建与拓展，将带来城市群和都市圈内部产业分工网络和协同模式的变化，促进生产要素跨区域流动，同时也给一些具有潜能的中小城市参与价值网络、提高经济和人口承载能力创造了机会。乡村全面振兴的推进，特别是农村集体产权制度、土地制度改革的深化，有利于消除进城落户农民的后顾之忧，使他们更好更快地融入城市，有利于城镇人力资本积累和内需潜能释放。目前全国农民工约有3亿人，其中外出务工农民工有1.77亿人，如果能够消除他们的后顾之忧，使他们平等享受城镇基本公共服务，将形成很大的消费增量，同时会带动城镇投资增长。

对乡村而言，长期以来更多以居住单元形态存在，农业以生产功能为主，农业多重功能、乡村多元价值没有得到充分开发，城乡在生活、生态、文化等功能方面没有实现充分耦合。新型工业化和新型城镇化的带动辐射，以及乡村建设和治理水平提升，将推动乡村从要素和实物供给单元向生态空间、文化传承与新消费载体等转变，成为多功能空间。地域广阔的乡村、规模巨大的农村居民整体迈向现代化，这在全球范围内没有先例，能够释放出巨量的消费和投资需求，必然会对国民经济和现代化进程产生重要影响。

二　统筹"三大任务"向纵深推进

统筹新型工业化、新型城镇化和乡村全面振兴虽是一个全新提法，但三者统筹发展的实践却一直在向纵深推进中。党的十八大以来，不论是推进新型工业化、信息化、城镇化、农业现代化"四化同步"，还是统筹城乡发展，我国工农城乡关系在制度改革、技术赋能等共同作用下不断优化，为统筹"三大任务"奠定了坚实的基础。

（一）制度框架基本确立

制度创新一直以来是推动我国工农城乡关系演变的关键因素，在构建新型工农城乡关系中同样发挥着重要作用。改革开放以来，我国

城乡融合发展

工农城乡关系扭曲格局的打破,始于以家庭联产承包责任制为主的一系列制度创新。工农城乡关系要真正走向融合,关键仍在制度创新。党的十八大以来,围绕城乡规划布局、要素配置、产业发展、基础设施、公共服务等开展的制度创新,不论是在广度、深度上还是系统性上都得到了拓展,工农城乡协同发展的体制机制和政策体系基本形成。

比如,在城乡规划布局方面,城乡统筹规划制度逐步建立健全。规划科学是最大的效益,规划失误是最大的浪费。在城乡人口大规模流动、城乡形态深刻变化的背景下,需要对城乡发展进行一体化的科学规划。近年来,我国行政村数量总体减少,乡村常住人口也呈减少趋势。全国行政村数量从2010年的59万个减少到2022年的53万个,村平均常住人口数从1138人减少至926人,村庄空心化程度加剧。在这种情况下,如果不进行城乡统筹规划,就会产生无效投入和浪费。

近年来,通过不断健全城乡统筹规划制度,综合考虑城乡土地利用、产业发展、居民点布局、人居环境整治、生态保护和历史文化传承等,加强城乡一体设计,改变了城市和乡村两个规划体系、两套规划管理制度的局面,城乡规划融合水平不断提升。目前,全国省、市、县三级国土空间总体规划已经全部编制完成,超八成的市县国土空间总体规划批复实施。国土空间规划整合了主体功能区规划、土地利用规划和城乡规划等,能够对构建新发展格局、促进城乡融合发展形成更坚实的支撑。

再如,生产要素配置方面,聚焦"人地钱技"等要素,着力破除妨碍城乡要素自由流动和优化配置的壁垒,不断深化户籍制度改革,逐步完善农业转移人口市民化机制、城市人才入乡激励机制、乡村金融服务体系、工商资本入乡促进机制、科技成果入乡转化机制等,促进了城乡生产要素的双向流动和优化配置。在产业发展方面,

第六章　统筹"三大任务"：城乡融合发展的战略路径

不断健全城乡产业协同发展机制，完善产业协同发展平台，推动了产业在城乡的合理分布和融合发展。在基础设施和公共服务方面，健全有利于城乡基础设施一体化发展的体制机制，完善有利于城乡基本公共服务普惠共享的体制机制，推动了城乡基础设施互联互通、公共服务共建共享。

（二）要素流动更加顺畅

城乡融合发展在要素层面体现为通过对传统资源要素配置方式、结构的系统性调整，实现要素配置从传统到现代、从静态到动态、由低级到高级的突破性变化。近年来，通过深化要素配置市场化改革，城乡要素不平等交换、双向流动不畅的局面得到明显改善，城市与乡村之间、农业与非农部门之间要素的流动更加顺畅。

"人"的方面，户籍制度改革不断深化，城镇落户通道逐步拓宽，城镇基本公共服务加快向常住人口覆盖，农业转移人口能够更快更好地融入城市。2023年末，我国常住人口城镇化率达到66.16%，比1949年末提高55.52个百分点，年均提高0.75个百分点。目前，我国城区常住人口300万人以下城市的落户限制基本取消，300万人以上城市的落户条件有序放宽。同时，居住证制度不断健全。据公安部数据，全国各省（区、市）全部出台居住证实施办法，过去五年来共发放居住证8400万张。与此同时，越来越多的人下乡创新创业，成为乡村振兴的一支生力军。据农业农村部数据，2012~2023年，我国返乡入乡创业人员累计达到1320万人。

"地"的方面，农村土地制度改革稳妥有序推进，农村承包地二轮延包试点基本实现省级全覆盖，新一轮宅基地制度改革试点稳慎开展，农村集体经营性建设用地入市试点进一步深化，让农民分享到更加充分的财产权益，拓宽了增收致富渠道。自然资源部数据显示，2023年，全国350个县（市、区、旗）共试点完成农村集体经营性建设用地入市719宗、宗地面积1.31万亩、总成交金额185.2亿元、留存农村集体经济组织91.76亿元、分配农民个人10.83亿元。

"钱"的方面，建立起农业农村优先发展投入保障机制，中央预算内投资、超长期特别国债、地方政府专项债券支持力度不断加大，土地出让收入用于农业农村的比例稳步提高，农村金融服务更加优化，在政策支持引导下，生产要素更多地向乡村流动集聚。2023年，全国一般公共预算农林水事务支出达2.4万亿元，较2018年增长14%。

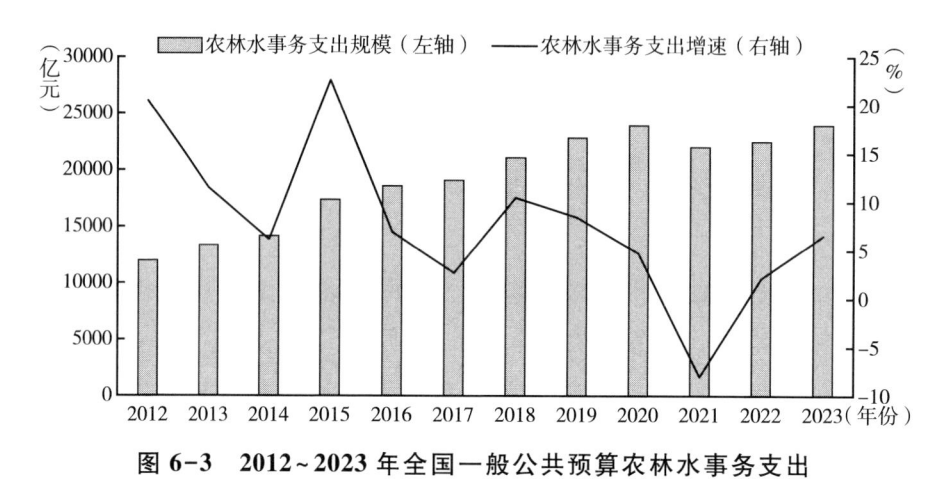

图6-3　2012~2023年全国一般公共预算农林水事务支出

（三）城乡公共资源配置更加均衡

基础设施和公共服务具有公共品属性，既是城乡融合发展的重要内容，又是推进城乡融合发展的重要支撑。当前，我国城乡基础设施和公共服务差距还比较大，这是长期以来城乡公共品供给机制二元分割所导致的，影响到乡村产业发展、农民收入增长和生活品质改善。

近年来，公共资源向"三农"配置的力度不断加大，推动城镇基础设施向农村延伸、城镇公共服务向农村深度覆盖，城乡基础设施和公共服务差距明显缩小。

基础设施方面，水电路讯等基础设施不论是覆盖面还是联通度都得到持续提升，城乡基础设施一体化水平显著提高。2023年末，我国具备条件的乡镇和建制村全部通硬化路、通客车，99.4%的村进村主要道路路面为水泥或柏油（沥青）；98.5%的村村内主要道路路面为水泥或柏油（沥青），农村道路养护管理布局日臻完善。全国有96.0%的村通自来水，农村居民有安全饮用水的户比重达到98.7%。全国超过99%的村通宽带互联网，通5G的行政村占比超过90%。农村电网供电可靠水平进一步提高，农村电气化有序推进。农村人居环境明显改善，农村卫生厕所普及率达到75%左右，全国有87.6%的村生活垃圾实现集中处理，有63.0%的村生活污水集中处理或部分集中处理，农村乱排乱放污水现象得到有效治理。

基本公共服务方面，城乡基本公共服务均等化深入推进，农村公共服务体系不断完善。城乡教育共同体建设取得积极进展，义务教育教师"县管校聘"改革逐步深化，县域内义务教育学校校长教师交流轮岗基本实现常态化。据教育部统计，2023年全国乡村义务教育阶段专任教师195.3万人，生师比达到12.4∶1。优质医疗资源逐步向乡村下沉，紧密型县域医共体建设取得积极进展，乡村两级医疗机构和人员"空白点"基本消除，农村医疗保障水平得到提高，"病有所医"取得新进展。城乡统一的居民基本养老保险、基本医疗保险和大病保险制度不断健全。据国家医保局统计，国家财政对城乡居民基本医疗保险人均财政补助标准逐年提高，2003～2023年从不低于10元增长到不低于640元。

（四）城乡产业发展协同性提升

产业协同发展是城乡融合的重要标志。改革开放以来我国城乡商品交换关系得到明显改善，但城乡之间产业的协同发展水平仍不高。近年来，通过不断健全城乡产业协同发展机制，城乡产业发展的协同度和农村一二三产业融合度得到明显提升。

一是形成了一批产业融合发展平台，乡村产业集聚化水平稳步提升。推进城乡产业协同发展需要有空间载体作支撑。2019年印发《国家城乡融合发展试验区改革方案》，将搭建城乡产业协同发展平台作为实验任务，提出在试验区内选择一批产业园区或功能区，率先打造城乡产业协同发展先行区。近年来，各地区各部门积极推进国家现代农业产业园、农业产业强镇和优势特色产业集群建设，创建城乡融合发展典型项目，促进了城乡生产要素的跨界流动和优化配置。到2023年，全国创建形成优势特色产业集群220个、国家现代农业产业园350个、农业产业强镇1709个，培育乡村特色产业专业村镇4068个，实现总产值9000多亿元。

二是农村一二三产业融合发展取得积极进展。农业产业链条不断延伸，农产品加工转化率达到74%，农产品加工业产值与农业总产值比从2018年的2.3∶1提高到2023年的2.59∶1。农业功能不断拓展，农业与文化、教育、旅游、康养、信息等产业不断融合，催生出中央厨房、农商直供、农村电商等新业态新模式。2023年末，全国开展休闲农业和乡村旅游接待的村占比为14.7%，年接待游客超过30亿人次，休闲农业营业收入达到8400亿元。农产品电商销售额超过7300亿元，农村网络零售额达到2.49万亿元。

三是城乡现代流通体系不断健全。流通作为连接生产和消费的中间环节，具有基础性和先导性作用。高效的现代流通体系能够在更大范围把生产和消费联系起来，有利于畅通城乡经济循环。目前，全国县乡村三级物流配送体系基本建成，已累计建成1200多个县级公共寄递服务中心、超30万个村级寄递物流综合服务站，全国74.5%的村有电子商务配送站点，"工业品下乡、农产品进城"渠道更加通畅。

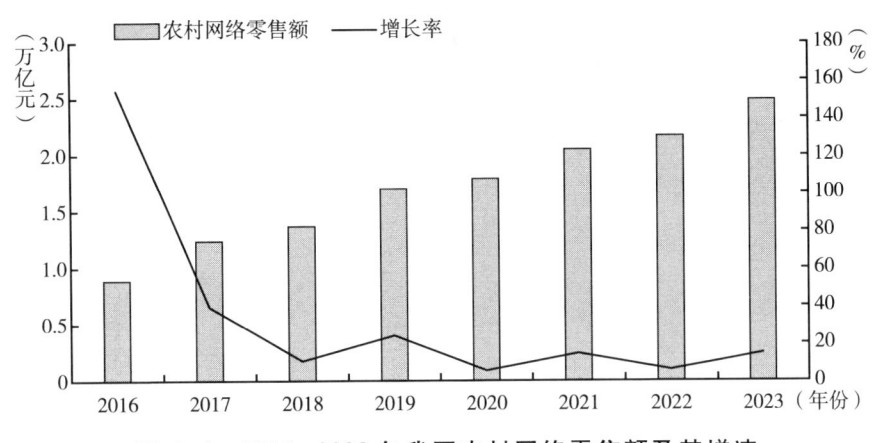

图 6-4　2016～2023 年我国农村网络零售额及其增速

三　破除统筹"三大任务"的障碍

新型工业化、新型城镇化和乡村全面振兴三者之间各自独立，但又具有内在一致性和相互支撑性。统筹"三大任务"，不能靠行政手段简单将它们捏合在一起，需要三者各自发挥作用、彼此提供支撑。目前，统筹"三大任务"依然面临一些需要破除的障碍，包括生产要素在城乡之间、产业部门之间流动不畅，城乡市场一体化建设滞后，城乡公共资源配置效率不高，等等。

更为关键的是，推进新型工业化、新型城镇化和乡村全面振兴，都在不同程度上存在短板弱项，导致三者之间的联动效应不强。通过工农业比较劳动生产率、城乡居民收入差距两个指标的比较，可以清晰揭示工农城乡发展差距。近年来，尽管我国农业比较劳动生产率，即农业增加值比重与农业就业比重的比值有所提高，但相比非农产业特别是制造业的比较劳动生产率还存在较大差距。同时，尽管城乡居民人均可支配收入比值缩小至 2.39，但二者差距的绝对值依然较大。

2023年，农村居民人均可支配收入21691元，城乡居民人均可支配收入差距的绝对值超过3万元。

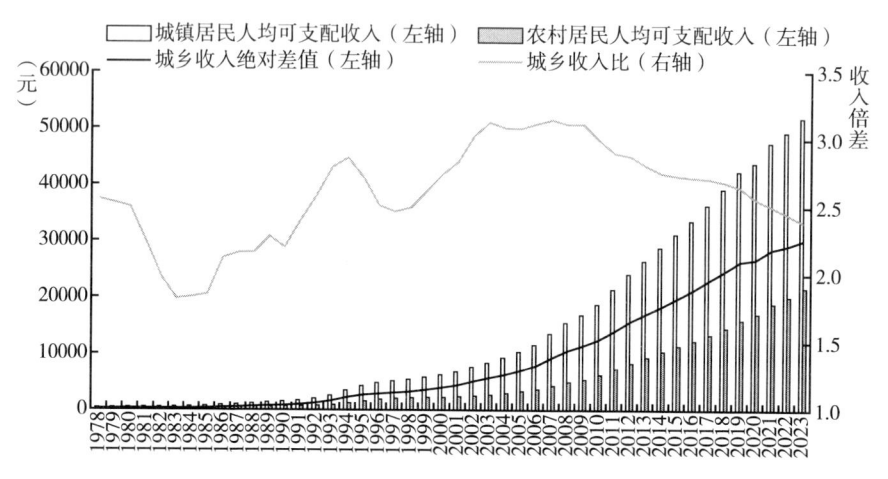

图6-5 我国城乡居民收入差距变化

资料来源：根据国家统计局公布数据测算。

从工业化角度看，新型工业化是统筹"三大任务"的关键前提，整体水平还有待提升。党的二十大部署了"到2035年基本实现新型工业化"的战略任务，2023年9月，召开了全国新型工业化推进大会。近年来，我国新型工业化不断深化，形成了比较独特的优势，用三个字来概括，就是"全、多、大"。所谓"全"，指的是工业体系全。我国是全世界唯一拥有联合国产业分类中所列全部工业门类41个工业大类、666个工业小类的国家。所谓"多"，指的是品种多。在全世界500种主要工业产品中，我国有四成以上产品的产量位居世界第一。所谓"大"，指的是规模体量大。2023年，我国全部工业增加值接近40万亿元，制造业规模在全球占30%以上。

也要看到，我国新型工业化正处于从量的积累转向质的提升的关键期，仍有很多需要补齐的短板，突出表现为产业链供应链韧性和安全水平还不高、创新链与产业链融合程度不深、科技创新对产业创新的支撑能力不强、战略性产业发展政策和治理体系不健全、传统产业升级动能不足、新兴产业成长不快。从制造业劳动生产率、制造业研发投入强度、高技术产品贸易竞争优势等关键指标比较看,我国工业化的整体质量水平还有待提高,与美国、日本、德国等相比存在一定差距。新型工业化的整体质量水平,影响了其对城镇经济承载能力提升以及对乡村经济发展的带动作用。

从城镇化角度看,新型城镇化是统筹"三大任务"的重要支撑,发展质量有待进一步提升。美国经济学家、诺贝尔经济学奖得主约瑟夫·斯蒂格利茨(Joseph Stiglitz)曾断言,影响21世纪人类进程最深刻的两件事将是新技术革命和中国城镇化。这一论断,深刻反映出城镇化之于中国乃至世界的重大影响。2012年,党的十八大提出"走中国特色新型城镇化道路",对城镇化赋予更高的发展要求和更多的发展内涵。2013年,中共中央、国务院召开了第一次中央城镇化工作会议。2014年,印发了《国家新型城镇化规划(2014—2020年)》。2015年,召开了中央城市工作会议。《习近平关于城市工作论述摘编》指出,城镇化是涉及全国的大范围社会进程,一开始就要制定并坚持好正确的原则,主要是四条:以人为本、优化布局、生态文明、传承文化。由此,我国城镇化开始进入以人为本、规模和质量并重的新阶段,城镇化水平不断提高。2012~2023年,我国城镇常住人口从7.1亿人增至9.3亿人,累计增加2.2亿人;2023年常住人口城镇化率达到66.2%,年均增幅保持在1个百分点以上。

在城镇化保持较快增长速度的同时,总体发展质量也不断提升,但同时也存在一些问题和挑战。主要是推进新型城镇化的体制机制还不健全,农业转移人口市民化还需加快,缩小常住人口城镇化率与户籍人口城镇化率之间的差距依然面临不少困难。

实际上,缩小二者差距一直是我国推进新型城镇化的重要目标之一。自国家新型城镇化规划实施以来,常住人口城镇化率和户籍人口城镇化率都在不断提高，但二者之间的差距还没有从根本上缩小。2012~2023年，我国人口城镇化率和户籍人口城镇化率的差值从17.24个百分点扩大至17.86个百分点。不管是"1.7亿"的数量规模，还是接近18个百分点的"两率"差距，都反映出我国推进新型城镇化的任务依然比较艰巨。农业转移人口市民化牵动着城乡发展，一些长期在城镇工作和生活的农业转移人口不能充分享有城镇基本公共服务，同时农村"三权"市场化退出通道不畅通，导致其难以真正融入城市，不仅影响城镇化质量提升，也对农业适度规模经营带来影响。同时，作为城乡发展纽带的县城存在短板弱项，县域经济转型升级面临诸多挑战，导致县城综合承载能力和治理能力不强，不仅难以承载新型工业化发展，而且对乡村的带动能力也不强。

从乡村振兴角度看，乡村全面振兴是统筹"三大任务"的基础所在，进展有待加快。乡村振兴战略实施以来，产业振兴、人才振兴、文化振兴、生态振兴、组织振兴"五大振兴"都取得了积极成效。但客观来看，推进乡村全面振兴的内生动力机制尚不健全，乡村产业发展水平、建设水平和治理水平还不高，要素市场和消费市场建设存在短板，农村土地制度、集体产权制度改革等还有待进一步深化，影响到农业转移人口市民化和新型工业化发展。

比如，乡村消费市场建设方面，作为与城市不同的差异化消费场域，培育发展乡村消费市场的作用不仅体现为消费规模扩张对总体消费增长的贡献，同时还在于对促进城乡产业转型升级和畅通城乡经济循环的重要作用。近年来我国乡村消费市场培育取得一定成效，但市场整体水平依然不高，系统性、完整性都还有较大提升空间，包括县乡村一体化商业网络、乡村消费基础设施、适合乡村市场的消费品开发、乡村消费环境等还存在不少短板，农村消费成本较高，消费便利化水平和消费品质尚待提升。

四 统筹"三大任务"缩小城乡差别

统筹"三大任务"是一项系统复杂的工程,是贯穿中国式现代化建设全过程的一项长期性任务。要围绕处理好工农城乡关系这一主线,发挥好制度创新、市场联通、技术赋能的协同效应,加快构建新型工农城乡关系,缩小城乡差别,促进城乡共同繁荣发展。

(一)深化城乡联动改革

改革是社会基本矛盾运动发展的内在要求,又是解决社会基本矛盾的重要手段。当前我国社会主要矛盾已经发生变化,城乡发展不平衡、农村发展不充分是社会主要矛盾的集中体现。解决好这一不平衡不充分问题,很大程度上要靠深化城乡融合领域的改革。当前形势下进一步深化改革,综合性强、复杂度高,靠单兵突进难以奏效,零敲碎打的调整也不行。党的十八大以来,通过统筹考虑农业和农村发展,统筹考虑城乡改革发展,统筹考虑公平和效率,城乡融合发展领域的改革打出"组合拳",形成整体"打法套路",改革举措相互配合、相互促进、相得益彰,充分释放出改革整体效能。面对新形势新要求,越是深入推进改革,越需要注重改革的协同配套和系统集成,不断提高改革的系统性、整体性和协同性。

统筹新型工业化、新型城镇化和乡村全面振兴既是一个发展命题,更是一个改革命题,需要通过改革来打破城乡二元结构,畅通工农城乡循环。通过深化改革破除城乡二元结构,不能就城市论城市、就农村谈农村,必须系统谋划城乡融合发展领域的体制机制改革,增强城乡改革的整体性、协同性。其中,关键在于加快破除妨碍城乡要素平等交换、双向流动的制度壁垒,做好城乡要素优化配置文章,推动生产要素在城乡之间高效配置、在产业之间有序流动。

一方面，要在深化要素市场化配置改革上取得更大突破。兼顾好提升要素配置效率与保障发展安全之间的关系，根据不同要素属性、市场化程度差异和城乡融合发展需要，分类有序推进农村要素市场化配置改革，逐步扩大农村要素市场化配置范围，畅通城乡要素流动渠道，增强城乡要素流动的整体性、协同性。

另一方面，健全促进资源要素向乡村流动的长效机制。实现城乡要素双向流动的重点和难点在于促进资源要素更大规模、更广范围、更为持续地向乡村有序有效流动，这离不开政府的引导推动。要完善政府引导和激励机制，综合运用财政、金融、税收等手段，以更有力的政策举措，引导人才、资金、技术、信息等要素向农业农村流动、向乡村新产业新业态集聚。

（二）高效联通城乡市场

统筹"三大任务"实质上是一个优化城乡资源要素配置的系统性过程。不论是城乡要素平等交换和双向流动，还是城乡产业协同联动发展，都是市场起决定作用的领域，需要建立在比较完善的城乡市场体系基础上。为此，要按照平等准入、公正监管、开放有序、城乡一体的要求，推进城乡市场体系建设，强化城乡市场联通。

其一，推进城乡统一的土地和劳动力市场建设。土地和劳动力是形成财富的两个原始要素，是人类从事经济活动所依赖的基本生产要素。马克思曾指出，土地是"一切生产和一切存在的源泉"，[1] 是人类"不能出让的生存条件和再生产条件"，[2] 健全城乡统一的土地和劳动力市场，对推进城乡融合发展具有重要意义，也是建设全国统一大市场的重要内容。

---

[1] 《马克思恩格斯文集》第八卷，人民出版社，2009。
[2] 《马克思恩格斯文集》第七卷，人民出版社，2009。

近年来，我国城乡统一的土地和劳动力市场建设取得积极进展，但仍需要进一步突破。关于城乡统一的建设用地市场，要围绕解决土地市场制度规则不完善、不统一以及城乡市场发育不均衡等问题，着力完善建设用地市场制度和规则，健全建设用地二级市场交易规则、交易服务平台，完善城乡建设用地增减挂钩节余指标、补充耕地指标跨区域交易机制，有序推进农村集体经营性建设用地入市改革，建立公平合理的土地增值收益分配机制，提高市场配置土地资源的效率。关于城乡统一的劳动力市场，要加快健全统一规范的人力资源市场体系，保障城乡劳动者享有平等就业权利，健全就业公共服务体系，使就业服务更加可及、更加均等、更加专业，打破户籍、区域、身份限制，实现城乡劳动者在就业地、求职地享受就业服务，促进劳动力、人才在城乡之间顺畅流动。

其二，健全县域商业体系。加强县域商业体系建设，推动工业品下乡和农产品进城，畅通城乡双向循环，是释放农村内需潜力的重要手段。目前，我国农村商业设施水平比较低，商品服务质量不高，市场秩序还有待改善，这是城乡发展不平衡在农村商业领域的表现。我国东中西部的消费特点不同，南北方地区的差异明显，健全县域商业体系，要结合乡村人口、消费习惯等特点，因地制宜、分层分类推进。要统筹推进县乡村商业网点空间布局，逐步建立起县域统筹、以县城为中心、乡镇为重点、村为基础的农村商业体系，畅通工业品下乡和农产品进城双向流通渠道。特别是要推动资源要素向农村市场倾斜，完善农产品市场网络，扩大电商进农村覆盖面，让更多农产品更好卖出去、卖上好价钱。

其三，培育乡村消费市场。回顾过去"家电下乡""汽车下乡"等扩大农村消费的政策，大多具有短期性、工具性、应急性、外生性等特点，主要是短期需求侧管理政策。由于供给结构的改善没有完全跟进，政策效果的持续性受到影响。培育乡村消费市场，要着眼于提升农村居民的消费品质，注重消费补贴政策的应用，更加重视提升供给体系对乡村消费的适配性，大力开发适合乡村市场的消费品，优化乡村生活服务供给结构。同时，建立分级分类投入机制，健全乡村消费基础设施和生活服务网络，并从加强消费品流通、改善消费环境、创新消费业态和模式、强化金融支持等方面，推进乡村消费市场增量提质，提升农村居民消费便利化水平、降低消费成本，同时吸引城市居民下乡消费。

（三）强化数字技术赋能

数字化浪潮已经蔚然兴起。不论是在交通便利的东南平原村庄，还是在偏僻遥远的西北边陲山村，数字技术都在加快向乡村渗透应用，其影响广度、深度不断拓展。根据《中国数字乡村发展报告（2023年）》，我国农村地区互联网普及率为66.5%，城乡互联网普及率差异为16.8个百分点，较2022年同期缩小4.4个百分点。数字技术与农业产业不断融合，设施栽培、畜禽养殖、水产养殖和种植业的数字化水平分别达到41%、32.8%、16.4%和21.8%。同时，数字技术推动了城乡公共资源的优化配置。截至2023年6月，我国农村在线教育用户规模达到6787万人，农村在线医疗用户规模达到6875万人。

数字技术的快速发展和应用，为统筹"三大任务"提供了技术支撑和发展动力，要进一步强化数字技术的赋能作用，促进城乡产业升级、公共资源配置和社会治理一体化。

产业方面，依托数字技术推动城乡产业跨界融合和协同升级。充分发挥数字技术赋能传统生产要素、促进城乡要素流动、优化城乡产业分工等方面的作用，深化人工智能、大数据、云计算在工农业生产领域的应用，改造提升传统产业，培育壮大新兴产业，促进城乡产业深度融合发展。大力发展"数商兴农"，实施"互联网+"农产品出村进城工程，促进城乡生产、流通、消费有效衔接，以数字技术为支撑延伸产业链、贯通供应链、提升价值链。

公共资源配置方面，依托数字技术提高城乡公共资源配置效率。推动数字技术与教育、医疗、就业、文化等公共服务供给融合，通过"互联网+教育""互联网+医疗""互联网+养老"等多样化场景创新，促进优质公共资源城乡共享，提升服务资源覆盖面和均衡普惠度。

社会治理方面，依托数字技术提升城乡治理融合水平。完善城乡基层治理一体化设计，积极运用新一代信息技术，建设覆盖全生命周期、线上线下联动、精准高效的数字化治理网络，构建"数字化+网格化"社会治理新模式，不断提升城乡治理效能。

（四）促进城乡产业协同

城乡产业协同发展是统筹"三大任务"的重要结合点。但相比其他领域而言，城乡产业协同发展的复杂性、长期性特点更为突出。近年来，新技术为城乡要素跨界和产业协同发展创造了条件，使城乡产业互动性、互补性增强，但城乡产业的关联效应和融合水平还不高。应围绕产业链延伸、价值链提升和供应链优化，积极创设有利于城乡产业转移和产业融合发展的良好生态，建立适应城乡产业分布规律、新产业新业态特点的政府引导和管理机制，推动产业在城乡之间合理分布和协同发展。

一方面，更好发挥新型工业化对城乡产业协同发展的带动作用。将农村产业融合发展与新型城镇化建设有机结合，提升县城产业承载和配套服务能力，完善城乡产业协同发展平台功能，搭建技术研发、人才培训和产品营销等平台，支持有条件的地方建设以镇（乡）所在地为中心的产业集群，引导农村二、三产业向县城和重点乡镇及产业园区等集中，打造城乡联动的产业集群。健全城乡产业融合公共服务平台，积极培育产业融合社会化服务组织，强化人才培训、投资融资、技术创新、管理咨询、市场开拓等服务功能。完善农机装备创新体系，大力推广先进适用农机装备与机械化技术，提高农业机械化水平，推动农产品加工提质增效。

另一方面，推动农村一二三产业融合发展。依托农业农村特色资源，面向新的市场需求，用好新的技术和营销手段，突出地域特点，体现当地风情，合理开发乡土资源，因地制宜发展农产品加工、生态旅游、民俗文化、休闲观光等产业，着力培育为广大消费者所认可、有竞争优势的特色产业，做好"土特产"文章，把乡村资源优势、生态优势、文化优势真正转化为产业优势，提高产业质量效益和竞争力。

第七章　县域富民产业：推进城乡融合发展的关键载体

自从人类有了经济活动，便有了效率、公平及其相互关系的问题。一部人类史，也是人类追求效率和公平的历史。曾经有不少人认为，在市场经济条件下，效率与公平两者是对立和相悖的。然而，我国社会主义市场经济发展的实践表明，只要制度安排合理，效率与公平完全可以做到统筹兼顾、相辅相成。

当前，推进中国式现代化，需要处理好若干重大关系，其中之一就是效率和公平的关系。中国式现代化需要创造比资本主义更高的效率，又要更有效地维护社会公平，促进共同富裕。推进城乡融合发展，既能通过提升城乡要素配置效率进一步释放生产力潜力，同时又能通过优化城乡公共资源配置促进社会公平正义，是推进中国式现代化的必然选择。

城乡融合发展过程中，县域富民产业作为以共同富裕为价值取向的共富产业，为通过城乡融合发展促进共同富裕提供了重要载体。发展县域富民产业是协调公平与效率关系的有效途径。

富民产业这一概念，最初主要应用于乡村层面。2019年6月，国务院发布《关于促进乡村产业振兴的指导意见》，其中将乡村产业定义为"根植于县域，以农业农村资源为依托，以农民为主体，以农村一二三产业融合发展为路径，地域特色鲜明、创新创业活跃、业态类型丰富、利益联结紧密，是提升农业、繁荣农村、富裕农民的产业"。2020年中央一号文件提出"发展富民乡村产业"，将其作为促进农民持续增收的重要任务，突出了乡村产业的富民导向。2021年中央农村工作会议提出，要聚焦产业促进乡村发展，深入推进农村一二三产业融合，大力发展县域富民产业。这是中央文件首次提及"县域富民产业"，同时还明确了通过产业融合来促进县域富民产业发展的路径。随后，2022年、2023年中央一号文件相继强调培育壮大县域富民产业、大力发展县域富民产业。党的二十届三中全会决定提出，"壮大县域富民产业，构建多元化食物供给体系，培育乡村新产业新业态"。

近年来，县域富民产业之所以成为政策高频词，除了其对推动城乡融合发展、促进农民就业增收的重要价值外，也有其理论依据和现实依据。从理论上看，县域是我国城乡经济的节点、纽带和载体，在发展县域富民产业过程中，能够通过综合配置城乡要素资源、融合发展一二三产业，进而形成规模经济和协同效应。从实践看，县域富民产业发展的时空条件也在不断发生变化，其发展所需要的制度、技术、市场等条件持续改善，比如，新一代信息技术、交通技术等加快发展，改变了时空距离，使过去中西部一些地处偏远的县城，能够依托数字化等手段，拓展产品销售渠道，融入全国甚至全球产业分工网络，发展壮大县域富民产业。同时，随着城乡居民收入增长和消费水平提升，个性化、多样化、品质化需求增长，为一些县域发展"土特产"提供了支撑和牵引。

尽管如此，我国县域富民产业发展不充分、区域间发展不平衡也是客观现实。尽管一些地区县域富民产业发展较快，但并不能由此忽视全国多数县域富民产业发展滞后、转型升级依然面临较多困难的现实。同样，县域富民产业发展存在困难的现实，也不能否定县域富民产业发展的生命力和潜力。对待县域富民产业，必须结合我国产业转型升级整体进程以及县域经济发展历史过程，融入整个现代化产业体系建设中去认识和把握，需要积极推进但又保持历史耐心。

一 县域富民产业的若干基本特征

县域富民产业是一个极具中国特色的概念，有着丰富的内涵。综合现有研究，可以将县域富民产业定义为根植于县域，依托县域资源禀赋和特色优势，以农村一二三产业融合发展、承接产业转移、城乡要素创新性配置为路径，地域特色鲜明、比较优势明显，具有突出的就业创造效应和增收促进效应，能够广泛带动县域城乡居民特别是农村居民增收致富的各种产业形态的总称。县域富民产业具有一般产业的共同特征，但在空间布局、产业形态、价值导向等方面又有其特殊性。

（一）发展基础：立足县域资源条件和要素禀赋结构形成比较优势

县域富民产业根植于县域，往往与当地的自然资源、人文资源、气候条件、地理区位等紧密关联，正所谓"靠山吃山唱山歌，靠海吃海念海经"。通过综合利用和系统开发，将资源、区位、交通等优势转化为竞争优势，使县域富民产业更具竞争力和辨识度，因此县域富民产业与生俱来就具有区域性特征和结构性特色。

在《摆脱贫困》一书中，开篇之作《弱鸟如何先飞》记录了20世纪80年代习近平同志关于闽东经济发展的辩证性思考。当时的福建宁德经济总量排名全省末位，交通闭塞，信息短缺，小农经济"一统天下"，商品经济发展举步维艰。文章指出，要使弱鸟先飞，飞得快，飞得高，必须探讨一条因地制宜发展经济的路子。闽东穷在"农"上，也只能富在"农"上，要"'靠山吃山唱山歌，靠海吃海念海经',稳住粮食,山海田一起抓,发展乡镇企业,农、林、牧、副、渔全面发展"。

时至今日,"山海经"指引闽东百姓登山越海,发展起大黄鱼、食用菌等特色富民产业,因地制宜书写了"弱鸟先飞"的传奇。目前在中国人的餐桌上,每10条大黄鱼就有8条来自宁德。作为"中国大黄鱼之都"的宁德蕉城区,已形成完整的大黄鱼全产业链。2023年,蕉城区大黄鱼养殖产量达到6.51万吨,产值达25.52亿元,全产业链总产值达110亿元。

从实践看,有如宁德蕉城区这样县域富民产业发展比较好的地区,其产业结构与资源要素禀赋结构的一致性往往也较高,二者呈现互为促进的良性态势。不可否认,部分县域富民产业确实是"无中生有",看上去与当地的区位、交通、资源等禀赋关系不是很紧密,但在发展壮大过程中依然与县域存在千丝万缕的联系,大部分县域富民产业的形成和迭代路径,仍是"有中生优""优中做强"。与本地禀赋条件具有契合性,是县域富民产业发展的独特优势所在,也决定了其在现代化产业体系建设中不可或缺的地位。

(二)空间布局:基于城乡分工互补关系和经济循环实现融合发展

县域涵盖县城、集镇、村落等多层次空间载体,兼有农业与非农产业,县域富民产业是基于城乡分工互补关系和经济循环而形成的。城镇和乡村产业在县域相互渗透和交叉重组,带动生产要素在县域集成整合、优化配置,进而形成城乡联动的产业体系。基于城乡空间而形成的县域富民产业,将城市经济和乡村经济的优势结合起来,形成自身独特的发展优势。

县域富民产业不局限于乡村地区,而是涵盖整个县域,既可以承接大城市产业转移、知识溢出和技术扩散,同时又能在城乡更大的空间范围内组织配置生产要素，在更深程度上把生产和消费有机联系起来，并通过横向和纵向的产业关联形成产业集群。为此，县域富民产业在空间分布、经营组织形式等方面有其独特性。

从空间布局看，县域富民产业在分布上可以是县城的产业园或产业集聚区，也可以在中心镇、中心村等城乡节点，或者产业链的不同环节在县镇村之间进行分布。从组织形式看，县域富民产业的经营组织形式是多样化的，既有以龙头企业、中小微企业等为主体的企业组织形式，也有乡村作坊、家庭农场（工场）、农民合作社等传统组织形式，以及两种组织形式的联合体。

"昔日濮绸扬天下，今朝毛衫销四方。"在浙江省桐乡市濮院镇，我们可以看到县域富民产业发展中各类经营主体协同合作的生动场景。濮院镇是目前国内产业规模最大、集聚度最高的毛针织服装生产基地和集散中心，每年有7亿件羊毛衫从濮院销往20多个国家和地区，全国每10件羊毛衫中就有7件来自濮院镇。

（三）产业形态：通过一二三产业融合实现多业态创新发展

与县域其他产业相比，县域富民产业具有产业跨界融合、经营主体融通等特征，由此形成多种发展模式。

一方面，产业跨界融合发展。除一些通过产业承接转移围绕大中城市主导产业形成的县域关联配套产业外，县域富民产业大多是以农业为基础、一二三产业融合发展而形成的产业形态。在产业融合发展过程中，农业、工业、服务业不再是孤立的发展单元，而是通过技术创新、制度创新和管理创新，实现在产品、技术、市场等方面的深度融合，进而实现产业链延伸和价值链提升。

在这方面，河北省邯郸市邱县就是一个典型。邱县过去是冀南平原传统的农业县，既没有矿产底子，也没有工业基础。近年来，该县食品产业实现从无到有、从小到大，涵盖了种植、研发、生产、销售、流通等上下游链条，形成以休闲食品为主，以健康食品、肉制品、预制菜等为特色的食品体系。2023年，全县食品产业营收达到120亿元，拥有食品企业200余家，产品涵盖20大类600余个品种。这个过去"名不见经传"的小县，通过一二三产业融合发展培育特色富民产业，一跃成为全国食品工业强县，不仅支撑了县域经济的发展，也带动了农民增收。

另一方面，经营主体融通发展。县域富民产业拥有多元化经营主体，包括龙头企业、中小微企业、乡村作坊、家庭农场（工场）、合作社等各类经营主体。依托于产业链和价值链的建设，通过"龙头企业+家庭农场（工场）""龙头企业+合作社+农户"等多种形式形成发展联合体，实现利益共享，这也是县域富民产业带动作用的体现。前文中濮院镇羊毛衫产业发展过程中，各类经营主体联合发展就是这方面的典型。

（四）发展导向：以带动就业创业、促进居民增收为价值取向

发展县域富民产业，摒弃了生产和分配环节以资本为中心的逻辑，摒弃了片面强调效率至上的价值取向，追求的是效率与公平的统一，既要让生产经营主体获得合理利润，也要让农民有活干、有钱赚。县域富民产业的富民效应主要体现在以下两个方面。

一方面，就业创业促进效应。县域富民产业发展为当地城乡居民提供更多的就业机会，特别是对于农村劳动力来说，产业发展为他们提供了更多就近就业机会。与此同时，县域富民产业发展还会形成创业带动作用，促进小微企业、家庭工场、家庭农场等发展。

桐乡市濮院镇一件件羊毛衫的背后，有成千上万的羊毛衫经营公司、加工厂，大大小小的个体商铺、半成品加工作坊，共同构筑起了羊毛衫产业链，走出了一条依托特色产业发展富民的路子。1976年，

濮院镇弹花生产合作社购置了3台手摇横机,最先开始踏入摇织羊毛衫领域。到了1988年,濮院镇的羊毛衫企业达到373家,个体经营户有259家,全镇手摇横机超过1500台。如今,这个由一根根毛线起家的小镇,集聚了2万多家各类辅料加工厂、羊毛衫企业、档口和门店,产业链上下游的从业者多达20万人。

另一方面,收入增长效应。县域富民产业发展不仅拓宽了城乡居民收入渠道,也有利于提升城乡居民增收能力,促进工资性收入增长。同时,部分居民利用自己的资产,通过参与富民产业的生产经营活动获得收入。从实践看,部分地区通过建立紧密的利益联结机制,将增值收益、就业岗位尽量留给农民特别是农村低收入群体,能够让更多的农民广泛参与进来,有活干、有钱赚,更多地分享产业增值收益,实现了县域富民产业发展和农民就业增收的统一。

二 县域富民产业形成与发展动力

实践中,我国县域富民产业发展的模式多种多样,产业类型各有不同。总体来看,县域富民产业发展是一个多种因素综合作用的过程,其中,主要因素是政策供给、要素禀赋变化、技术进步和需求牵引。这些因素相互影响,共同推动了富民产业发展。

(一)制度创新和政策供给

制度创新和政策供给是县域富民产业得以发展壮大的重要保障,这既与其价值导向有关,同时也有着深刻的现实原因。我国县域经济发展依然不充分,科技创新能力不强,要素保障机制不健全,做大做强县域富民产业,离不开制度创新和政策支持。

一方面,高效的制度创新。县域富民产业发展是城乡要素跨区域流动、一二三产业跨界融合的结果,这客观上要求在体制上加强创新，促进生产要素向县域富民产业流动集聚。在这方面，一些地区进行了积极探索，始于浙江的"点状供地"就是其中的典型。

浙江山多地少，土地后备资源不足，用地矛盾十分突出，但低丘缓坡资源丰富。为保障农旅产业融合发展用地需求，2015年起，浙江开展"坡地村镇"建设用地试点工作，实施建设项目用地"点状布局、垂直开发"。2018年，推行"坡地村镇"建设，推广"点状供地"模式。点状供地将项目用地区分为永久性建设用地和生态保留用地，其中永久性建设用地建多少供多少，剩余部分可只征不转，按租赁、划拨、托管等方式供项目业主使用，项目容积率按垂直开发面积部分计，不按项目总用地面积计。通俗来讲，就是建多少，供多少，用多少土地指标，算多少容积率，通过散点或者带状供给建筑用地，其他周边土地可以通过租赁方式获得。"点状供地"提升了土地利用效率，有效解决了乡村产业项目落地难问题。

另一方面，合理的政策支持。科学合理的产业政策有助于克服市场失灵，引导资源要素向县域优势产业和重点区域集聚，降低企业转型升级的成本和风险，促进产业集群形成。同时，通过公共产品的有效提供，健全县域内基础设施和公共服务体系，包括交通、通信、水利、教育、医疗等，能够提升县域综合承载能力和吸引力，为县域富民产业发展提供重要支撑。从实践看，但凡县域富民产业发展比较好的地区，往往与政府因势利导、统筹规划、强化公共产品供给有关。

另外，高效的政务服务和便捷的市场准入机制可以降低经营主体的运营成本，激发创新活力，同时能够吸引更多外部资本、优质企业进入县域，为县域富民产业发展注入活力。近年来，正是得益于县域城乡融合发展体制机制改革的不断深化、基础设施和公共服务设施的不断改善，以及营商环境的持续优化，县域富民产业发展才更有动力。培育发展县域富民产业，需要进一步强化制度创新和政策供给。

（二）城乡要素创新性配置

产业转型升级有赖于各类生产要素质量和配置效率提升，表现为生产要素种类不断拓展、组合方式不断优化、作用领域不断扩展。一般来看，产业转型升级往往受到要素禀赋结构的影响，随着要素禀赋结构的变化，产业结构也会调整。

对县域特别是中西部县域而言，发展壮大富民产业，往往受制于技术、资本、人才等要素制约。能否突破要素禀赋结构的限制，成为县域富民产业发展壮大的关键。要看到，县域面临资源要素外流的压力是客观存在的，但县域联动城乡，具有汇聚和统筹配置城乡要素的优势。通过深化要素配置市场化改革，推进城乡要素创新性配置，依然可以为县域富民产业提供动力支撑。

一方面，引导城乡优质生产要素向县域富民产业集聚。从要素间相互作用的规律看，促进生产要素在更大范围内畅通流动，提升要素供需匹配效率，强化生产要素的组合在生产、分配、流通、消费各环节有机衔接，有利于激发要素潜力，提高生产效率，形成高质量供给。近年来，妨碍城乡要素平等交换、双向流动的制度壁垒逐步被打破，城乡统一的要素市场建设加快推进，促进城乡要素在更大范围、更深层次优化配置，为县域富民产业发展和转型升级提供了重要支撑。

另一方面，强化数据等新型生产要素的赋能作用。马克思在《资本论》中指出，"各种经济时代的区别，不在于生产什么，而在于怎样生产，用什么劳动资料生产"。[1] 数据等新型生产要素不仅能够赋能传统生产要素，而且同其他生产要素融合，有利于提升产业发展效率和质量，加速社会经济价值创造。

---

[1] 马克思：《资本论》，中共中央马克思恩格斯列宁斯大林著作编译局，人民出版社，2004。

（三）现代技术创新赋能

产业转型升级取决于技术创新和要素禀赋状况的改善，而技术进步起着决定性作用。发展壮大县域富民产业，离不开科技创新驱动。近年来，大数据、物联网、人工智能等新技术广泛应用并渗透到各行业各领域，一定程度上解决了县域技术创新难题，对县域富民产业发展产生了重要影响，这些影响主要体现为重塑城乡分工体系和价值网络、推动产业发展效率和价值提升、促进新产业新业态发展等。

一方面，新一轮技术变革推动了区域生产网络、社会网络、创新网络、生活网络的演化，交通运输技术、信息技术等的融合发展，促进了产业、交通、生态、生活、公共设施等的空间布局和功能深度融合，深刻改变了城乡要素流动与空间配置路径，以及大中城市与县城之间的连接方式，部分不依赖城市集聚效应的产业或产业链环节逐步向县域转移，有利于县域在承接产业转移中做大做强富民产业。另一方面，数智技术、绿色技术等加快发展，以及这些技术在生产、加工、流通、消费和社会服务管理等各环节的深度应用，推动了县域传统产业改造升级，催生出新产业、新业态和新模式，提升了产业效率和价值，也为县域富民产业发展培育了新的增长点。

例如，福建省福州市长乐区通过发展"智慧纺织"，让纺织服装产业焕发出新活力。作为国内纺织产业重镇，长乐区已形成从石化纤原料到化纤、棉纺、针织、染整、服装、纺织机械等的产业链，成为全国最大的锦纶民用丝生产基地，占全国产能的1/3；全国最大的经编花边面料生产基地，占全国产能的60%；全国最大的化纤混纺纱生产基地，占全国产能的50%。近年来，该区先后建成长乐纺织业工业互联网平台、互联网交易平台"乐纺云"及"辅布司"等工业互联网平台，支持纺织企业制订应用企业资源计划、建设产品全生命周期管理等信息系统，构建车间级和工厂级工业通信网，促进信息系统与生产设备的互联互通和系统集成应用,大力推进纺织服装产业"智改数转",实现纺织服装产业提质升级。2023年,长乐区纺织行业完成规上产值1627.87亿元。

(四)市场需求牵引

市场需求是驱动产业发展的重要力量。在传统消费模式和经典经济学理论中,消费领域转变能够加快产业结构优化,消费层次提升能够促进产业提高质量。[①] 一方面,新消费需求的扩张使企业在追逐利润动机驱使下调整生产策略,引进新技术、新工艺和新材料,推动产品技术和服务升级。同时,也能激发企业之间的良性竞争,进而推动产业整体质量提升。另一方面,消费需求的多样化和消费结构的高级化,会牵引生产要素向新产业、新业态或产业链高价值环节流动集聚,促使生产和服务向纵深发展,从而推动产业结构优化升级。

近年来,随着我国经济持续稳定发展和城乡居民收入水平的提高,消费者对多样化、高品质的产品和服务需求不断增加,这为县域依托资源禀赋和产业基础,在推动供需结构适配中实现产业转型升级创造了条件。

比如,一些乡村特色产业通过引入现代化种植技术、智能化生产设备等,提高农产品产量和品质,以满足消费者对高品质、安全和绿色食品不断增长的需求。一些乡村文化旅游业更加注重文化内涵挖掘和体验产品创新,依托乡村文化资源提升旅游品位、彰显文化价值,在更好满足游客需求的同时,推动了乡村文化旅游高质量发展。四川省西昌市大石板村就是文旅融合发展的一个典型。大石板村是古代"南方丝绸之路"和茶马古道的重镇和驿站,近年来依托全国农村宅

[①] 贺俊、庞尧:《数字消费驱动产业升级:理论机理、现实障碍和推进路径》,《技术经济》2023年第12期。

基地改革试点盘活古村资源，以保留古村文化和村落原貌为核心，对传统乡村文化进行重构，充分挖掘茶马文化，引入文创、非遗、书吧等品牌，打造特色精品民宿，在设计中融入大石板独特的土坯房文化、茶马文化，为来往游客提供融入自然、文化与生产生活方式的沉浸式体验。2023年全年，该村通过发展乡村旅游，实现村集体经济收入达133.59万元。大石板村"丝路古村变景区文旅融合促振兴"也成功入选2024年文化和旅游部文化和旅游赋能乡村振兴十佳案例。

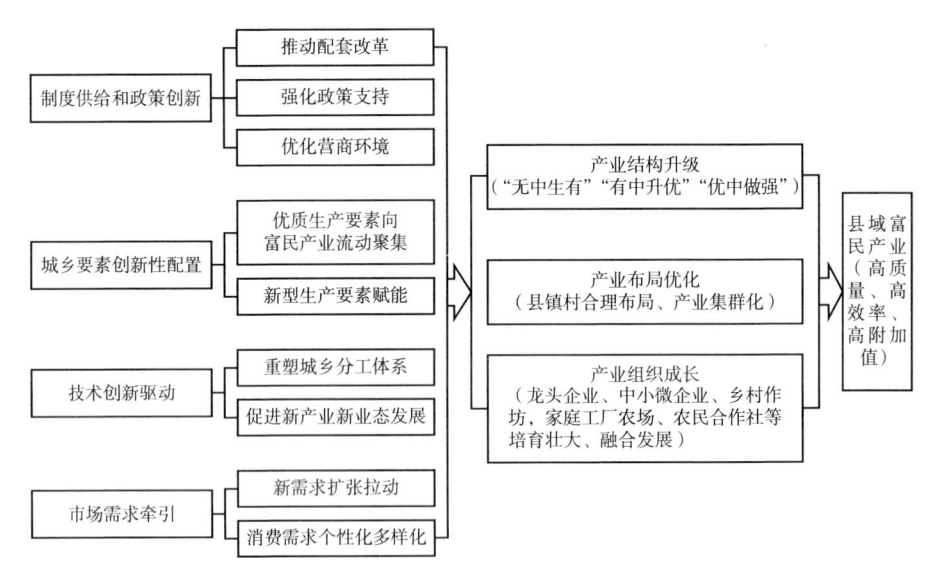

图 7-1 我国县域富民产业发展动力机制

三 县域富民产业发展的实践探索

经过多年的发展，我国已经形成了一些具有影响力的县域富民产业，如广西横州茉莉花产业、江苏丹阳眼镜产业、湖南邵东打火机产业等。其中，有些产业基于本地优势资源逐步发展起来，有些产业通过承接产业转移"从无到有"；有些经过长期积累迭代，有些借助数字化浪潮快速崛起；有些深耕国内市场，有些走向国际市场。这些县域富民产业兴起和发展原因各有不同，但具有以市场需求为导向、以比较优势为基础、以技术创新为驱动、以发挥有为政府作用为保障的共性经验。这些县域富民产业发展的生动实践，为全国其他县域提供了有益借鉴。

（一）立足资源禀赋，将资源优势转化为产品优势、产业优势

一些县域立足当地农业资源、生态资源、文化资源优势，通过做好"土特产"文章，将资源优势转化为产品优势、产业优势，打造形成了特色鲜明的县域富民产业名片。

比如，广西横州市是全球最大的茉莉花和茉莉花茶生产基地，茉莉花种植面积超过10万亩，茉莉花产量占世界总产量的60%以上。通过推进一二三产业融合发展，形成了茉莉花产业集群，当地超过30万名花农因茉莉花而增收致富。河南临颍县被誉为"中国休闲食品之都"，依托小麦、生猪等种养业资源，构建起从种植养殖、面粉加工、食品生产到研发设计、检验检测、食品包装、电商物流的完整产业链，全县休闲食品产业年产值已突破400亿元，入围河南省最具竞争力的"百亿产业集群"。浙江缙云县深入挖掘缙云烧饼的黄帝文化、饮食文化、商贸文化，做"乡愁+产业"融合文章，大力发展烧饼全产业链，2023年全县烧饼产值达到34.8亿元，带动近5万人增收致富。

前述县域的产业发展实践表明，只要适应市场需求变化，用好用活县域特色资源，将资源优势转化为产业优势，也能培育出在全国具有重要影响力的县域富民产业集群。当然也要看到，资源优势并不必然会转化为产业优势，"土特产"要变成大产业，需要选准产业发展突破口，宜农则农、宜林则林、宜牧则牧、宜开发生态旅游则搞生态旅游，探索和创新资源价值转化渠道。

（二）依托地理区位，融入城市群和都市圈发展壮大配套产业和优势特色产业

部分县域靠近大城市或都市圈，通过发挥自身要素成本等优势，积极对接和服务大城市发展需求，承接大城市外溢功能，实现了县域富民产业的快速发展。

比如，安徽南陵县曾是传统农业县，依托地处长三角腹地的区位优势，抢抓智能快递物流装备产业风口，积极发展智能物流装备产业。目前该县已经形成智能物流装备六大系统（揽收拣选、运输配送、装卸搬运、存储输送、包装加工、信息处理），快递业装备18项核心部件研发设计生产服务链条全覆盖，智能分拣设备产能规模居全国第一，智能仓储设备、末端配送设备、绿色包装产品在国内市场占有率位居前列。2021~2023年南陵县智能物流装备规上工业产值由35.3亿元增长到64.85亿元。江西信丰县立足气候资源条件，紧盯粤港澳大湾区市场，将蔬菜作为富民农业主导产业来打造，围绕蔬菜全产业链一体化发展，建设全国蔬菜质量标准中心（赣州）分中心、粤港澳大湾区"菜篮子"产品赣州配送分中心暨冷链物流中心、赣南蔬菜配套产业园和现代化蔬菜育苗中心产业平台，全县蔬菜年产量达到60余万吨，每天供往粤港澳地区蔬菜110吨，成为粤港澳大湾区重要的"菜篮子"生产基地。

当然，与上述县域的成功实践不同，很多位于大城市周边的县域尽管有区位优势，但面临大城市的虹吸效应，发展壮大富民产业必须找准专业化定位和职能。

（三）承接产业转移，打造县域特色优势产业集群

随着我国生产力布局的调整，部分中西部县域通过承接东部产业转移，培育形成了新的县域富民产业，有力带动了县域经济发展。

第七章 县域富民产业：推进城乡融合发展的关键载体

比如，湖南桂阳县抓住承接产业转移示范区建设机遇，积极承接广东家居产业转移，引进广东家具协会合作建设家居智造产业园，吸引东莞家具企业抱团转移，目前该县家居智造产业产品远销亚洲、欧洲、北美及非洲、拉丁美洲等市场。河南夏邑县通过承接东部纺织服装产业转移，培育起全国知名的纺织服装产业集群，从一个农业县转变为"中国新兴纺织基地县""中国棉纺织名城"，年纺纱能力320万锭、织布能力17万吨、服装加工能力1.7亿件。河南睢县积极承接东部沿海制鞋产业转移，制鞋产业从无到有、从小到大、从散到聚，形成了完整的制鞋产业链，目前该县拥有近600家制鞋企业和配套企业，产能达3.5亿双，年产值超过150亿元，从业人员有8万余人，睢县休闲运动鞋制造产能占国内的30%，被授予"中国制鞋产业基地"的称号。

从上述县域富民产业发展的实践看，产业转移已经成为我国中西部县域产业发展的重要路径。但是，承接产业转移并不是一"接"了之，真正要"接得稳、留得住、长得好"，需要在提升产业配套能力、优化营商环境等方面下足功夫。

（四）融入开放格局，内外联动做大做强县域富民产业

随着我国不断深化对外开放，一些县域通过建设跨境电商平台等方式，积极推动产品走向国际市场，加速国际市场布局，为县域富民产业做大做强注入新动能。

比如，被誉为"中国童车之都"的河北平乡县，按照"拓展国际市场、壮大外贸主体"的思路，积极推动自行车童车产业提档升级，该县年产自行车、童车及玩具1.45亿辆（件），童车产业集群年营业收入达300亿元，占国内市场的50%、国际市场的40%，产品远销俄罗斯、英国、哈萨克斯坦、泰国等60多个国家和地区。福建南安市不是石材主产地，通过融入共建"一带一路"，大力发展石

材产业，目前已经形成集矿山开采、加工生产、设计选材、工程应用、展示贸易、机械辅料等于一体的全产业链条，该市石材产量和进出口量均占全国的70%，贸易遍及140多个国家和地区。近年来，随着西部陆海新通道建设等的不断推进，一些中西部县域逐步从开放末梢走向开放前沿，对外货物贸易、服务贸易、跨国投资等不断增长。2013~2022年，中西部地区外贸占全国的比重从13.5%提升至19.2%，对外投资占比从7.8%提升至14.7%。

主动服务和融入共建"一带一路"，依托作为对外开放节点的优势，承接产业转移、推动产品走向国际市场，将是一些中西部县域发展富民产业的重要路径。

（五）强化技术赋能，依托数字技术推动县域传统产业提质升级

随着新一代信息技术的快速发展和广泛应用，一些县域利用互联网、人工智能、大数据等新技术，改造提升传统产业，使产业实现较快发展。

比如，江苏高邮市依托数字化技术，推动特色养殖提质增效，打造了"高邮鸭"等国家级地理标志产品，成为当地重要的特色富民产业。在生产环节，通过"智慧大脑"实时监测鸭舍环境指标，合理安排投放饲料，保障鸭蛋产量稳定；销售环节，通过鼓励企业建立数字化销售渠道，拓展产品销售市场；在服务环节，引进数字普惠金融，通过建立数字风控模型，为农户、个体工商户、新型农业经营主体进行数字信贷授信，提供数字贷款服务。目前该市仅鸭蛋生产企业就达100多家，年产鸭蛋13.5亿枚，总产值达18.5亿元。山东曹县依托短视频和直播电商，从产业结构调整、服务载体建设、直播平台对接、直播人才孵化等着手，聚力打造汉服全产业链条，成为全国最大的汉服生产基地。2023年，该县汉服网络销售额超过70亿元，占全国的40%。

前述县域富民产业发展实践表明，传统产业并不一定是落后产业，利用数智技术、绿色技术改造提升传统产业还有很大空间，这也是县域发展壮大富民产业的重要路径。

表7-1 县域富民产业典型发展模式及比较

发展类型	发展路径	驱动因素
优势资源转化型	基于一方水土，依托乡村农业、生态、文化等资源优势，做好"土特产"文章，开发农业产业新功能、农村生态新价值，将资源优势转化为产品优势和产业优势	市场需求牵引；新的技术条件、新的营销手段运用；生产要素跨界配置
融入邻近大城市发展型	对接和服务大城市发展需求，提升综合承载能力，承接一般性制造业、区域性物流基地、专业市场转移，发展壮大配套产业和优势特色产业	市场需求牵引；政策引导和要素保障；智慧物流等现代技术应用
承接产业转移型	依托资源丰富、要素成本低、市场潜力大的优势，打造产业发展平台载体，承接国内外产业转移做大做强	政策引导、营商环境优化；劳动力素质提升；产业技术升级
对外开放带动型	主动服务和融入共建"一带一路"，发挥对外开放节点优势，发展开放型经济，推动地方特色产品走向国际市场，形成开放型产业集群	外贸综合服务体系和促进体系建设；跨境电商、海外仓等新业态新模式发展
技术赋能升级型	利用数智技术、绿色技术等全方位改造提升产业链、供应链，推动传统产业提质增效和新兴产业发展壮大	市场需求牵引；应用场景创新；新型生产要素赋能

四 因地制宜培育壮大县域富民产业

我国县域富民产业发展的动能不断增强，但仍面临不少困难和障碍，其中部分是我国产业转型升级面临的共性问题，部分是县域长期以来发展积累的问题在产业层面的体现。

其一，县域富民产业发展整体层次和水平不高、区域之间发展不平衡。近年来我国一些地区县域富民产业发展较快，甚至成为县域冠军产业，即产业（产品）产值位居全省、全国乃至世界前列。[①] 比如，"全球约60%的小家电来自浙江慈溪""全世界每10辆童车中就有4辆来自河北平乡"。但从全国层面看，县域富民产业发展整体水平依然不高，东部地区和中西部地区发展不平衡。一是产业层次偏低。县域富民产业以食品、服装服饰、机械制造等劳动密集型传统产业为主，产业规模普遍偏小，产品大多集中在初级加工、代工生产等低附加值环节，精深加工、产品研发、市场开拓等能力不强，产业结构雷同和低水平竞争问题比较突出。二是转型升级动能不足。县域富民产业经营主体综合实力普遍较弱，创新能力不强，融资难度较大，转型升级面临"三不"困境，即转型能力不够，"不会转"；转型成本偏高，"不能转"；转型阵痛期长，"不敢转"。三是产业韧性不强。县域富民产业发展基础薄弱，应对市场波动和外部环境变化能力不足，特别是一些主要面向出口的县域传统制造业，尽管已经形成了较大市场份额，但抗风险能力不强，近年来受全球经济形势下行、外贸订单减少的影响非常明显，向内贸转型又面临销售渠道重建、品牌市场辨识度低等难题，发展陷入两难困境。

其二，促进县域富民产业发展的体制机制有待健全。县域富民产业发展和转型升级过程中，配套改革、要素保障、营商环境等存在明显短板，制约了县域富民产业的发展壮大。产业投入增长机制方面，县城在城镇体系中的等级较低，可支配的公共资源有限，且资源整合

---

① 人民网研究院：《县域冠军产业发展报告》，http://yjy.people.com.cn，2024年8月15日。

使用的自主权不够，不少县级财政运转困难，难以进行高水平基础设施和公共服务设施建设，可用于支持富民产业发展的财力有限。要素市场化配置方面，妨碍城乡要素自由流动和平等交换的体制机制壁垒还没有从根本上得到破除，要素市场体系不健全，产权保护、市场准入等市场基础制度存在短板，城乡生产要素结构性错配影响了产业发展效率。政策支持方面，对地方经济而言，县域富民产业往往"富民不富财政"，地方政府的积极性不高，更加倾向于一些新产业新业态，对传统劳动密集型产业改造升级的支持不足。营商环境方面，县域市场化法治化建设不快，政府通过行政手段配置资源的情况较多，规范权力运行的制度体系还不健全，公平竞争、公正监管、公共服务存在短板，侵犯经营主体产权和合法利益的情形时有发生，民营企业产权、企业家合法权益保护问题比较突出。比如，部分地方在环保、用地整治等政策执行过程中，对相关产业"一刀切"，导致社会资本投资利益受损。

其三，县域产业技术创新能力和要素保障能力不强。对不少县域而言，由于产业链、创新链、人才链、资金链等没有有效贯通，人才、资金、土地等约束明显，县域富民产业发展内生动力和后劲不足。从产业科技创新能力看，我国县域科技创新能力总体比较薄弱，科技创新和服务体系不健全，创新资金投入总量少，来源渠道比较单一，产业科技创新能力不强。同时，县域富民产业经营主体的创新能力较弱，通常不愿意冒着投资风险去引进、消化先进技术或开辟新的产业赛道，也缺少能力去攻克新兴技术，[1] 不能创新、不敢创新、不愿创新现象比较突出。从要素保障能力看，县域富民产业发展普遍面临要素保障不足的问题。人才方面，县域人口老龄化加剧、年轻人口外流，同时又很难吸引和留住高素质人才，特别是科技创新、经营管

---

[1] 叶振宇：《以产业转型升级激发县域经济活力》，《人民论坛》2023年第20期。

理等方面的人才，人才短缺一直以来都是制约县域经济发展的主要问题，这一问题不仅体现在传统制造业转型升级的过程中，也体现在县域新产业新业态新模式成长过程中。资金方面，县域富民产业经营主体大多规模小、缺乏有效抵押物和担保、财务制度不健全等，导致融资渠道比较单一，融资成本较高，难以扩大生产规模和进行技术改造。用地方面，县域建设用地指标普遍紧缺，可供项目用地少，不少县域富民产业发展面临"用地难"问题，特别是一些农业大县，建设用地紧缺成为富民产业项目落地的瓶颈。一些小微企业税收强度、投资强度达不到产业园区入园标准，存在"入园难"问题。

其四，县域富民产业联农带农机制不健全。带动就业增收能力是衡量县域富民产业发展成效的重要指标。目前县域富民产业带动农民增收致富的能力普遍还不强，一方面在于县域富民产业发展整体层次不高，产业链条短、附加值低；另一方面在于联农带农机制不健全。部分地区在发展县域富民产业过程中，尽管产业规模越来越大，但用工越来越少，农户参与程度越来越低，偏离了发展县域富民产业的初衷。同时，县域富民产业联农带农的方式比较单一，利益联结关系大多比较松散，主要是农产品买卖和土地、集体资产租赁关系，分红型、股权型等紧密型利益联结形式占比不高，"联得紧、带得稳、收益久"的长效机制还没有建立健全，农民难以充分分享产业增值收益。此外，为了加大对企业联农带农的激励，相关部门构建了"两个挂钩"机制，即将联农带农机制作为企业享受优惠政策的前提条件、作为龙头企业认定的前提条件，但政策激励力度还有待加强。

其五，面临大中城市挤压与乡村支撑不足"双重困境"。从理论上看，县域富民产业既能受到城市经济辐射，又有乡村经济的推动和支撑，具有很大潜力空间。但现实是，由于县城综合承载能力不强，大中城市虹吸和乡村支撑不足，县域富民产业发展潜力无法得到充分释放。一方面，县城综合承载能力不强。对县域富民产业而言，县城的承载能力至关重要。不少中西部地区县城的综合承载能力和治理能力较弱，公共卫生、人居环境、公共服务、市政设施、产业配套等方面存在不少短板弱项，对人才等要素的吸引力不足，导致产业升级、人口集聚、城镇发展的良性互动机制无法形成，使其很难承接中心城市非核心功能疏解，同时又缺乏服务带动乡村的能力。同时，县城产业园区等平台功能薄弱，一些县城投入大量的资源用于产业园区建设，但引入企业质量不高，园区缺乏专业孵化平台、公共技术服务平台等，服务配套能力不足，造成产业集聚效应不明显，园区综合效益偏低。另一方面，面临大中城市挤压。目前我国工业化、城镇化还在深入推进，受追求经济增长速度和规模的观念影响，许多大中城市仍倾向于做大经济规模和扩张城市边界，对周边县域的虹吸效应强于辐射效应，[1] 与县域存在产业项目、资源要素竞争，导致资金、人才等要素流出县域，挤压了县域富民产业发展的空间。同时，大中城市向县域转移的产业项目不多，而且不少项目处于产业链前端、价值链中低端，县域在产业转型升级上缺乏主导权。此外，农业发展基础薄弱，产业链条延伸和功能拓展面临诸多制约，县乡产业之间存在断层、断档现象，产业互补性不强。

促进县域富民产业高质量发展，必须着力破除上述难点和障碍。当然，培育县域富民产业是一个长期系统过程，其发展脱离不了我国工业化城镇化所处的阶段，也脱离不了我国产业转型升级整体进程，要在统筹新型工业化、新型城镇化和乡村全面振兴中稳步推进。

---

[1] 中国社会科学院财经战略研究院县域经济课题组：《着力提升县域经济竞争地位》，《经济日报》2022年7月21日。

（一）路径一：分类施策推进，因地制宜培育发展各具特色的县域富民产业

我国县域数量多，县情差异大，发挥比较优势，走特色化、差异化道路，是发展县域富民产业的必然选择。为此，应依托各地区资源禀赋和产业基础，以市场需求为导向，主要依靠市场机制，因地制宜培育壮大县域富民产业。

对于农业资源丰富的县，依托绿色农产品需求增长牵引，重点做好"土特产"文章，着力推进农业标准化、规模化、品牌化建设，推动农业生产供应链、精深加工链、品牌价值链"三链"同构，发展壮大特色种养殖业、特色食品等产业，着力建设农业富民强县。

对于制造业基础比较强的县，重点结合新型工业化建设，打造高能级产业发展载体，深度参与区域产业分工，错位发展优势特色制造业集群，提升产业链现代化水平，打造工业富民大县。

对于旅游资源比较独特的县，重点统筹好保护与开发的关系，提升旅游基础设施水平，推动旅游与农业、文化、科技等深度融合，开发满足游客个性化、深度化要求的旅游产品和服务，创响旅游富民名县。对于文化资源比较独特的县，重点以弘扬特色文化和传承特色技艺为方向，发展戏剧曲艺、传统工艺产业等，打造文化富民强县。

一些处于对外开放通道的县，可以利用扩大高水平开放的机遇，发展壮大外向型富民产业。一些处于交通枢纽节点的县，可以依靠交通优势，积极承接产业转移，做大做强县域富民产业。

（二）路径二：加强制度供给，构建有利于县域富民产业发展的体制机制和政策体系

充分发挥制度和政策创新的保障作用，从配套改革、政策支持、要素保障、营商环境优化等方面，加大支持力度，着力提升县域富民

产业基础能力和发展水平。

推进配套改革。围绕提升县城综合承载能力,健全推进新型城镇化体制机制,加快补齐县城基础设施和公共服务短板,构建产业升级、人口集聚、城镇发展良性互动机制。推进城乡要素市场化配置改革,加快建立健全促进城乡要素双向流动、平等交换的体制机制,推动优质生产要素向县域富民产业流动。

完善支持政策。引导重大产业项目在有条件的县域布局,支持中西部县域与发达地区加强产业对接,创新飞地经济、托管运营等产业合作模式,健全产值指标等利益共享机制。加快县域产业园区或产业集聚区检验检测认证中心、技术研发转化中心、智能标准厂房等的建设,促进县域产业培育设施提质增效。利用新型城镇化建设专项企业债券等,加大对县域产业平台配套设施建设等项目的融资支持力度。

强化要素保障。优化用地保障,探索以县域为基本单元,有序推进全域土地综合整治试点,加强闲置土地盘活利用,整治出的建设用地重点用于县域富民产业发展和公共基础设施建设。支持县域重点产业链企业与高等院校、职业院校等开展合作,加强产业技能人才培养;探索"周末工程师""人才飞地"等柔性引才机制;加大企业引才激励力度,支持重点企业引进急需紧缺人才。扩大县域富民产业链融资供给,依托龙头企业整合上下游企业物流、信息流、资金流等信息,积极开展仓单质押贷款、应收账款质押贷款等产业链金融业务。

优化县域营商环境。推进县域市场化法治化建设,持续深化行政审批制度改革,鼓励县域优化"一网通办""一窗通办"工作机制,探索建立标准化惠企服务体系,实施民营市场主体服务事项的清单化管理。

(三)路径三:强化技术赋能,着力提升县域富民产业技术水平

县域富民产业发展的出路在科技创新,但过于强调原始创新对多数县域而言并不实际。应找准县域产业技术创新着力点，促进技术创新和产业创新深度融合。

一是支持县域围绕富民产业发展，通过设立"科创飞地"、组建创新联合体等方式，利用发达地区的技术、知识、人才等科创资源，采取"在外研发+本地制造"模式，提升产业技术创新水平。提升企业创新主体地位，支持县域有条件的企业争创国家级、省级企业技术中心、重点实验室和新型研发机构。

二是支持有实力的"链主"企业牵头搭建行业共性技术平台，为产业链关联企业提供技术研发与转化、产品检验检测、试验验证、产品质量认证等服务。比如，部分地区探索"开放式共享实验室"模式，通过大企业实验室开放检验，较好地破解了小微食品企业产品出厂检验难问题。

三是结合大规模设备更新，支持县域传统制造企业进行绿色低碳设备更新，引入智能装备和自动化生产线，采用高效节能设备、清洁能源利用等，推动生产过程的智能化、数字化和绿色化。

四是聚焦富民产业发展需求，依托东西部科技合作机制，加大东西部县域之间科技合作的政策支持力度，推动资源共享、人才交流、平台联建、联合攻关、成果转化和产业化，着力提高西部地区县域创新能力。

（四）路径四：提升平台载体，引导县域富民产业集中集聚发展

产业平台载体具有创新突破、示范引领作用。应强化县域富民特色产业集聚和产业生态培育，高质量建设产业功能载体，提高产业承载能力和集聚化水平。

优化县域富民产业发展布局。强化县域统筹，推动规模较大、工业化程度较高、分散布局配套设施成本高的富民产业项目向县城产业园区集中，具有一定规模的农产品加工流通等项目向县城或有条件的镇（乡）和物流节点集中，直接服务种植养殖业的农产品加工、电子商务、仓储保鲜冷链等产业向中心村集中，形成县城、中心镇（乡）、中心村层级分工明显、功能有机衔接的格局。

推动县域产业园区整合升级。促进县域产业平台载体扩能提级，围绕县域富民产业发展，提升产业园区设施和服务标准化水平，加强水电路气信等基础设施和标准厂房建设，建立投资全周期"一站式"服务机制，打造城乡联动的优势特色产业集群。

推动建设中小微企业集聚区、特色产业园区。依托具备条件的中心镇、中心村，建设专业化的中小微企业集聚区、特色产业园区，创新实行产权分割、限定最高售价、税费资金补助等方式，降低企业入园成本，推动同类型企业集中入驻、产业链上下游企业配套入驻，共建共享产品研发、技术创新、检验检测等专业性生产配套，实现集中集聚发展。

（五）路径五：强化利益联结，增强县域富民产业带动能力和带动效益

坚持强化带动效益与提升带动能力相结合，创新联农带农机制，增强县域富民产业就业增收促进效应。一是建设产业联合体。支持建立"龙头企业+中小微企业+家庭工场"的产业联盟，积极整合产业资源，实现产业抱团发展。比如，有的县域通过支持龙头企业建立"共享工厂"，搭建企业资质、设备、市场共享平台，有效降低了生产管理成本，提高了生产效率。支持产业化龙头企业、乡村作坊、家庭农场、农民合作社、农村集体经济组织加强合作，建设农业产业化联合体。二是创新利益联结形式。支持通过订单生产、股份合作、农企合股、分红奖励等模式，建立紧密型利益联结机制，让农民分享产业链增值收益。三是强化联农带农激励约束。加强对紧密型利益联结

模式的激励，进一步完善将联农带农机制作为企业享受优惠政策的前提条件、龙头企业认定的前提条件"两个挂钩"机制，对积极采取股份合作、利润返还、为农户承贷承还、提供信贷担保等方式的经营主体，给予一定的财政激励或税收优惠，确保联农多受益多、联农紧受益多、联农稳受益多。

第八章　乡村产业振兴：推进城乡融合发展的重要举措

"我们的国家一定要发展，不发展就会受人欺负，发展才是硬道理"，1992年初，邓小平同志在视察珠江冰箱厂时提出了这一论断，此后被亿万人民所熟知。改革开放以来的历史实践表明，发展是解决我国一切问题的基础和关键。实现农民农村共同富裕，推进高质量发展是根本途径。从马克思主义所揭示的共同富裕发展规律看，只有社会生产力高度发展，共同富裕才能充分实现。"通过社会生产，不仅可能保证一切社会成员有富足的和一天比一天充裕的物质生活，而且还可能保证他们的体力和智力获得充分的自由的发展和运用。"[①]

目前，我国农村生产力已经有了很大的发展，但依然不发达，不仅与发达国家农业发展水平相比有很大差距，与我国工业发展在生产效率上也存在明显差距。要在这样的基础上推进城乡融合发展、实现农民农村共同富裕，其复杂性和实现难度都很高。作为一个人口大国，即便城镇化进入成熟定型阶段，仍会有数亿人生活在农村，乡村产业依然会是农民就业和收入的重要来源。为此，农村生产力能不能得到充分发展，乡村产业发不发达，将直接关系到城乡融合发展的实现程度。

[①] 《马克思恩格斯选集》第三卷，人民出版社，1995。

诚然，当前我们谈论农村生产力或是乡村产业，农业必然是基础，但显然不是全部。乡村产业内涵丰富、类型多样，不仅包括农业，还有农产品加工业、休闲旅游、农村电商、农村新型服务业等，非农产业在乡村经济中所占的比重还较大。从我国农业发展阶段以及技术、制度等支撑条件看，以农业为依托，推进农村产业融合发展，构建现代化农业产业体系，已经具备了一定条件。推进城乡融合发展，要加快推进农村产业融合，发展现代化大产业，加快实现乡村产业振兴。

一 缩小城乡收入差距的本源问题

推动全体人民共同富裕，最大难点和最艰巨任务在于缩小城乡差距，让广大农民能赶得上、不掉队。其中，城乡收入差距最为直观。关于城乡居民收入差距，普遍认为是由城乡部门之间劳动生产率差异所致。然而，关于城乡收入绝对差距不断扩大的原因，还没有形成统一的认识。部分学者从城市偏向型政策角度进行了阐述，认为差距拉大与偏向于城市的政策导向和制度安排有关，包括对生产要素市场的各种干预和政府实施的有利于城市发展的直接转移项目，[①]该观点具有一定解释力和启发性。

然而，如果是城市偏向型政策造成城乡收入绝对差距扩大，那么自2004年以来我国通过实施一系列强农富农政策，城乡之间的制度性问题已经得到明显改善，为什么城乡居民收入绝对差距依然没有缩小？

就此来看，继续矫正城市偏向型政策所形成的收入缩差效应，已经很难对城乡收入差距格局，特别是城乡居民绝对收入差距产生根本

---

① 蔡昉、杨涛：《城乡收入差距的政治经济学》，《中国社会科学》2000年第4期。

性影响。为此，缩小城乡收入差距，必须结合我国经济社会发展阶段转变、城乡关系调整及新的技术条件，探寻促进农民增收的新路径。

当前，我国农民收入结构日趋多元化，影响因素也更加复杂，但不同因素在不同时期的增长贡献是不同的。已经达成的共识是，依靠政府大规模补贴来支撑农民收入增长的空间不断缩窄，事实上也不具有可持续性。作为驱动农民收入增长的"双引擎"之一，工资性收入增长又受整个经济增长中枢下行影响，面临更多挑战。尽管农民财产净收入有很大的增长潜力，但面临诸多制度性障碍，将潜力转化为对农民收入的实际贡献则还有待时日。由此可见，在内外部环境复杂变化的背景下，培育农民持续增收新动能，缩小城乡收入差距，仍需要回到解决农业与非农产业的比较劳动生产率过低这一本源问题上来。

在新的技术和市场条件下，农村产业融合作为生产关系的重要变革形式，对提高农业劳动生产率和缩小城乡收入差距的作用值得进一步关注。所谓农村产业融合，是指以农业为基本依托、一二三产业有机结合、交叉渗透，最终实现产业链延伸、价值链提升和供应链优化的动态发展过程，[①] 由制度创新、技术进步和市场需求相互影响、相互推动所产生。作为农村经济新变量，农村产业融合促进了农业功能拓展和价值提升，对农民就业和收入产生了重要影响，但关于农村产业融合发展促进农民增收致富的作用机理还没有得到很好地解释，需要深入考察。

二 农村产业融合发展兴农富民

农村一二三产业（以下简称"农村产业"）融合发展是农业组

[①] 涂圣伟：《中国乡村振兴的制度创新之路》，社会科学文献出版社，2019。

织方式和形态的重要突破和创新。2015年，中央一号文件首次提出"推进农村一二三产业融合发展"，随后国务院办公厅印发《关于推进农村一二三产业融合发展的指导意见》，将农村产业融合发展提升到新的战略高度。此后，"三农"领域的重要文件基本会涉及农村产业融合。从国家政策层面大力推动，到各地因地制宜地实践，农村产业融合发展事实上起步并不久，但对农民增收致富的作用已经开始逐步显现。在城乡融合发展过程中，构建现代化农业产业体系、实现乡村产业振兴，需要继续大力推进农村产业融合发展。

（一）农村产业融合的综合效应

农村产业融合与共同富裕究竟是什么关系，目前已经有了初步认识，但二者之间的具体作用机理，依然知之甚少，下文尝试从农业劳动生产率角度进行讨论。

1. 产业融合与农业资本积累

经济增长是经济学研究的一个永恒话题。为什么一些国家实现了经济增长，而另一些国家却没有？为什么一些国家的经济增长情况会好得多？对此，众说纷纭。其中，有关资本积累贡献的相关理论占据重要的位置。古典经济学增长模型将资本积累视为经济增长的唯一源泉，强调物质资本积累对经济增长的推动作用。例如，在亚当·斯密（Adam Smith）看来，要提高劳动生产率，就必须增加生产资料数量；要增加生产性劳动，就必须增加生产劳动者数量。20世纪80年代，罗默（Paul Romer）、卢卡斯（Robert Lucas）等人在对新古典增长理论重新思考的基础上，将人力资本这一概念引入经济增长理论，认为知识和人力资本是经济增长的发动机。

争论依然在持续，但关于资本积累对经济增长具有重要作用的认识已经统一。就农业农村发展而言，资本积累也至关重要。

长期以来，城乡二元结构下农村资金大量外流，改善农业生产条件缺乏必要的资金投入，发展后劲不足，并形成"资金外流—比较效益下降—资金进一步外流"的恶性循环。城乡之间资本积累水平逐渐拉大，成为城乡收入差距不断扩大的重要原因，而后者又进一步弱化了资本积累对农民教育投资的激励，影响到农村人力资本积累。

从实践看，这一循环困境因农村产业融合发展而得到一定程度的缓解。近年来，受政策调整和制度改革激励，我国农村产业融合发展催生的设施农业、休闲农业、农产品电商等新产业新业态快速发展，提高了农业资本回报率，开始吸引越来越多的工商资本下乡。

资本下乡或"回流"，不仅促进了农村物质资本积累，对农村人力资本积累也产生了促进作用，主要体现为资本带动人才流动产生的知识扩散效应、企业家创业的示范带动效应以及产业投资的知识溢出效应。大量返乡下乡人群依托产业融合创业创新，将现代科技、生产方式和经营理念引入农业。同时，新型农业经营主体等通过"干中学"提升自身技能，农村人力资本结构得到改善，提高了农民整体创富能力。由此来看，产业融合带动的农村人力资本水平提升，将对缩小城乡收入差距产生重要深远影响。

2.产业融合与农业技术进步

就缩小城乡差距而言，提高农业部门的比较劳动生产率是至关重要的。按照二元经济结构理论，在城乡关系从分离逐步走向融合的过程中，城乡之间会出现因劳动力配置变化而导致的生产率"趋同"现象，即呈现农业劳动生产率和非农产业劳动生产率逐步收敛的态势。然而令人遗憾的是，在我国城乡关系从分割到融合发展的进程中，农业比较劳动生产率基本上没有提升，工农两部门效率虽然有收敛态势，但主要是由工业部门的比较劳动生产率下降所带来的。

从影响农业劳动生产率的诸多因素看，技术进步发挥着决定性作用。正如美国经济学家舒尔茨在其经典著作《改造传统农业》中所指出的那样，传统农业只能维持简单再生产，是一种长期停滞的农业形态，其原因在于农业技术长期停滞和生产要素长期得不到更新。从我国小农经济演进过程看，农业技术水平低或技术进步停滞，导致农业发展十分缓慢。当前，基于现代自然科学的农业科学技术的推广，使农业"低水平均衡"得到明显改善，但依然没有从根本上解决问题。

从农村产业融合与技术进步的协同关系看，产业融合发展既源于技术进步，同时其深化发展又促进了技术的创新和扩散。农业生产、服务、加工、流通和营销等环节的融通发展以及功能拓展，为技术创新提供了新的平台和场景。同时，产业融合促进了产业链上下游企业集聚，带来资源、知识和信息的流动与共享，降低了技术创新成本和不确定性，提高了技术创新能力和效率。实践中，一些农业龙头企业、产业园区等依托产业链整合能力，加强技术融合与集成应用，并推动新技术在农业产业链、供应链的传播与扩散，促进了技术应用深化，进而推动乡村产业效率和价值提升。

3. 产业融合与农村组织创新

推动农民农村共同富裕蕴含加强和创新乡村社会治理的要求。正如费孝通先生所言，我国传统乡土社会是一个社会变迁较少且速度很慢的社会，是因累世聚居而形成的以血缘为中心的传统亲属关系占据重要地位的熟人社会。熟人社会有其内在秩序和社会行动逻辑，可以有效地将"搭便车"者边缘化，使合作成为行动者的最优策略。

改革开放以来，随着我国农村人口向城市持续流动和农民群体不断分化，传统乡土社会发生了巨大变迁，不少地区农村社会网络呈现松散化趋势，村庄生产生活共同体概念逐步淡化，人际信任的约束力减弱，制度信任却没有很快建立起来，而是处于缺失或不完全状态。地方基层政府和组织服务动员能力弱化，村集体管理和服务能力不足，导致陷入"集体行动困境"，亟须加强农村组织创新以提升乡村治理能力。

第八章 乡村产业振兴：推进城乡融合发展的重要举措

就提升农民集体行动能力来看，推进农村产业融合具有现实意义。产业融合不仅是农村生产方式的重要变革，一定程度上也重构了乡村社会资本，赋予农村经济社会组织发展新动能，进而带来乡村治理能力的提升。在农村产业融合过程中，各类融合主体因利益而进行联合或合作，不仅形成了新的治理共同体，提升了小农户组织化程度，同时也提高了村级组织的主体性功能，增强了农村集体创富能力。

我国农村集体资产规模可观，但其中不少是"沉睡"资产。近年来，一些地区农村集体经济组织以集体资产资源参股经营稳健的工商企业，或与工商企业组建混合所有制经营实体，通过发展混合所有制经济实现更加紧密的利益联结，促进了农村集体经济组织内部治理结构的优化和联农带农能力的提升，不仅激活了农村集体经济组织，也有效盘活了农村闲置资源资产，财产净收入成为农民收入的重要来源。

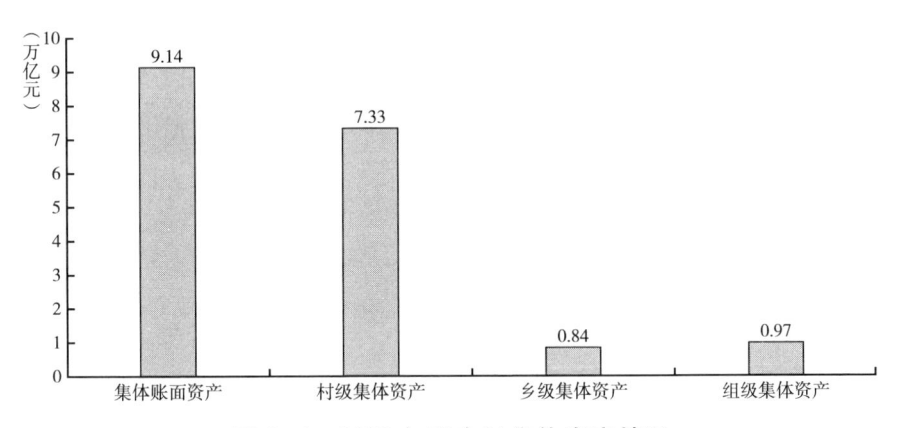

图 8-1 2022 年底农村集体资产情况

类别	金额（万亿元）
集体账面资产	9.14
村级集体资产	7.33
乡级集体资产	0.84
组级集体资产	0.97

资料来源：农业农村部官网。

4.产业融合与利益共享

为了谁、依靠谁、发展成果由谁共享是做好"三农"工作面临的首要问题。农民作为乡村振兴的主要参与者和受益者，农民幸福是衡量农村改革发展成效的标尺。从乡村发展实践看，部分地区在发展乡村产业的过程中，出现"富了老板，亏了老乡"、企业经营"挤出"小农生产等现象，农民在农村产业链、价值链建设中被边缘化，这些不以农民为主体的改革创新往往不具有持续性；相反，与农民利益联结紧密的技术、模式、业态等创新往往具有很强的生命力。

农村产业融合作为农业组织方式和形态的重要创新，其发展活力很大程度上取决于农民的参与程度和利益分享水平。一些地区的农村产业融合实践已经发挥出保障农民权益和收入的积极作用，提升了农业产业结构的合理化和高级化水平，推动了农业产业链和价值链的提升，做大了"蛋糕"，让农民通过农产品的稳定销售实现增收，或者通过流转获租金、打工挣薪金、经营赚现金等多种方式增加了收入。

与此同时，农村产业融合过程中一些新的利益联结模式逐步形成并持续创新，如企农契约型、利益分红型、股份合作型合作等，为农民参与产业链增值收益分配提供了载体。"保底收购价+二次分配""农民入股+保底分红""固定租金+企业就业+农民养老金"等紧密利益联结机制，让农民成为产业共同体的主体力量并分享到更多的增值收益。

（二）农村产业融合发展实践

农村产业融合具有复杂性和长期性，是一个由点及面、由浅到深的过程。我们观察到，尽管产业融合的深度和广度还很有限，但由此带来的农业产业化组织模式创新、产业链技术扩散、集体经济组织再造，推动了农村要素配置效率和农业生产效率提升，对农村经济发展和农民增收带来积极效果。我们无力窥见全貌，仅对典型模式进行呈现。

1. "反向定制"与农业产业化模式创新

我国是一个以家庭经营为主要形式的农业大国，小农户在未来一个时期仍将是农业经营主体的绝大多数。第三次全国农业普查数据显示，全国小农户数量占农业经营主体的98%以上，小农户从业人员占农业从业人员的90%，小农户经营耕地面积占总耕地面积的70%。但是，小农户普遍存在市场谈判地位不高、分散风险能力不足等问题，产业化是小农户与现代农业有机衔接并走向现代化的必要之路。

表8-1 我国农业经营主体数量

单位：万户，万个

经营主体	全国	东部地区	中部地区	西部地区	东北地区
农业经营户	20743	6479	6427	6647	1190
规模农业经营户	398	119	86	110	83
农业经营单位	204	69	56	62	17
农民合作社	91	32	27	22	10

注：农民合作社指以农业生产经营或服务为主的农民合作社。
资料来源：《第三次全国农业普查主要数据公报》（2017年）。

发轫于20世纪90年代的农业产业化经营模式，目前已经成为小农户与现代农业有效衔接的重要载体，促进农民增收的重要途径。但客观来看，传统以订单农业为代表的农业产业化经营模式长期以来面临契约信用风险等，同时，这种主要侧重于生产端的生产组织模式，越来越难以适应多样化、分层化的消费需求变化。

近年来，随着我国城乡居民消费不断升级，新一代信息技术的渗透应用带来农产品供需匹配模式的深刻变化，反向定制成为农产品供应链变革的重要趋势。一些大型电商企业基于消费者需求，通过供应链反向定制，倒逼农产品标准化、规模化生产、精细化加工，从而对农业产业链进行有效整合，实现了从"能生产什么卖什么"向"需要什么生产什么"的转变，成为农业产业化的创新模式，带动了农业产业链升级和农民增收。

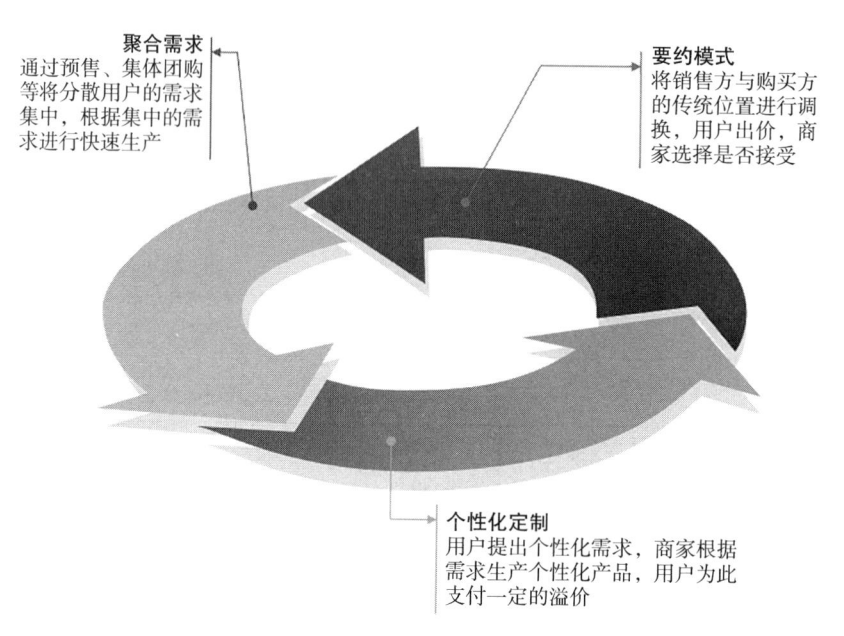

聚合需求 通过预售、集体团购等将分散用户的需求集中，根据集中的需求进行快速生产

要约模式 将销售方与购买方的传统位置进行调换，用户出价，商家选择是否接受

个性化定制 用户提出个性化需求，商家根据需求生产个性化产品，用户为此支付一定的溢价

图 8-2　反向定制模式

相比传统产业化经营依靠政府行政力量推动不同，这种供应链反向整合模式，实现了供给与需求的高效适配，是市场需求驱动的结果，展现出较强的发展活力。例如，某大型电商企业依托"农地云拼"等技术创新体系，带动农产品大规模上行，2019年直连超过1200万人，农（副）产品成交总额达到1364亿元，累计带动脱贫人数超百万人。

2.产业链整合与全链条技术扩散

千百年来，我国农民种田靠天、靠经验，生产经营管理方式比较粗放，自然环境对农业种植养殖的影响很大，作业效率低、资源利用率和劳动生产率不高，而现代科技手段的应用打破了传统农业的自然经济状态，带来农业生产力的巨大飞跃。我国农业过去数十年取得的辉煌成就，离不开农业技术进步的突出贡献，农业组织方式、生产效率、质量效益等因科技进步而发生深刻变化。目前，我国农业科技进步贡献率已经超过60%，未来农业现代化的根本出路依然在科技，而科技创新方向为全产业链系统集成创新。

不可否认的是，无论是相对于国外农业科技创新水平，还是就适应国内农业发展需求而言，我国农业科技创新的进展总体上比较缓慢。特别是，农业产业环节长期分离发展，产业链技术的一致性不强，或存在一些"断点"，导致产业链整体技术效率提高得不快。一般而言，产业链中的每个环节甚至每个环节上的不同产品都要运用到不同技术，某种技术的使用可能又必须以某些上游技术的使用为前提，[①] 因此，技术的耦合性对农业产业链竞争力的提升至关重要。

农村产业融合有利于产业间技术转移与协同创新，并通过更多应用场景的构造促进新技术新产品的推广应用，对提升技术效率具有积极意义。例如，宁夏某优质大米产业化联合体，通过与科研院校、农业技术专家、村队土专家等共同组建校企社产学研合作基地，围绕全产业链建设开展科技研发，推动良种繁育、标准化种植、机械化生产、现代化加工装备应用等，提高了产品品质和价值，有效带动了农民增收。截至2020年底，联合体实现总产值10亿元，带动农户9500户，户均增收8200元。

3.混合经营与农村集体经济组织再造

农村集体的价值在于为农民个体提供基本保障和发展机会，集体经济并不排斥个体发展，相反还是个体经济发展的重要依托。作

[①] 高汝熹、纪云涛、陈志洪：《技术链与产业选择的系统分析》，《研究与发展管理》2006年第12期。

为农村各类市场主体中组织化程度最高的主体，农村集体经济组织通过发展集体经济实现多样化的联合与合作，有利于提升小农户的组织化程度，对带动农民增收、强化乡村治理具有重要意义。通过激活农村集体经济组织促进农民共同富裕，具有制度优越性和现实可能性。

关于农村集体经济，邓小平同志1980年在《关于农村政策问题》中就明确指出，我国农业发展"总的方向是发展集体经济"。此后，中央文件多次明确提出鼓励发展多种形式的集体经济。我国农业人口众多，只有不断发展壮大农村集体经济，让广大农民增收致富，国家才能不断从富裕走向富强。发展农村集体经济的重要性毋庸置疑，但困难确实不少。为此，部分人认为发展集体经济不符合市场经济发展潮流，传统村集体经济已经衰亡，集体经济"过时了""无用了"。

作为社会主义公有制经济的重要组成部分，农村集体经济在市场经济条件下以何种形式得到有效实现，并在农业农村现代化过程中发挥更大作用，是全面推进乡村振兴绕不开的重要议题。

从地方实践看，产业融合对农村经济社会组织的发展产生了积极影响，一些农民合作社、农村集体经济组织等在参与产业链和价值链建设过程中，焕发出了新的发展活力和动力。一些地区依托产业融合积极探索集体混合经营等实现形式，促进了农村集体经济发展和农民收入增长。例如，浙江省德清县五四村以村集体资产入股的形式与德清文旅集团共同成立德清五四文化旅游实业有限公司，其中德清文旅占股51%，五四村占股49%，采取"国有资本+村集体+村民"乡村运营模式，整合全村闲置资源，发展农业研学、酒店经营、民宿培训等产业项目。通过发展模式创新，五四村从曾经村办企业欠债200多万元到如今村集体经济总收入超900万元，2023年全村443户村民每户能分得1万元的"年终奖"。

4.更加合理的增值收益机制

推进农村产业融合,目的是让农民更多地分享增值收益。能否实现这一目标要求,又取决于利益联结机制的完善程度。一般而言,一个紧密的、稳定的利益联结机制主要由利益分配机制、利益调节机制与利益约束机制组成,三者相互联系、共同作用,其中,利益分配机制是核心。

在农村产业融合过程中,如何构建更加紧密的利益联结机制,特别是更加合理的利益分配机制,一直是重点,同时也是难点。从部分典型案例看,更加合理的利益联结模式,不仅没有成为经营主体发展的负担;相反成为持续发展和迭代升级的动力,带来双赢或多赢局面,经营主体规模得到壮大,农民收入也实现了增长。

以北京某龙头企业为例,该企业依托财政资金和政策性金融,探索形成了一套"三权分置"(项目资产所有权归地方政府,经营权归企业,收益权归农民)、合作共赢的产业联农带农模式,企业每年按照固定资产投资总额的10%分季度缴纳租金,确保农户获得稳定股权收益,同时,吸纳致富带头人在企业从事技术管理岗位,设置爱心岗位专门招收脱贫群众,并通过玉米订单种植、物流运输、包装材料、临时劳务等上下游产业,提供稳定的采购订单,带动农民围绕产业链创业就业。

5.促进乡村人才振兴

人才振兴是乡村振兴的关键,也是长期以来我国"三农"发展的"痛点"。目前,大量农村青壮年、高素质劳动力继续向城市流动的大趋势依然没有改变,下乡人才"留不住""用不好"的问题比较突出,劳动力整体素质不高,影响了农民收入增长。

为了破解这一困境,一些地区在农村产业融合过程中,通过政策支持、平台建设等,为经营人才、技术人才、管理人才下乡创业提供载体,同时积极开展高素质农民培训,取得了积极成效。

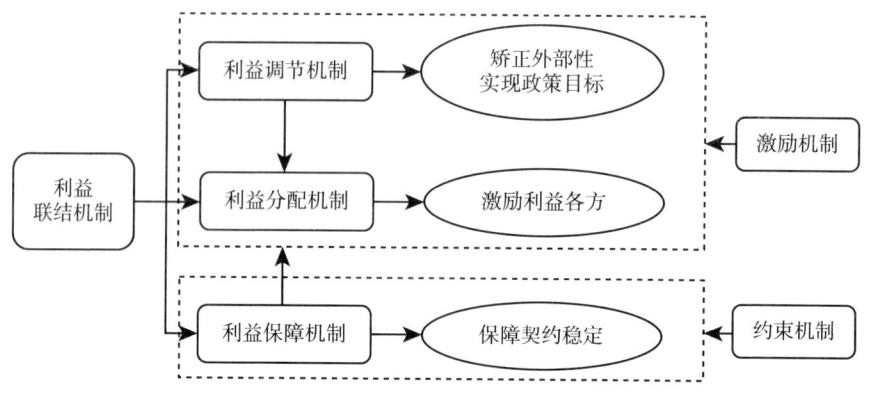

图 8-3 利益联结机制的构成要素

例如，福建晋江结合农村产业融合，搭建农村创业创新平台，实施"人才创业创新"政策和"人才反哺农村"计划，设立农业贷款风险补偿专项资金，积极引导大学毕业生等人才参与农村创业创新，综合开发利用农业农村生态涵养功能、旅游观光功能和文化教育功能，有效改善了乡村人才队伍结构。到 2020 年，该市建立了高素质农业农村"双创"团队 38 个、大学生经营规模农场 50 家，全市农村居民人均可支配收入达到 2.87 万元。

（三）对农村产业融合发展要保持历史耐心

产业融合发展所产生的兴农富农效应，建立在其发展层次和水平不断提升的基础上。目前，我国农村产业融合发展的趋势正在加快形成，但并不意味着已经进入发展"快车道"，相反，面临着不少需要克服的挑战。

1.体制机制性障碍

如果要素自由流动和跨界配置受限，产业就很难实现实质性融合。推进农村产业深度融合，从根本上离不开生产要素的自由流动和优化配置，而要素配置效率又取决于制度改革。深化农村改革已成为高度共识。党的十八大以来，我国农村领域重大改革的深化和系统集成，促进了资源要素在城乡部门之间的有序流动，要素跨界优化配置依然存在一些堵点，资金、技术、人才、信息等要素无法向农村有效汇聚并形成良性循环，产业融合过程中融资难、融资贵、用地难、人才缺等问题比较突出，要素保障水平不高，且存在错配现象。从2018年笔者关于工商资本参与乡村振兴的一项调查结果看，338家下乡工商企业中大多数面临用地、贷款、人才等方面的困难。

从农村产业融合的政策匹配度看，农业生产、加工、流通等各个环节的支持政策在衔接性、均衡性上还有待提升，产业链各环节之间难以形成协同效应，导致农业产业链和价值链拓展受到限制。同时，农村产业融合催生出诸多新产业新形态新模式，对此，政府监管机制建设比较滞后，部分政策的持续性和稳定性不足，对市场主体预期产生不利影响。

2.市场功能缺陷

在健全的市场体系下，存在顺畅的要素自由流动通道或场域，产品价值能够得到有效实现。推进农村产业融合，必须建立在城乡商品市场和要素市场充分发育的基础上，依赖于市场的良性循环。然而，不论是从市场完善程度还是从市场作用发挥的有效性来看，我国农村市场体系建设都显得较为滞后，对农村产业融合的支撑力不足。主要有两个方面的表现：一方面，尽管我国农产品市场体系的框架已经基本建立，但主要农产品的价格形成机制还不完善，优价激励优质的正向激励机制尚未充分形成，且市场竞争规范性不足，造成优质农产品质量溢价效应不明显。另一方面，我国农村要素市场发育还很不成熟，要素自由流动受到较多限制，产权交易配套服务链条和政策体系还不完善，土地市场、劳动力市场、技术市场、资本市场等的协调性不够。同时，产权保护、市场准入等基础制度还存在明显短板，各类市场主体平等使用生产要素、公平参与市场竞争、同等受到法律保护的局面还没有形成。

与此同时,市场主体发育水平在一定程度上决定了农村产业融合的深度和效率。市场主体数量不足、活力不够,带动融合发展的潜能就难以充分发挥。只有融合主体多起来、活起来,农村产业融合的形式才能更加丰富、动力才会更加充足。目前我国农村产业融合主体的发育还很不充分,带动能力总体偏弱。家庭农场数量增长速度快于质量提升速度,不少农民合作社"有组织无合作",农业产业化中龙头企业的带动能力不足。

3. 有效激励和规制缺位

农村产业融合过程中,利益联结关系的形成及其紧密程度,一般由市场主体通过平等协商确定。从实践看,尽管农村产业融合主体之间的利益联结模式不断创新,构建紧密型利益联结机制的初衷也很好,但落地普遍比较困难。龙头企业与农民合作社、村集体、农户的利益联结形式大多比较松散,主要是农产品买卖和土地、集体资产租赁关系,分红型、股权型等紧密型利益联结形式比较少,导致乡村产业增值收益大部分难以留在农村、留给农民,农民很难充分分享到乡村经济多元化发展带来的红利。

为了让农民更多地分享增值收益,一些地方政府积极推行分红型、股权型等合作方式,但企业和农民有诸多顾虑。对农民而言,出于信息不对称和规避风险等考虑,更倾向于"订单+收租金"方式,大多只愿意拿固定租金,希望签订合同后就能见到收益。用农民的话说,"企业账都说不清楚,村集体、农民对企业经营状况哪里搞得懂",而且一旦入股经营出现风险,还要承担风险,还是拿保底租金"旱涝保收"比较稳妥。对企业而言,让农民或村集体入股,账务要定期向农民公开,进行生产经营决策涉及村集体程序比较麻烦,需要开各种会进行协商,不如直接付给农民和村集体租金方便。有企业家坦言,"搞农业利润本来就很薄,不赚钱也要分红,压力太大了"。

出现这种局面，既与农村信用体系不健全条件下政府对企业、农民等违约行为的有效规制不足有关，也与政府对紧密型利益联结机制建设的激励机制不健全有关。目前，已有关于农村产业融合的支持政策，更加突出"主体"而对"模式"的重视度相对不足，针对农村产业融合主体有效联结、公平分享利益、合理分担风险的激励政策偏少。

4.基础服务体系支撑不足

农村产业融合发展，需要健全的基础设施和公共服务配套支撑。目前，我国农村产业融合设施短板依然突出，不少地区与农村产业融合发展相关的供水、供电、供气条件还比较差，道路、网络通信、冷链物流设施等不发达。产业融合基础设施不足，增加了特色资源开发利用难度，制约了新产业新业态发展，也加大了农村产业融合发展的风险。现实中，不少社会资本进入农业领域后，前期大量投入主要集中在基础设施建设上，导致企业资金被占用，制约其发展壮大。

同时，农村产业融合服务体系不健全，信息化服务平台、创业孵化平台等的建设不充分，服务功能不强。此外，农业营商环境还有待优化，社会资本入乡发展面临审批环节多、流程烦琐、跟踪服务缺失等突出问题，特别是法治化营商环境建设滞后。个别地区基层领导干部法治思维缺失，依法行政能力不足，在近年来环境、用地整治过程中，不计成本地一律关停、不留缓冲、不加区分全面拆除的现象时有发生，侵犯了市场主体的合法权益。

（四）纵深推进农村产业融合发展

农村产业融合本质上是一个自然的历史过程，有其自身规律，但政府并非无所作为，高效的规制政策不可或缺，具体可以从制度改革、市场建设、利益分配和基础配套等入手，构建农村产业融合发展的良好生态，进而强化其兴农富民带动效应。

1. 健全要素保障机制

高效的制度和政策供给是推进农村产业融合的关键。在制度改革方面，需要加快推进土地、劳动力、资本、技术、数据等要素市场化配置改革，提高要素综合配置效率。其中，放活土地要素又无疑是重中之重。土地要素不能自由流动，资本、技术等要素就很难进得来。现实情况是，由于农村土地制度改革进展总体不快，土地要素的活力并没有释放出来。下一步，需要在重点领域取得实质性突破，包括农村集体经营性建设用地入市增值收益分配机制、宅基地有偿使用和退出机制等。

在政策方面，需要抓好人、地、钱、技等关键环节，构建系统性、常态化政策支持体系，破解用地、融资和人才等痛点。其中，应健全用地支持政策，落实单列一定比例建设用地指标支持农村产业融合的政策，支持社会资本参与盘活利用农民闲置宅基地和闲置农房。推广部分地区"点状供地"经验，允许单个地块开发和点状布局多个地块组合开发等灵活方式，保障农村产业融合用地。

在资金方面，创新支持方式，提高财政投入效能，着眼于农业产业链协同发展，推动新增补贴和支持手段向产业链前端和后端环节延伸覆盖，强化产业链协同效应。同时，创新农村金融服务，着力降低社会资本准入门槛，加强下乡企业家合法权益保障，发挥产业政策的引导带动功能，切实调动社会资本投资农业农村的积极性、主动性，引导社会资本将人才、技术、管理等现代生产要素引入乡村。

2. 健全农村现代市场体系

在产品市场建设方面，从保障市场公平交易和提高流通效率、降低流通成本入手，加强全国农产品骨干批发市场建设，完善以产地专业市场和田头市场为核心的产地市场体系，通过标准化规范化建设、数字化转型、业态模式创新等，提升市场功能。加强农产品批发市场冷链设施建设，补齐冷链设施短板，推进农产品出村进城。探索推进农产品质量区块链溯源体系建设，促进优质农产品产地准出与市场准入有效衔接，强化市场质量安全监管，健全品牌担保品质、优价激励优质的正向激励机制。

在农村要素市场培育方面，健全要素市场运行机制，推动要素配置依据市场规则、市场价格、市场竞争实现效益最大化和效率最优化。完善农村产权流转交易市场，积极推行统一规则制度、统一交易后台、统一清算结算、统一产品规划、统一市场管理的模式，丰富交易品种，规范流转交易行为，健全综合服务功能。

3.建立更加紧密的利益联结机制

遵循把增值收益、就业岗位尽量留给农民的原则，完善支持政策，积极引导构建多种形式的利益联结机制。

激励方面，加大对紧密型利益联结模式的激励和补偿力度。对采取股份合作、利润返还、为农户承贷承还、提供信贷担保等方式的涉农企业，给予一定的财政激励或税收优惠；对为产业链其他主体提供技术指导、质量检验检测、市场营销等服务的涉农企业，予以一定的奖励。

约束方面，强化违约处罚或规制政策。加强订单农业、土地流转等方面的法律援助，加大对失信违约行为的惩处力度。完善风险防控和损失补偿机制，支持有条件的地区建立利益联结风险基金，对于遭遇违约的主体，以及因认真履约而蒙受经济损失的企业和农户给予适当补偿。

此外，要特别重视信用机制的作用发挥。积极开展农村信用体系建设工程，培养农民信用意识，建立农户、家庭农场、农民合作组织等农村社会成员信用档案，推进农产品生产、加工、流通企业和休闲农业等涉农企业信用建设，积极引导和鼓励第三方征信、评级、担保等机构参与农村征信体系建设。利用大数据、区块链等现代信息技术手段，将农业生产、包装物流、电商销售、农产品追溯纳入信用评价，减少市场交易成本。

4. 营造更加良好的发展生态

围绕降低农村产业融合基础设施投入成本，推进道路、电网、供水、供气、物流、环保、信息、应急保障等基础设施建设，强化基础设施共建共享、互联互通。推进重点农产品加工园区、产业融合示范区、农贸市场等基础设施建设，提升产业承载功能。根据休闲农业和乡村旅游发展需求，完善停车场、观景台、游客接待中心等配套设施。

健全农村产业融合发展公共服务体系，积极培育产业融合社会化服务组织，鼓励采取订单式、承包式、代理式等方式，提供技术支持、创业辅导、投资融资、市场开拓等服务。打造面向社会资本的合作平台，强化规划、项目信息、融资、土地、建设运营等综合服务。

深化农业管理体制改革，强化政府政策手段的机制化建设，进一步规范政府调控程序，明确政策实施、调整和退出的程序，减少政府对农村新产业新业态新模式的直接行政干预。持续深化"放管服"改革，开展产权保护领域政务失信专项治理行动，健全行政执法过错责任追究及赔偿制度。

三 构建现代化农业产业体系

现代化产业体系是各产业有序衔接、深度融合形成的具有完整性、先进性、安全性特征的产业系统。现代化农业产业体系，是推进乡村产业振兴的重要支撑，也是农业现代化的重要标志。从全球范围看，凡是农业比较发达的国家，大多拥有比较高效的现代化农业产业体系。改造传统农业，既需要引入并有效使用现代生产要素，更要树立大农业观、大食物观，对整个农业产业体系进行重塑，把农业建成现代化大产业。

（一）基本特征

大农业是朝着多功能、开放式、综合性方向发展的立体农业，区别于传统的、主要集中在耕地经营的、单一的、平面的小农业。[1] 基于大农业观构建的现代化农业产业体系具有如下特征。

1.体系结构的开放性

我国传统小农经济体系相对封闭，要素流动受到诸多限制，外部生产要素投入少，主要进行自给性生产。尽管在不同程度地发展商品生产，但产品交换范围比较小，生产效率比较低。随着社会生产力发展，我国农业经济体系的开放性逐步增强，小农社会化、市场化程度提高，但农业市场化建设依然滞后于整体市场化进程，农产品生产结构与销售数量不完全以市场为导向。[2] 现代化大农业的基础是面向市场的商品经济，[3] 大农业观强调以市场为导向，立足全国统一大市场和融入整个城乡经济循环，统筹进行资源要素配置和商品交换。农业主要经济活动都直接或间接处于市场关系之中，市场机制在推动生产要素流动、促进资源优化配置方面发挥着主导作用，因而农产品和资源要素能够在更大范围流动与交换，产业链的不同环节能够在城乡之间进行优化布局。基于大农业观构建的现代化农业产业体系是一个面向市场的开放体系结构，乡村经济与城市经济的互动性、互补性更强。

2.产业构成的完整性

传统农业以农产品种植、养殖为主，业态比较单一，产业链条较短，与其他产业的联动性不强。大农业不再局限于种植养殖环节，是

---

[1] 习近平：《摆脱贫困》，福建人民出版社，1992。
[2] 刘守英、王宝锦：《中国小农的特征与演变》，《社会科学战线》2020年第1期。
[3] 任金政、龙文进：《树立大农业观　把农业建成现代化大产业》，《光明日报》2023年12月12日。

粮经饲统筹、农林牧渔并举、产加销贯通、农文旅融合的全链条产业，涵盖了产前的技术研发、品种繁育与推广、农机生产与销售、农资储备与供应等，产后的烘干、储藏、运输、加工、营销与进出口贸易等环节。大农业观是将农业作为一个产业系统来看待的，强调产业系统内部各组成要素的相互关联性及产业整体的不可分割性，是系统观念在农业产业中的直观体现。基于大农业观构建的现代化农业产业体系，是一个产业跨界融合的体系，但又不是若干产业门类的简单拼盘，而是一个内部存在有机联系、功能互补的复杂生态体系，农业及农业相关产业之间深度耦合产生乘数效应。同时，这个体系处于不断变化和运动中，进而带来产业链由低级形态向高级形态的转变，由不协调到协调的转变，由低效率到高效率的转变。[①]

3. 产业功能的多样性

多功能性是农业的客观属性。农业同时具有经济、生态、社会和文化等多方面的功能，农业的经济功能可以满足人类的生存与安全需要，农业的非经济功能则能够满足人类对文化认同与群体归属感、价值实现和自我认知的需求。[②] 囿于人口增长带来的食物压力和认识局限，在以效率增长为导向的逻辑下，传统农业主要承担着食品保障、原料供给和农民生活就业与社会保障功能，农业功能被单一化为经济功能，农业内生的多功能性和多维价值属性在一定程度上被忽视。大农业观首先是一种发展观念的转变，突破了单纯的效率增长逻辑和生产主义导向的局限，强调农业生产、生活、生态功能的有机统一。基于大农业观构建的现代化农业产业体系，是一个以生态农业为基、田园风光为韵、村落民宅为形、农耕文化为魂，以农业食品保障、生态

[①] 赵绪福：《农业产业链优化的内涵、途径和原则》，《中南民族大学学报》（人文社会科学版）2006年第6期。

[②] 耿鹏鹏、罗必良：《在中国式现代化新征程中建设农业强国——从产品生产到社会福利的发展模式转换》，《南方经济》2023年第1期。

涵养、休闲体验、文化传承功能等多功能融合的系统。

4.资源利用的整体性

传统农业主要集中在耕地经营，关注劳动、化肥、农药等生产要素的投入和耕地产出，重视单位土地面积上的精耕细作，并未形成全方位、多途径开发食物资源的理念，缺乏资源利用的整体性思维。大农业观与"向陆地要食物、向海洋要食物、向森林草原山地丘陵要食物"的大食物观紧密相连，对生产资源的利用从耕地向河湖、海洋、森林、草原等非耕地资源拓展，从传统农作物和畜禽资源向更丰富的生物资源拓展，是对林地、草地、江河湖海等生产资源的整体利用，是平原农业、山地丘陵农业、草原农业、海洋农业的综合发展。基于大农业观构建现代化农业产业体系，通过对整个国土资源的系统开发利用，向植物、动物、微生物要热量和蛋白，有利于缓解耕地承载压力，满足居民食物多样化需求。

5.发展模式的可持续性

多年来，以增产为导向的农业发展模式，带来了农产品产量的不断增长，但这种高强度、粗放式的生产方式，也会导致耕地质量下降、地下水超采，水土资源越绷越紧，造成农田生态系统结构失衡、功能退化，生物多样性受到威胁，不具有可持续性。大农业观强调资源的永续利用和生态环境的可持续性，以农业资源环境承载力为基准，实现农业经济系统与生态系统的耦合协调，在确保满足当代人对农产品需求的同时，又不损害后代人满足其需求的能力。基于大农业观构建现代化农业产业体系，强调农业生产与资源环境的匹配度，是一个人与自然和谐共生的系统。

综上，传统农业经济体系以农业生产为主体功能，以种养殖业为主要业态，以平原农业为主要场域，而基于大农业观构建的现代化农业产业体系，是一个各产业有序衔接、深度融合形成的具有完整性、先进性、安全性特征的产业系统，具有体系结构的开放性、产业构成的完整性、产业功能的多样性、资源利用的整体性和发展模式的可持续性等特征。

表8-2 现代化农业产业体系与传统农业经济体系的特征比较

项目	传统农业经济体系	现代化农业产业体系
发展形态	具有相对封闭性,主要进行自给性生产	具有开放性,资源要素和农产品在更大范围内畅通流动
业态结构	以农产品种植、养殖为主,业态比较单一、产业链条较短	粮经饲统筹、农林牧渔并举、产加销贯通、农文旅融合的全链条产业
主体功能	食品保障、原料供给和就业与社会保障功能	食品保障、生态涵养、休闲体验、文化传承等多功能融合
资源利用	以耕地资源为主	面向耕地、河湖、海洋、森林、草原等整个国土资源
可持续性	高强度、粗放式生产带来系列环境问题	农业生产与资源环境的匹配度高,农业经济系统与生态系统协调平衡

（二）处理好五大关系

基于大农业观构建现代化农业产业体系，涉及农业资源整体利用、全产业链体系建设、农业多功能拓展、农业与自然协同发展，需要处理好以下几个重要关系。

1.处理好保障粮食安全和产业结构合理化的关系

现代化产业体系是各产业协调融合发展的产业形态及网络体系，具有结构合理化特征。构建现代化农业产业体系，需要改变当前产业结构不均衡，特别是二、三产业发展相对滞后的局面，促进产业结构合理化。在资源总量约束下，构建现代化农业产业体系，必然涉及合理确定保障粮食安全、促进农民增收、活跃乡村经济等多重发展目标的优先次序，以及资源要素在粮食生产、经济作物、非农业产业之间的平衡配置问题。这些目标既存在矛盾性，又具有统一性，需要统筹兼顾。

实践中，由于没有认识到保障粮食安全的重要性，又或者把保障粮食安全目标与农村产业融合发展目标对立起来，进而将优化产业结构简单理解为减少粮食种植面积、压缩粮食生产，以牺牲粮食生产为代价发展新产业新业态，给粮食安全带来风险。

要看到，尽管构建现代化农业产业体系需要兼顾多重目标，但保障粮食稳定安全供给既是首要目标，也是基础，更是必须守住的底线。对于我们这样一个有十几亿人口的大国来说，解决好吃饭问题，始终是治国安邦的头等大事。为此，要将粮食产业经济发展作为构建现代化农业产业体系的首要任务，推动藏粮于地、藏粮于技战略落实落地，着力提升粮食产能，全面提高粮食产业链供应链韧性和安全水平。同时，要处理好粮食、经济作物、非农产业发展的关系，健全富民乡村产业发展支持体系，完善新增建设用地保障机制，支持乡村新产业新业态发展壮大。

2.处理好政府作用和市场机制的关系

实践表明，市场在资源配置中起决定性作用和更好发挥政府作用，两者辩证统一、相辅相成。构建现代化农业产业体系，关键要厘清政府和市场的作用边界，寻求二者的有效结合点和组合方式，既要避免政府大包大揽，也要防止"市场万能论"。

农业的弱质性和公共品属性为政府干预提供了必要性，对农业进行保护和支持是世界各国的普遍做法。当前，我国乡村产业已经超越农业范畴，农业功能也不再局限于生产功能，政府直接干预农业发展的理论依据和现实条件都发生了变化，这意味着农村产业政策和干预模式需要随之调整完善。

从实践看，有的地方仍简单沿用抓农业的方式来发展乡村产业，或者以行政命令代替群众意愿，大包大揽代替经营主体作决策，往往导致农业产业项目建设"一哄而上、一哄而散",造成资源极大浪费。同时,有的地方在推进农业现代化过程中又走向"市场万能论",放任市场无序竞争,在农业基础设施建设、要素保障、利益分配等方面缺少必要的支持和干预,要么导致社会资本由于缺乏必要的支持而陷入发展困境,要么导致"富了老板、穷了老乡"。

构建现代化农业产业体系,需要把握好政府和市场关系的新定位,厘清政府与市场在乡村产业发展中的边界。在农村基础设施建设、公平市场环境建设、利益分配关系调节等方面,要发挥好政府的积极作用。同时,深化农村集体产权制度改革,健全农村市场体系,完善市场基础性制度,充分发挥好市场配置资源的决定性作用。

3.处理好提升产业效率与维护公平的关系

发展为了谁、发展依靠谁、发展成果由谁享有,这是构建现代化农业产业体系必须首先明确回答的根本性问题。构建现代化农业产业体系,固然要以效率变革为导向来改造提升传统产业,但根本导向还是要带动农民就业增收,这是由我国"大国小农"的国情农情和社会主义的本质所决定的,与西方农业现代化在价值目标上有所不同。

从实践看,有的地方在农业产业升级过程中,由于没有建立比较完善的利益联结机制,尽管乡村产业规模越来越大,但用工越来越少,农户参与程度越来越低,偏离了发展乡村产业的初衷。发展乡村产业,农民既是最广泛的参与者,也是最有力的推动者,更应该是最主要的受益者。

为此,需要建立起完善的利益联结机制,形成企业和农户产业链上优势互补、分工合作的格局,把产业发展落到促进农民增收上来,将增值收益、就业岗位尽量留给农民,让农民有活干、有钱赚,让农民能够更多分享产业增值收益。不能顾了产业升级一头,忘了农民这一头。

4.处理好产业发展与资源结构的匹配关系

尽管资源要素禀赋不是产业结构形成的唯一决定性因素，但产业结构升级和竞争力的形成在很大程度上依赖于资源要素禀赋结构的变化。相对而言，乡村产业对资源要素和环境的依赖性更强，一些乡村产业发展比较好的地区，其产业结构与资源要素禀赋结构的一致性往往更高，二者呈现互为促进的良性态势，进而实现资源优势向产业优势转化。

相反，有的地方脱离本地资源要素条件，盲目跟风发展新产业新业态，一味追求形式上的"高大上"，到头来往往"水土不服"，最终"昙花一现"。同时，有的地方尽管乡土资源丰富，但深度挖掘不够，资源利用方式上简单模仿复制，片面追求产业规模扩张和数量增长，导致乡村产业项目同质化严重。

我国幅员辽阔，十里不同风、百里不同俗，各地乡村自然资源、社会资源和人文资源等禀赋不同。构建现代化农业产业体系，必须基于一方水土，做好"土特产"文章。面向新的市场需求，用好新的技术和营销手段，突出地域特点，体现当地风情，合理开发乡土资源，因地制宜发展农产品加工、生态旅游、民俗文化、休闲观光等产业，着力培育为广大消费者所认可、有竞争优势的特色产业，把乡村资源优势、生态优势、文化优势真正转化为产业优势，提高产业发展效益和竞争力。

5.处理好产业自我发展与开放融合的关系

封闭的产业系统是难以持续的，现代产业系统往往具有更强的开放性和协同性。乡村产业体系越开放，融入城乡经济循环的程度越深，才能更具活力和市场适应性。我国传统农业相对封闭，外部生产要素投入少，产品交换范围比较小，生产力提升受到诸多限制。

如果发展乡村产业仅仅就农业谈农业、就乡村论乡村，将乡村产业从城乡分工体系和经济循环中割裂开来，就很难实现乡村产业振兴目标。推进乡村产业振兴，必须打破传统农业相对封闭的发展格局，在融入城乡经济循环中实现更高层次、更高水平的发展。

具体而言，推进乡村产业振兴，不能限于乡村要素的组合配置，需要在破除要素流动壁垒的基础上促进城市资源要素更多地向乡村流动，提高要素配置效率。推进乡村产业振兴，也并不意味着要把产业链的各个环节都放在农村，而应该基于县域来统筹布局乡村产业。

从实践看，随着新技术变革和城乡关系的变化，产业在城乡之间的转移布局将不再是单向维度而是双向的，资源型产品开发、农产品加工、部分劳动密集型产业的产业链不同环节和价值功能可以在城乡之间布局。为此，必须立足整个县域统筹规划发展，科学布局生产、加工、销售、消费等环节，推动城乡共建价值链网络，促进产业在城乡双向转移中实现一体化发展，在耦合发展中实现一体化增值。

第九章　要素双向流动：推进城乡融合发展的基础支撑

生产要素是经济学的一个基本范畴，据《政治经济学大辞典》中的定义，"生产要素是生产某种商品时投入的各种资源"。在社会经济发展的历史过程中，每次生产力水平的跃升，都伴随着生产要素内涵的拓展，不断有新的生产要素进入生产过程。

农业经济时代，农业生产是社会财富的主要来源，生产活动依赖劳动者直接的劳动力和生产资料的结合，因此劳动力与土地并列为最重要的两大生产要素。威廉·配第在《赋税论》中指出，土地是财富之母，而劳动则是财富之父和能动要素。[①] 进入工业社会以后，资本和技术成为重要的生产要素。在当前新一轮数字技术革命推动下，数据以独特属性从传统生产要素中抽离，成为第五大生产要素。生产要素及其创新性配置，成为驱动经济增长的关键力量。

实现要素资源有效配置，生产要素合理高效流动是基本前提。生产要素在城乡之间的流动，可以改变城市与乡村的要素禀赋、增强城乡之间的联系、促进城乡经济循环，从而推动新型城镇化和乡村全面振兴。推进城乡融合发展，要素合理流动与优化配置处于基础地位、发挥着关键作用。

---

① 威廉·配第：《赋税论》，薛东阳译，武汉大学出版社，2011。

从全球范围看,在城市化过程中,多数国家都经历过以城市为中心的阶段,乡村处于从属或边缘状态,要素源源不断从乡村流向城市工业部门。但城市化进程完成后,一些国家开始反思城乡关系,更加重视城乡地位平等和功能互补,并通过各种方式来引导资源要素向乡村流动,进而实现了工业化、城镇化、农业现代化、信息化顺序发展的"串联式"现代化。

当前,城乡发展不平衡、农村发展不充分是我国社会主要矛盾的集中体现,是制约城乡平衡发展的关键障碍之一,致使城乡之间要素交换不平等和流动不均衡。今后一段时期,我国进入健全城乡融合发展体制机制、破除城乡二元结构的窗口期,推进城乡要素平等交换、双向流动极为重要也更加紧迫。然而,由于工业化城镇化进程尚未结束,农村要素向城市流动的内在动能依然强劲,推动城乡要素双向流动,需要加快推进城乡市场一体化建设,同时还要发挥制度创新、政策供给和政府投入的关键作用,这是我国推进城乡融合发展所面临的特殊时空背景。

一 推动城乡要素双向流动的时代价值

从世界经济发展的一般规律看,越是在更高的经济发展阶段上,越是需要提高全要素生产率来实现经济增长。全要素生产率的提升,主要源于资源要素配置效率的提升与技术进步,而生产要素自由流动是提高要素配置效率的基本前提。改革开放以来,正是生产要素特别是劳动力从农业向非农业部门的大规模流动与重新配置,支撑了全要素生产率提升,成为中国经济持续增长的重要动力源泉。

然而,城乡二元结构下生产要素长期结构性错配,导致全要素生产率损失。推动城乡要素双向流动,有利于提高全要素生产率,释放城乡融合发展潜能,其意义体现在以下几个方面。

第九章　要素双向流动：推进城乡融合发展的基础支撑

第一，推动城乡生产要素双向流动是构建新发展格局的内在要求。构建新的发展格局是根据我国发展阶段、环境、条件变化作出的重大决策。构建新发展格局的关键在于经济循环畅通无阻，而城乡经济循环畅通具有基础性作用。畅通城乡经济循环，本质在于构建城乡共生关系，以实现城乡两个异质性空间的要素有序流动、产业深度耦合和供需高效适配，其中，生产要素的组合在生产、分配、流通、消费各环节有机衔接至关重要，不仅影响到城乡产业的融合发展，也影响到城乡供给和需求的有效匹配。实践中，由于城乡要素双向流动存在制度性壁垒，城乡经济高效循环难以形成。加快破除城乡二元结构，完善城乡要素平等交换、双向流动的政策体系，促进商品要素资源在更大范围内畅通流动和优化配置，有利于形成供需互促、产销并进、畅通高效的城乡经济循环体系，为构建以国内大循环为主体、国内国际双循环相互促进的新发展格局提供了坚强支撑。

第二，推动城乡生产要素双向流动是建设全国统一大市场的重要内容。市场是全球最稀缺的资源。我国拥有14亿多人口、全球最大的中等收入群体，是极具增长潜力的超大规模市场。建设全国统一大市场，有利于充分发挥我国超大规模市场优势，是构建新发展格局的基础支撑和内在要求。统一的要素市场是全国统一大市场的重要组成部分。改革开放以来，在社会主义市场经济体制确立和发展过程中，我国市场发育存在要素滞后于商品、农村滞后于城市的现象，农业农村市场化水平不高，城乡统一的要素市场体系还没有完全建立起来，突出表现为城乡土地产权的二元并立、市场进入不平等、价格扭曲等问题，成为建设全国统一大市场的突出短板，影响到乡村全面振兴和城镇化高质量发展。加快破除妨碍城乡要素平等交换、双向流动的制度壁垒，构建城乡统一的要素市场体系，充分发挥乡村作为消费市场和要素市场的重要作用，促进城乡要素在更大范围、更宽领域和更深层次进行平等交换和优化配置，有利于促进全国统一大市场建设。

第三，推动城乡生产要素双向流动是实现"新四化"同步发展的现实要求。新型工业化、信息化、城镇化和农业现代化即"新四化"建设是中国现代化的必由之路。"新四化"既相互独立，又相互促进、相互融合。从发展经济学视角看，"新四化"同步发展，在生产要素配置层面体现为从传统到现代、从静态到动态、由低级到高级的突破性变化，进而推动生产效率提升、人均收入提高和经济增长方式转变的跃升。城乡二元结构下生产要素跨城乡、跨区域流动与配置受到限制，城乡要素权利不对等、收益分配不公平，导致农业农村发展活力和后劲不足，农业现代化成为"新四化"的短板。同时，也对新型工业化、信息化、城镇化发展带来不利影响，影响到"新四化"的同步发展。推动城乡要素双向流动，既是"新四化"同步发展的要求，也是实现"新四化"同步发展的重要途径。

第四，推动城乡生产要素双向流动是推进乡村全面振兴的重要保障。从历史的角度看，城乡差别随着社会分工和城市的形成而产生，城乡之间生产要素价格、边际报酬等差异，构成城乡生产要素流动的客观基础。由于城市空间利用效率一般高于乡村、非农产业生产效率往往高于农业，生产要素从乡村流向城市是一定历史阶段的客观现象，通常会带来城乡要素配置效率提升和城镇化发展，但过度的要素流失也会造成乡村衰败和农业萎缩，这成为不少国家在现代化进程中面临的共同问题。由于生产要素双向流动存在制度性障碍，人才到不了乡村、资金不投向农村、土地资源得不到充分开发利用，进而使城乡之间经济收敛的内在机制无法发挥作用，影响到城乡差距缩小。为此，对传统资源要素配置方式、结构进行系统性调整，促进城乡生产要素双向流动，加快构建新型工农城乡关系，有利于增强农业农村发展活力，为推进乡村全面振兴提供支撑。

二 需要处理好的几个重要关系

畅通城乡要素流动，触及城乡关系的根本和底层逻辑，具有复杂性、长期性，既是一个发展问题，更是一个改革问题，需要着重把握和处理好以下几个重要关系。

（一）体制机制改革与技术创新赋能的协同关系

制度创新和技术创新犹如"鸟之两翼""车之两轮"，相辅相成、相互促进。推动城乡生产要素双向流动，需要统筹好制度创新与技术创新，通过体制机制改革为技术创新应用提供激励，依托技术创新为制度创新提供能动力量，从而形成双轮驱动局面。

健全的体制机制是降低生产要素流动成本、促进城乡生产要素双向流动的基础。目前，我国城乡要素交换不平等和流动不均衡，既是市场机制作用的结果，也有历史性、体制性原因，主要原因在体制机制层面。城乡二元体制阻隔了城乡生产要素的互动，割裂了城乡经济循环。近年来，尽管城乡融合发展体制机制建设取得积极进展，但要素市场二元结构双轨运行现象依然存在，市场决定要素配置的范围有限，影响了市场在资源配置中决定性作用的发挥。推动城乡生产要素双向流动，必须加快破除制度障碍，强化有利于城乡生产要素配置合理化的制度供给。

同时也要看到，重大技术进步往往与制度变革相伴而行、相互作用，最后带来经济社会跨越发展。当前，以新一代信息技术为代表的技术革命打破了传统治理框架和一些规则的边界，正在深刻改变着城乡互动模式，改变了传统的生产要素流动与空间配置路径，成为破除城乡二元结构藩篱、推动城乡要素流动和优化配置的重要动力。比如，数字技术的应用改变了城乡之间的生产组织和连接方式，强化了城乡产业联系，促进了生产要素在城乡之间的流动和配置。同时，数据作为新型生产要素融入农业生产全过程以及生产、分配、流通、消费和社会服务管理等各环节，改变了传统要素组合方式，提高了农业要素配置效率。

（二）政府合理引导与市场机制的互动关系

政府合理引导对推动城乡生产要素双向流动具有重要作用。从要素自身属性看，生产要素市场大多不是竞争性市场，同时局部利益或部门利益分割会阻碍统一的、开放的要素市场的形成，这意味着政府对要素配置的引导和监管是必要的。

促进更多生产要素向乡村流动，需要完善政府引导和激励机制，综合运用财政、金融、税收等手段，优化配置公共资源，缩小城乡基础设施和公共服务差距，着力改善乡村投资环境。近年来，通过构建系统性、针对性和实效性更强的强农惠农政策体系，推动城乡公共资源优化配置，我国农村生产生活条件显著改善，过去生产要素大量流出农村的局面已经有了很大改善。但是，由于农业农村营商环境不优、农村信用体系不健全等，生产要素向农村流动集聚受到阻滞。引导各类要素有序流动和向乡村高效集聚，需要更好地发挥有为政府的作用。

与此同时，市场机制是推动生产要素流动和促进资源优化配置的基本运行机制。城乡生产要素能否实现双向流动和优化配置，关键要看市场体系的健全程度与运行效率。

具体而言，城乡生产要素能够双向流动，意味着不存在市场垄断阻碍和不合理的行政限制，这要求必须首先具备比较顺畅的通道或场域，也就是说要素市场是相对健全的。同时，市场也是有效的，要素价格主要由市场来决定，可以真实灵活地反映市场供求关系、资源稀缺程度，进而引导城乡要素配置依据市场规则、市场价格、市场竞争实现效益最大化和效率最优化。目前，我国城乡统一的要素市场体系尚未完全建立起来，影响了生产要素的流动性和配置效率。推进城乡要素双向流动和优化配置，需要加快推进城乡统一的要素市场体系建设。

此外，要素双向流动必然建立在城乡双向开放的基础上。改革开放以来我国城乡二元结构的转化过程，事实上也是一个城乡双向开放的过程。然而，与对城市开放的普遍关注相比，我们对农村向城市的开放关注相对更少，甚至部分人理所当然地认为农村不存在对城市的开放问题，进而导致对破除城市要素入乡过程中的障碍和堵点缺少必要的、系统的政策支持，包括但不限于下乡群体用地保障、财产权益保护等。实现城乡要素双向流动，需要扩大城乡双向开放，既消除要素由乡入城的制度性和政策性障碍，同时，也要创设城市资源要素向乡村有序流动的积极条件。

（三）强化外在推力和激活内生动力的联动关系

要素具有追求高回报率的趋利性规律。一般而言，生产要素为实现其最高边际报酬率而流动。市场经济条件下，生产要素总是向生产率高、回报率高的地区、部门和企业流动。推动城乡要素双向流动，其实真正的难点在促进生产要素更多地向乡村集聚方面。

舒尔茨在《改造传统农业》一书中指出，以农民为主体的、世世代代凭经验生产、几乎没有农业技术提升且相对封闭的传统农业，不存在资源配置效率低的问题。但是，由于生产要素和技术状况不变，传统农业中对原有生产要素增加投资的收益率低，农户不会内生出投资需求，资本投入缺乏导致传统农业停滞和落后。改造传统农业的关键是要引进新的现代农业生产要素，不但包括杂交种子、机械这些物的要素，还包括具有现代科学知识、能运用新生产要素的人。

向传统农业引入更多的现代生产要素，固然离不开政府的合理引导，根本上还取决于提升乡村空间对生产要素的吸引力和附着力。

乡村兼具生产、生活、生态、文化等多重功能，与城镇共同构成人类活动的主要空间，各自发挥着不可替代的重要功能。然而长期以来，我国乡村更多以居住单元形态存在，农业以生产功能为主。在城乡功能体系中，乡村主要保障食物生产，为工业化、城镇化供应资源要素，导致乡村空间对生产要素的吸引力不强。

从实践看，仅仅依靠行政动员手段，又或一些企业、个人出于情怀不求回报的捐赠来促进生产要素向乡村流动，往往不具有可持续性。推动城乡要素双向流动，客观上要求推进城乡共同体建设，使城乡各自功能得到有效发挥，进而形成互补互利、具有多样性和灵活性的功能体系，由此需要乡村从过去的产品供给和资源要素供应角色向新消费空间、文化传承、生态建设、要素优化配置的综合载体转变，从而吸引更多的生产要素向乡村流动。这意味着，必须加强乡村功能的重塑和拓展，更加彰显乡村之于城镇不可替代的多元化功能价值。

（四）提升单一要素与提高要素协同配置效率的关系

生产要素是一个历史范畴，不同经济形态下的具体形态和构成不同。当前，生产要素主要包括土地、劳动力、资本、技术、数据等。不同要素的属性和市场化程度存在差异，实践中改革进展也存在差别。

推动城乡生产要素自由流动，需要分类推进各类生产要素的市场化配置。特别是要兼顾好效率与安全。比如农村土地要素，一定程度上还承载着就业和社会保障功能，这就决定了推动城乡要素平等交换和双向流动必须有一定时序和节奏，需要在安全可控的条件下稳慎推进。正如习近平总书记在2022年中央农村工作会议上强调的，"对涉及土地、耕地等农民基本权益特别是改变千百年来生产生活方式的事情，一定要慎之又慎"。①

在加强单一要素市场化配置改革的同时，更要注重生产要素的组合配置，提升各要素领域改革的系统性、整体性、协同性，否则，就很难提高要素协同配置效率。我国城乡生产要素流动过程中，人口流动与土地流转不匹配的现象比较突出，大量农业转移人口进入城市，但农村土地权益退出通道不畅；越来越多的城市群体下乡，但用地保障普遍不足，对新型城镇化和乡村全面振兴造成不利影响。

此外，推动城乡生产要素双向流动涉及经济社会发展多个方面，因此在体制机制改革和政策创新上不能单兵突进，需要统筹推进要素市场化配置改革与城乡其他配套改革，形成改革协同效应。比如，进一步深化农村土地制度改革、优化城乡土地资源配置，必须与财税体制改革、农村集体产权制度改革等配套起来。

三 推动城乡要素双向流动的着力点

当前和长远是辩证统一、相辅相成的。"当前有成效、长远可持续的事要放胆去做，当前不见效、长远打基础的事也要努力去做。"② 推动城乡要素双向流动既利当前又利长远，而且只要把握住关键点，通过加快破除体制机制障碍，发挥出制度创新、市场建设和技术赋能的协同效应，也能够在当前见到成效，实现城乡要素优化配置。

（一）破除制度壁垒，分类推进农村要素市场化配置

我国长期以来的城乡要素配置机制，为社会稳定发展和国民经济

---

① 习近平：《切实加强耕地保护　抓好盐碱地综合改造利用》，《求是》2023年第23期。
② 习近平：《立足当前，着眼长远》，载《之江新语》，浙江人民出版社，2004。

的强大韧性提供了底层支撑。推进农村要素市场化配置改革,其复杂性、敏感性、艰巨性是客观存在的。特别是人和地方面的改革,涉及面更广、影响更深,二者有各自分别需要解决的问题,但又相互交织,在城市和乡村又有不同表现形态,需要系统地加以解决。为此,需要兼顾好提升城乡要素配置效率与保障发展安全之间的关系,根据不同生产要素的属性、市场化程度差异和经济社会发展需要,按照一定的时序和节奏,分类推进要素市场化配置改革。

对于劳动力、资本、技术等流动性要素而言,改革的重点在进一步消除要素流动的制度壁垒。对于土地等不可流动要素而言,重点需要赋予对等的要素财产权利、构建城乡统一市场体系。

具体而言,要着力健全城乡统一的土地和劳动力市场,进一步深化户籍制度改革,加快在农村"三权"市场化退出机制和配套政策、农村"三块地"改革上取得新突破,让城乡劳动力流动与土地要素再配置同步起来,畅通农村与城镇之间、农业转移人口流入地和流出地之间的土地资源配置通道,理顺人地关系逻辑。同时,拓展农村建设资金来源渠道,健全农村金融服务体系,充分利用现代技术手段,积极发展农村数字普惠金融,提高金融服务的可得性、便利性和有效性。特别是,要发挥金融赋能作用,畅通涉农"科技—产业—金融"良性循环。要着力数字普惠金融、绿色金融等创新发展,提高农村金融服务质量和效率,更好地匹配现代农业发展的多样化、多层次资金需求,促进农业产业结构、组织方式、经营体系的优化,提高农业发展质量效益。同时,加强科技金融创新,增强对农业科技创新的支持,通过加强农业科技型企业、农业绿色发展等重点领域融资,促进产学研资深度结合,推动农业重大技术创新和科技成果产业化,提升农业技术水平,促进农业新产业新业态发展。

此外,要完善要素市场基础制度,健全要素交易规则和服务,保障各类市场主体平等地使用生产要素、公平地参与市场竞争、同等地受到法律保护。同时,推动农村要素市场化配置改革,还牵涉财税制度、农村社会保障制度、农业转移人口市民化成本分担机制等,需要协同推进配套性改革,为要素市场化配置改革创造有利条件。

(二)推进双向开放,促进城市资源要素更多向乡村流动

只有充分地开放,才会有生产要素的自由流动。当前城乡要素双向流动不畅通,关键在于城乡双向开放不充分,城乡两个市场的发育程度不同步。推动城乡要素双向流动,特别是引导城市资源要素更多地向乡村流动,需要提高城乡双向开放水平。为此,在进一步深化户籍制度改革、消除生产要素由乡入城的制度性和政策性障碍的同时,也要不断提高乡村的开放程度,为生产要素向乡村流动创造条件。近年来,一些地方积极探索村庄运营机制、人才入乡发展机制等,开展乡村职业经理人、乡村运营师等基层实践创新,为乡村全面振兴提供了新动能。比如,浙江省杭州市临安区2017年开始开展村落景区市场化运营,通过面向社会招引运营商,把乡村存量资源利用市场化手段进行整村性、系统化、多维度运营。运营商作为独立的市场主体,负责村落景区的运营;政府承担引导和规范职能;村委会是运营公司股东,在运营业务上不干涉不参与,主要协助并保障运营商在村落顺利开展运营工作。通过乡村运营,盘活了乡村资源,增强了乡村吸引力,激活了乡村造血功能,实现"美丽乡村"向"美丽经济"转化,形成乡村运营"临安模式"。截至目前,临安已有31个市场化运营团队进驻36个村落开展运营,实现旅游收入8.4亿元,村民收入增加4995万元,村集体收入增加1.12亿元,为本地村民增加就业岗位近2900个,同时还吸引不少青年返乡创业。再如,在人才入乡发展机制方面,贵州省湄潭县探索外来人才加入农村集体经济组织路径,金花村在组建乡村旅游农民专业合作社时,建立"四股四分"运作模式,将村集体经济组织

成员的股份划分为资金股、资源股、成员股、集体股，允许长期就业居住的外来人才以每户不超过 1 万元资金入股合作社，与本村户籍人口享受同等待遇分红。

结合当前我国农村人口结构、村庄形态等正在发生的重要趋势性变化来看，杭州临安区、湄潭县金华村等地的探索实践充分表明，开放是农村集体经济发展的方向，是推进乡村全面振兴的必然路径。为此，在牢牢守住土地公有制性质不改变、耕地红线不突破、农民利益不受损底线的前提下，要坚持开放思维，通过完善相关政策体系，促进城市资源要素更大规模、更广范围、更为持续地向乡村有序有效流动。

一是健全风险防范机制，探索农村集体经济组织成员退出和加入的具体办法，提高农村集体经济组织成员权的开放性。进一步完善财政、金融、社会保障等激励政策，强化城市人才入乡激励。二是推进农村信用体系建设、法治乡村建设，深化"放管服"改革，打造法治化便利化基层营商环境。落实和完善融资贷款、税费减免、用地扶持、配套设施建设补助等政策，加强企业产权和企业家合法财产权保护，为社会资本下乡营造稳定、可预期的制度环境。支持社会资本在政府引导下创新与村集体、农村新型经营主体等的合作共赢模式，带动资金、技术、管理、人才等要素入乡。三是健全涉农技术创新市场导向机制和产学研用合作机制，优化完善对涉农科技企业的金融优惠扶持政策，促进科技成果入乡转化。

（三）优化产业布局，促进生产要素向新产业新业态集聚

城乡产业转型升级与生产要素的流动呈现相互适应的关系，要素在城乡之间的流动和跨界配置，有利于促进城乡产业协同发展和效率提升，同时，产业协同发展又会带来生产要素在城乡之间更大规模的双向流动。以重庆市潼南区柠檬产业为例，该区聚焦柠檬全产业链建

设，形成"基地在村、初加工在镇、精深加工在高新区"的产业布局模式，建成较为完整的集技术研发、种苗培育、标准化种植、精深加工、冷链物流、市场营销于一体的柠檬产业集群。潼南全区柠檬种植面积达32万亩，2023年产鲜果35万吨，产值达20亿元，年综合产值超75亿元。

围绕发展壮大柠檬产业，潼南区大力推进创新链与产业链融合发展，建立柠檬产业研究院、柠檬工程技术中心等科创平台12个，打造"柠檬产业大脑"，提供智能选址、AI种植、鲜果代加工、一键贷款、一键投保、产销对接等服务，促进小农户衔接大市场。同时，推进柠檬产业"水肥一体化+物联网"管控、绿色防控等技术集成和有特色的专业柠檬农机机械装备应用，提高了柠檬标准化、规模化、机械化、智能化种植水平。潼南区柠檬产业的发展，不仅吸纳了大量农村劳动力就业，同时也带动了技术、信息等要素下乡，是一种有益的探索。促进生产要素向城乡新产业新业态集聚，需要在城乡产业的协同发展上下更大功夫。要围绕产业链延伸、价值链提升和供应链优化，加快建立适应城乡产业分布规律、新产业新业态特点的政府引导和管理机制，推动资源型产品开发、农产品加工、部分劳动密集型产业的产业链不同环节和价值功能在城乡之间优化布局，促进城乡产业一体化发展、一体化增值。

具体而言，要因地制宜搭建城乡产业协同发展平台，创新产业融合服务方式，强化利益联结机制建设，推动城乡要素跨界配置和产业有机融合，提升城乡产业融合发展层次，促进农产品加工业、农业服务业等二三产业向县城、重点乡镇及产业园区等集中，促进部分产业向乡村有序转移。加快推进乡村产业振兴，合理开发乡土资源，因地制宜发展农产品加工、生态旅游、民俗文化、休闲观光等产业，着力培育为广大消费者所认可、有竞争优势的特色产业，促进农业的产业链延伸和价值链提升。

（四）提升县城能级，强化城乡要素双向流动载体作用

县城是城乡要素跨域流动、跨界配置的重要载体。强化县城功能，有利于更好地促进城市资源要素向乡村流动。近年来，一些地方积极推进以县城为重要载体的城镇化建设，不断补齐县城产业发展、市政公用、公共服务等方面的短板，增强了县城综合承载能力，提高了县城对乡村的辐射带动能力，促进了要素的流动和优化配置。比如，江苏省沭阳县坚持以产兴城、产城融合，不断完善县城产业平台配套设施，大力发展县域特色优势产业，连续多年跻身全国综合实力百强县行列。在发展花木产业过程中，沭阳县依托国家现代农业产业园，建设大数据中心和产业发展、智慧物联、综合监管、社会化服务、乡村文旅等平台，为花木生产经营主体提供一体化服务；依托沭阳软件产业园、苏奥电商产业园等载体，为创业者和企业提供生产、经营场地支持以及信息咨询、创业指导等服务，推动苗木向鲜花、种植向园艺、绿色向彩色、地栽向盆栽、线下向线上、卖产品向卖风景转型。2023年，沭阳县花木销售额突破300亿元，花卉直播销售额占全国的1/3，带动了近40万名花木从业者创业就业。

全国类似沭阳县的地方还有不少，这些地方通过推进县城建设，提高县城的承载能力和辐射能力，为城市要素入乡发展、城市人口入乡消费提供了保障。

为此，推进城乡要素双向流动，特别是促进城市资源要素更多地向乡村流动，要将以县城为载体的新型城镇化与推进乡村全面振兴有机衔接起来，在县域率先破除妨碍城乡要素平等交换、双向流动的制度壁垒，赋予县级更多的资源整合使用权，推动县城产业配套设施提质增效、市政公用设施提档升级、公共服务设施提标扩面、环境基础设施提级扩能，增强县城综合承载功能和服务能力。建立分类推进县域经济发展的支持引导机制，积极培育县域特色优势产业，促进县域

经济发展壮大。优化城乡公共资源配置，推动公共服务进一步向农村延伸、社会事业向农村覆盖，强化城乡基础设施统一规划、统一建设、统一管护，持续改善农村生产生活条件。

四 进一步深化农村土地制度改革

土地是财富之母、生产之要。推进要素市场化配置，促进城乡要素双向流动，土地要素是关键，牵动着劳动力、资本、技术等要素改革。然而，涉及农村土地的相关改革从来都是极为复杂和敏感的。新中国成立以来我国经济社会的历次重大发展，无不与农村土地制度改革关系密切。工业化从调整农民与土地的关系起步，改革从调整农民与土地的关系开启。土地制度一变，城乡关系也会随之发生重要变化，并对全局带来广泛深远的影响。

为了更好地保护和实现农民的土地权益，让"沉睡资源"变成"活资产"，赋予农民更多的财产权利，近年来，农村土地确权颁证、"三权分置"改革等不断深入推进。不论是从广度还是从深度上，都称得上是一场深刻的重大变革。然而，目前我国农村的人地关系依然没有完全理顺，深化农村土地制度改革还有较大空间。

1. "人走地增"的反常

过去40多年来，我国经济增长奇迹令世界叹服，其中城镇化的巨大贡献很难被忽视。改革开放以来，我国经历了一个低起点、快速的城镇化进程。数以亿计的人从农村进入城镇，跨过低收入线迈向小康，我国城镇化历程前无古人、后无来者，成就极为难得。城镇化所取得的成就不容否认，但一个明显反常的现象却不容忽视。在我国规模宏大的城镇化进程中，出现了农村"人走地增"的现象，即农村居住人口持续减少，但农村居民点用地面积却不减反增，居住点用地面积与农村人口迁移呈逆向变动的态势。《中国农村发展报告（2017）》

显示，2000~2011年，全国农村人口减少1.33亿人，农村居民点用地面积反而增加3045万亩。也就是说，"人"的流动与"地"的优化配置尚未很好地同步起来。

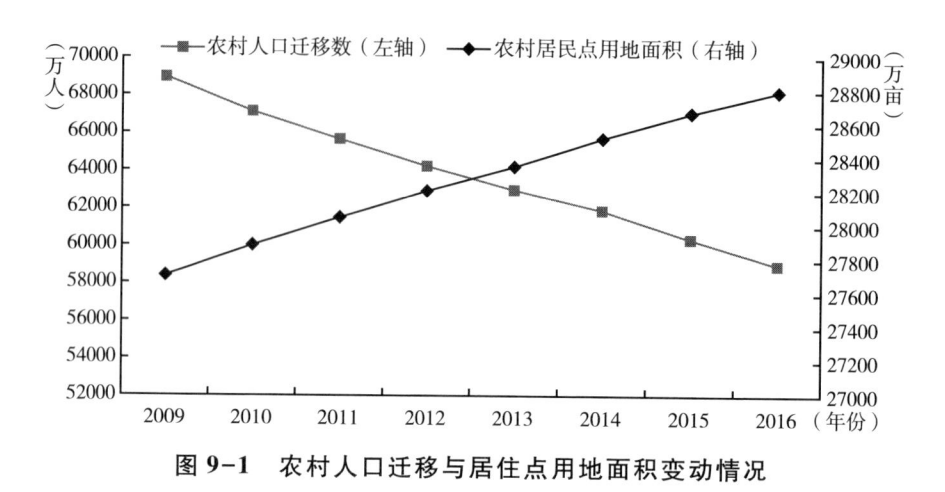

图9-1　农村人口迁移与居住点用地面积变动情况

数据来源：《中国统计年鉴》，自然资源部土地调查成果共享应用服务平台。

由此带来两方面结果：一方面，造成城乡土地资源结构性错配，出现"一边闲置、双向紧缺"的局面。大量农村人口进城后，一些农村宅基地闲置，没有得到有效利用。同时，城镇建设用地需求越来越大，地方建设用地指标紧缺；大量下乡经营主体合理用地需求也难以得到有效保障，农村一二三产业融合发展中"缺地"现象比较普遍。另一方面，制约了户籍人口城镇化率的提升。近年来，我国户籍制度改革加快，但户籍人口城镇化率提高得不快。一些农业转移人口不愿落户城镇，既与城镇户籍"含金量"下降有关，关键还在于农村土地权益退出通道还不畅通。

改革往往由问题倒逼而产生，又在不断解决问题中得以深化。高效的城乡土地资源配置需要更大力度的改革。

2.农村土地"沉睡资产"

有土斯有财，有财斯有用。土地是"财富之母"，是农民最大的资产。然而，农村土地却并没有成为农民财产性收入的重要来源。闲置土地不能"生钱"，农民只能"抱着金饭碗没饭吃"。

资产变资本，中间到底隔着什么？隔着清晰的产权和完整的权能。之前，我国农村土地权属看似明确实则并不清晰，土地归农民集体所有，集体到底是谁，好像也不能完全说清楚。集体资产归属集体经济组织全体成员，但每个成员占有多少、每年可以获益多少，也不是很清楚。近年来推动的农村土地"三权分置"改革、农村集体产权制度改革，出发点就是为了明晰土地产权关系，赋予农民对集体资产股份更加明确的占有权和收益权。

确权是基础，却不是改革的全部。农村土地权能不完整，才是限制土地资本化更为关键的障碍。长期以来，我国城乡之间实行的是两种不同的土地制度，城镇国有土地可以通过招拍挂程序自由流转，可以担保抵押；农地却必须通过征收和办理农地转用审批手续变为国有建设用地，农村土地与国有土地不能同等入市、同权同价。

资产价值是在流转中产生的，如果不能充分流转，大多资产只能是"死资产"或"沉睡资产"。土地价值亦然。在马克思看来，只有当土地具有带来收益的权利能够进入市场流通并进行自由交易的时候，土地权利才能资本化。如果土地收益权利无法顺畅交易，其资产性价值也就很难兑现，或者大打折扣。

面对上述问题，需要进一步深化农村土地制度改革。如果说"三权分置"、农地确权是农村土地制度改革中打基础的工作，那么，活权增利则是深化农村土地制度改革的重要方向。"赋权放活，活权增利"，目的是扭转城乡土地资源错配格局，提高土地利用效率，盘活农村土地资源资产。深化农村土地制度改革，底线很明确，就是土地所有制性质不改变、耕地红线不突破、农民利益不受损。不管政策如何调整，需要遵循"三不"原则，不能把集体所有制改没了、耕地改少了、农民利益受损了。

农村土地制度改革是一件大事,涉及的主体、包含的利益关系十分复杂。改不好、改得过急,都可能给社会稳定带来风险,要用好试点法宝。毛泽东同志在《关于领导方法的若干问题》中指出,试点就是"突破一点,取得经验,然后利用这种经验去指导其他单位"。通过小面积、小范围、小规模搞试点试验,迈开步子、蹚出路子,是改革开放以来发展的重要方法论,收到了很好的效果。深化农村土地制度改革,需要进一步深化试点,形成一批可复制、可推广、利修法的成果,从而带动改革整体向纵深推进。

第十章 农民增收致富：推进城乡融合发展的落脚点

"三农"问题，即农业、农村、农民问题的合称，作为一个整体概念在20世纪90年代被提出以来，已经为大众所熟知，并广泛用于理论研究和政策文件。"三农"问题是一个整体，但各有侧重，核心是农民问题。中国的农民问题，归根结底包括两个基础性问题：翻身解放和走向富裕。在1983年的谈话中，邓小平同志曾经说过："人民跟着共产党干什么？一求翻身解放，二求富裕幸福。"[①] 在党团结带领广大农民实现翻身解放、解决温饱、摆脱贫困、全面小康的历史性跨越后，如何使广大农民与全体人民同步实现共同富裕，成为解决农民问题的根本。

共同富裕不只是经济领域或收入分配领域的事情，更是实现共同富裕的前提，没有收入增长及其合理分配，就不可能有共同富裕的实现。由此，让广大农民同步实现共同富裕，核心是解决好收入问题。换句话说，当前农民问题的核心就是收入。2018年6月14日，习近平总书记在山东济南市章丘区双山街道三涧溪村考察时指出，"农业农村工作，说一千、道一万，增加农民收入是关键。要加快构建促进农民持续较快增收的长效政策机制，让广大农民都尽快富裕

[①] 《邓小平文选》第三卷，人民出版社出版，1993。

起来"。

作为一个农民占很大比重的国家,如何让农民收入持续增长并走向富裕,贯穿于我国农业农村现代化建设的整个过程。新中国成立70余年来,我国农民收入大体经过了一个"曲折—徘徊—较快增长"的过程。

新中国成立后,特别是"一五"时期,由于土地改革和农业合作社的发展,我国农村居民收入实现较快增长,人均纯收入由1949年的44元增加到1957年的73元,增长65.9%。但长达十年的"文化大革命"使人民生活水平停滞不前,农村居民收入增长缓慢,到1978年全国仍有2.5亿农村居民的生活水平还处于绝对贫困线以下。1978年党的十一届三中全会后,以家庭联产承包责任制为主要内容的一系列经济体制改革,使农村居民收入大幅提高。

随着改革重点转到城市,特别是20世纪90年代中期以来,农民增收放缓,城乡差距开始扩大。农民收入长期上不去,不仅影响农民生活水平提高,对整个国民经济增长也带来影响。为此,在时隔18年之后,中央就"三农"问题下发一号文件《中共中央 国务院关于促进农民增加收入若干政策的意见》,聚焦农民收入问题,提出要坚持"多予、少取、放活"的方针,力争实现农民收入较快增长,尽快扭转城乡居民收入差距不断拉大的趋势。

此后,特别是党的十八大以来,随着一系列强农惠农富农政策的出台,具有中国特色的"三农"政策体系基本确立,推动农民收入持续较快增长,收入渠道和来源也更加多样化。改革开放之前的30年,我国农村居民从集体所得的工分收入是最主要的收入来源,通常占70%以上。当前,农村居民收入主要由工资性收入、经营净收入、财产净收入、转移净收入四个部分构成,其中,工资性收入和经营净收入是农民收入增长的主引擎。

尽管如此,近年来随着国际国内形势的复杂变化,以及长期以来

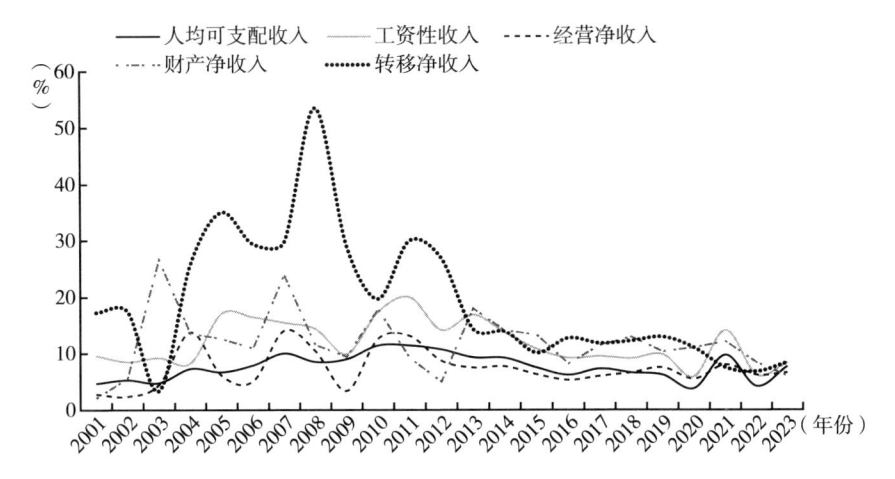

第十章　农民增收致富：推进城乡融合发展的落脚点

图 10-1　2001~2023 年我国农村居民人均可支配收入增速变化

数据来源：国家统计局。

相对稳定的增收环境发生改变，影响农民收入增长的不稳定不确定因素明显增多，支撑农民收入持续增长的动力机制呈现效应减弱趋势，尽管城乡居民人均可支配收入比值下降，但绝对差距仍在持续扩大，影响到经济高质量发展和共同富裕的实现。

面对新形势，对待农民收入问题，既不能只看到过去农民收入长期较快增长态势，就认为这一态势会理所当然地持续下去，也不能认为随着经济发展，城乡居民收入绝对差距会自动收敛。未来一个时期，在推进城乡融合发展过程中，需要进一步健全农民增收长效机制，确保农民收入继续保持在较高增速水平，同时有效缩小城乡之间和农村内部群体之间的收入差距，加快农民农村共同富裕进程。

一　我国农民收入增长机制变迁

农民收入问题并不是一个新话题，但又常说常新。改革开放以来，我国农民收入增长得益于经济长期稳定发展，主要受到三方面因素影响,即国家与农民之间关系的调整、渐进式市场化转型、技术创新扩散。这些因素在不同时期发挥的作用有所不同,主导着农民收入增长的不同阶段。从农民增收机制看,主要受政府支持机制和市场化形成机制的双重影响,二者彼此作用、相互交织形成复杂的关系结构。

一方面,政府支持机制的系统性建构,以及逐步深化的一系列农村重大改革创新,推动了国家与农民之间的关系深入调整,为农民收入增长提供了制度保障。

改革开放初期,以家庭联产承包责任制为核心的农村制度变革,重新赋予农民对于土地的使用权和剩余索取权,理顺了国家与农民的分配关系,从而使人民公社体制下长期被束缚的农村生产力得到解放,加上国家提高农副产品收购价格,因此,在农业产出增长的同时,农民收入随之得到增长。1978~1984年,我国农村居民人均可支配收入由134元增加到355元,增速超过城镇居民。

进入21世纪,农村税费改革和相关配套改革的推进,以及一系列强农富农政策的实施,使国家与农民之间的利益分配关系发生了由"取"向"予"的历史性转折。同时,支持政策覆盖的范围和深度不断扩大和提高,推动农民家庭经营净收入和转移净收入较快增长。其中,取消农业税是我国农业史上具有里程碑意义的一次改革,对农民增收产生了深远影响。

取消农业税前,农业税作为一种在农村征收、来源于农业并由农民直接承担的税赋,已在中国存续了2600年之久,其间尽管经历调整和变化,但农业税作为国家主要税种和收入来源的地位与作用一直没有改变。新中国成立后,农业税是国家财力的基石和推进工业化建设的重要财政来源。1949~2003年全国累计征收农业税达到3945.66亿元。

20世纪末,加重农民负担的行为屡禁不止,挫伤了农民生产积极性，甚至影响农村社会稳定，农村税费改革由此拉开大幕。1998年，党的十五届三中全会审议通过了《中共中央关于农业和农村工作若干重大问题的决定》，明确提出逐步改革税费制度。2003年12月，中共中央、国务院出台《关于促进农民增加收入若干政策的意见》，宣布从2004年1月1日起取消除烟叶外的农业特产税，并提出"有条件的地方可进一步降低农业税率或免征农业税"。2004年的《政府工作报告》提出，五年内取消农业税。随后，吉林、黑龙江两省先行开展免征农业税改革试点，到2005年底，有28个省份全部免征农业税，全国农业税收入减少到15亿元，全面取消农业税的时机已经成熟。2005年12月，十届全国人大常委会第十九次会议通过决定，自2006年1月1日起正式废止《中华人民共和国农业税条例》。农业税及各种附加收费的取消，让农民从此告别了"皇粮国税"，根本性地扭转了农民负担过重的状态。

党的十八大以来，政府再分配政策发挥出更加重要的作用，国家对"三农"领域的投入不断增加，农村社会保障网织得更牢更密，以农民与土地关系调整为重点的一系列重大改革的深化和系统集成，促进政府、集体、农民的利益分配关系得到更深层次地调整改善，有效激活了市场、要素和主体，农民收入增速连续多年超过城镇居民。其中，农村居民人均可支配转移净收入从2004年的163元增加到2023年的4557元，占农村居民人均可支配收入的比重从5.4%提高到21%，不论是绝对量还是相对比重都有了大幅提升。同时，新时代脱贫攻坚，让现行标准下9899万农村贫困人口全部摆脱了贫困、过上了新生活，在实现共同富裕的道路上迈出了坚实的一大步。

另一方面，农村市场体系建设促进了农村商品、要素在更大范围参与交换和收益分配，带来农民市场化收入增长。

正确处理政府和市场的关系是我国经济改革的核心逻辑，实质上就是处理好在资源配置中市场起决定性作用还是政府起决定性作用这一问题。改革开放以来我国农村居民收入大幅增长，一个宝贵经验就是坚持了市场取向性，不断完善收入市场化形成机制。

过去40多年来，我国农村市场化改革走出了一条渐进式道路，从城乡商品流通一体化到土地、劳动力等要素市场发育，我国城乡市场体系不论是完备程度还是整体性上都有了很大的提升，成为促进农民收入增长的重要因素。20世纪90年代以来，随着市场经营和农产品价格逐步放开，农产品由国家统购统销、统购包销转为进入市场，批发市场逐步建立起来并从弱到强，市场主体从单一到多元化，从曾经的农民肩挑背扛、提篮叫卖到买全国、卖全国的批发市场网络，从曾经的政府定价到如今的现货、期货市场共同发挥巨大作用，[1] 我国农产品流通体制、农产品市场调控机制不断健全，市场运行效率不断提高，带动了农民家庭经营净收入的增长。

同时，国家开始逐步放松对农民进城的限制，大量劳动力从农业生产中分离出来，走出农村、进城谋生，最先呈现"离土不离乡""进厂不进城"的短距离流动模式，后来逐步被大规模、跨区域流动的"民工潮"所取代，劳动力转移促进了农业规模化发展和农民增收。

近年来，农产品价格形成机制逐步完善，农村要素市场化配置改革深入推进，城乡之间要素流动、不平等交换局面得到改善，赋予农民收入增长更为强劲持久的动能。比如在农产品价格形成机制方面，坚持以市场定价为原则，不断深化粮食等重要农产品收储制度和价格形成机制改革。在稳定稻谷和小麦最低收购价政策的基础上，2014年，取消了棉花和大豆临时收储政策，并启动东北和内蒙古大豆、新疆棉花目标价格补贴试点；2016年，东北三省和内蒙古自治区取消

---

[1] 农业农村部市场与信息化司：《新中国成立70年来农业农村市场化发展成就》，中华人民共和国农业农村部网站，2019年9月17日。

玉米临时收储政策，调整为"市场化收购+补贴"的新机制。这些改革举措稳定了农产品市场，调动了农民发展农业生产的积极性。

二 现阶段农民增收面临新挑战

近年来，我国农民收入持续保持增长态势，但收入增长更多地依赖强农惠农政策，随着外部风险性因素不断积累，总体上仍缺乏系统长效机制、增收的稳定性不强。

（一）城乡经济循环不畅影响农村要素和农产品价值实现

多年以来，我国农民收入增长主要建立在单向度参与国民经济活动的基础上，是通过农民外出务工、农产品交换等方式实现的。但是，如果不改变农村资源要素过多流向城市的格局，农业功能仅仅局限于产品供给，结果只能是农村衰败和农业功能价值被抑制，这种单向度参与经济活动实现增收的模式是很难持续的。当前，我国城乡要素和商品的交换更加频繁、产业发展边界更加模糊，但乡村经济还无法充分参与经济大循环，城乡经济循环依然不很畅通，农村生产要素难以在更大范围、更宽领域和更深层次进行平等交换和优化配置，制约了要素和农产品价值的有效实现。

其一，城乡要素双向流动存在制度性障碍，要素优化组合配置不畅，制约了农业全要素生产率提升，要素不平等交换又导致农村要素价值流失，收益难以公平惠及农民农村，对农民增收带来不利影响。比如，尽管农村征地补偿费不断提高，但还是远低于土地市场价格，土地征用和开发转让过程中大量级差地租被转移到城市建设和工业发展，这一现象被称为土地价格"剪刀差"。再如，部分地方政府推动的城乡建设用地增减挂钩、撤村并居等改革探索，本质上仍是为了解决城镇化进程中建设用地短缺问题，农民农村在其中分享的收益比较有限。

其二,城乡之间产业的耦合度不高,难以形成共生产业链和价值链,农民尚不能从城乡产业协同发展中获得更多收入。现实是,由于农业领域营商环境有待优化,资金、土地、人才等要素保障不充分,以及存在其他隐性壁垒,产业向乡村转移、资本下乡投资并不顺畅,进而影响到乡村产业的发展和农民的就业机会。

其三,城乡之间供需匹配性不强,影响到优质农产品价值实现。城乡经济循环的另外一个重要体现是建立在城乡经济分工基础上的商品交换,农产品和工业品的价值在交换中得到实现。目前,我国农产品供给仍以大路货为主,小众类、精准化、中高端产品和服务供给不充分。由于农产品市场体系不健全,市场竞争规范性不足,品牌产品优质不优价、叫好不叫卖,质量溢价效应不明显,农产品优价激励优质的良性循环尚未形成,农民难以通过高品质农产品生产获得更多收入。

(二)"统分结合"的制度优势尚未充分转化为农民增收潜能

家庭经营为基础、统分结合的双层经营体制是我国农村基本经营制度,也是农民增收致富的基础保障。对农民而言,家庭经营和集体经营都是实现增收的重要渠道。但客观来看,处理好"统"与"分"的关系依然任重道远。正如 2013 年 3 月习近平总书记参加江苏代表团审议时指出,统分结合的家庭承包责任制,"'分'的积极性充分体现了,但'统'怎么适应市场经济、规模经济,始终没有得到很好的解决"。长期以来,我国农民收入增长主要依靠家庭,不论从家庭经营净收入看还是从财产净收入看,集体经济客观上在农民收入增长中的作用发挥得都不充分。从一定程度上而言,我国农民增收机制存在事实上的"短腿",集体经济发展促增收的形式和渠道不健全,家庭增收与集体增收"双支撑"格局有待确立。

从理论上而言，我国农民财产净收入很大一部分可以来源于农村集体资源性资产的用益物权和收益分配，但实际情况却并不理想。我国农村集体资产规模十分可观。据农业农村部数据，截至2022年底，全国清查核实集体账面资产9.14万亿元，其中，固定资产4.75万亿元，占52.0%。但是，由于存在产权虚置、账目不清、分配不公开、管理不透明等诸多问题，大量资产价值没有被充分激活。

另外，从实现共同富裕看，保障和改善农村民生必须建立在农村经济发展和财力可持续的基础之上，其中，集体经济发展壮大尤为重要。现实中，凡是集体经济实力比较强的乡村，凝聚力和发展活力就比较充足，集体经济没有充分发展的乡村，往往在乡村治理、公共产品供给等方面缺乏物质基础。2020年，我国村集体经济组织利用自有资金进行扩大再生产和公共服务方面的投入总额为1441.6亿元，村均26.7万元。对改善农民生活品质而言，发展壮大集体经济也十分重要。

（三）农民收入市场化形成机制不健全

市场分配机制和政府分配机制是居民收入分配的两大机制，二者相辅相成。对促进农民增收而言，政府分配机制不可或缺，这是由我国农业农村的基础地位以及农业弱质性决定的。

进入21世纪，政府不断加大对"三农"投入力度，以农业补贴为核心的转移净收入成为农民收入的重要来源，在农民持续增收中发挥着"稳定器"作用。但客观地看，继续大规模、大范围增加农业补贴，不仅受到国际规则约束，也不现实，空间逐步缩窄。未来，要进一步健全政府分配机制，更好地补贴农民农村，夯实农民增收底盘。更为重要的是，要加快完善市场分配机制，以及更好地处理市场分配机制与政府分配机制的关系，目前这两方面都存在一

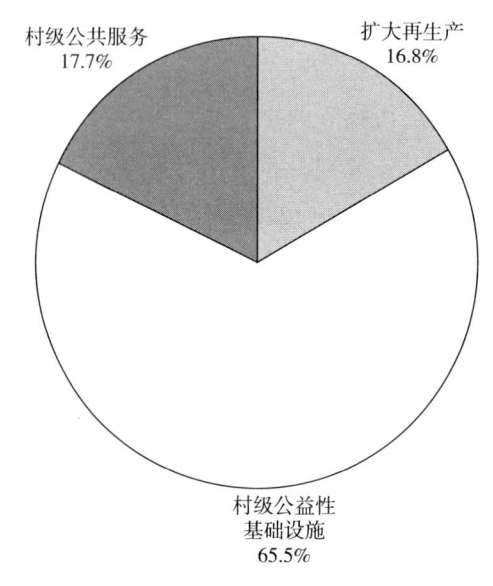

[图：饼图，显示村级公共服务17.7%、扩大再生产16.8%、村级公益性基础设施65.5%]

图10-2 2020年我国村级公益设施和公共服务投入情况

资料来源：农业农村部政策与改革司编《2020年中国农村政策与改革统计年报》，中国农业出版社，2021。

定短板。

一方面，农村居民收入市场化形成机制不健全。我国已经基本建立了以市场为导向的农产品价格形成机制，但尚需完善。从要素市场看，主要由市场决定要素价格的机制尚未形成，如农村集体建设用地由于使用主体和交易存在限制，尽管使用权排他，但缺乏完整的收益权和自由处分权，市场机制难以充分发挥作用。

另一方面，有为政府和有效市场的关系有待进一步理顺。部分领域农业政策支持和干预手段的机制化建设相对滞后，政策"急转弯""拉抽屉"现象不同程度地存在，影响到市场正常运行。同时，规范基层权力运行的制度体系还不健全，公平竞争、公正监管、公共服务存在短板，侵犯市场主体产权和合法利益的情形时有发生，影响市场主体投资预期，抬高了制度性交易成本。

（四）农民家庭非经营性支出增长过快阻断"债务—扩大再生产—增收"循环

促进农村低收入群体持续增收，是推进共同富裕面临的重要挑战。要让这部分群体获得超过社会平均水平的收入增速，势必要加大农村人力资本积累和生产性投资力度，构建起收入增长的良性循环机制。

目前，农村攀比、人情等非理性消费文化泛滥，农村低收入家庭在住房、医疗、婚丧等方面的支出增长过快，严重占据了家庭当期现金流，提前透支未来合理支出预期，加重了农民家庭生活负担，借债消费成为重要趋势。近年来，我国农村家庭债务水平呈现上升态势。据中国家庭收入调查数据（CHIP），以偿债收入比来衡量，2013年农村家庭低收入组、中低收入组、中高收入组、高收入组和总体的债务收入比分别为79.6%、52.5%、28.8%、22.6%、45.90%，2018年所有比值全部上升，分别达到148.9%、68.5%、50.4%、46.2%、78.5%。

相比而言，农村低收入组家庭债务负担更加突出。2013~2018年，农村家庭低收入组债务收入比增幅达到69.3个百分点，平均每年上升13.9个百分点，不仅比农村中高收入组家庭的平均增速快9.8个百分点，也比城镇居民的平均增速快9.3个百分点。

收入与负债相互影响，属于一枚硬币的两面，二者不能完全分割。适度的负债规模、合理的用途结构，能形成"负债—扩大再生产—增收"的良性循环，有助于提高农民特别是农村中低收入群体的收入水平。相反，非经营性负债形成不了产业投资，甚至还会挤占部分生产投资，不利于农民家庭收入增长。从农民家庭债务结构来看，房贷在农村家庭总债务中的占比较高。非经营性支出和债务过快增长，造成扩大再生产和人力资本投资受到抑制，导致部分低收入家庭很难摆脱"债务困境"。

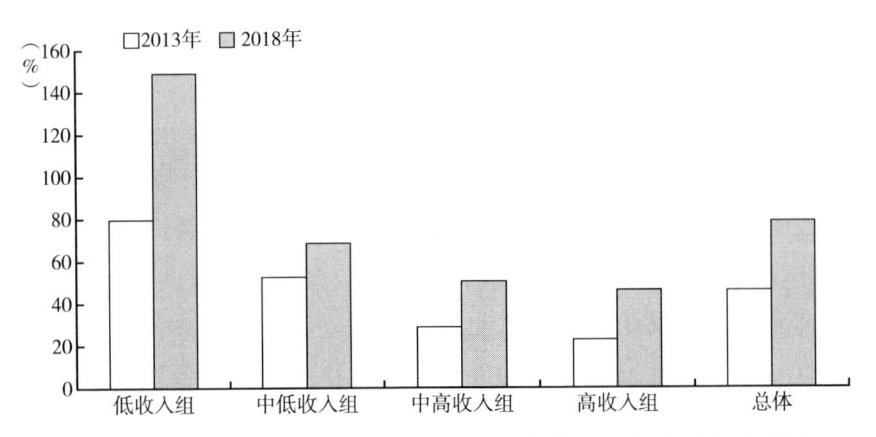

图 10-3　2013 年和 2018 年不同收入组农村家庭债务收入比情况

资料来源：根据中国家庭收入调查数据（CHIP）2013 年和 2018 年的数据计算而得。

（五）国际竞争更趋激烈压缩农民增收空间

近年来，我国农业对外依存度持续上升，国际经贸规则和国际市场变动加快，对我国农业发展的影响越来越大。当前，世界进入新一轮农业国际贸易规则博弈期，以美欧日为代表的发达国家主张取消我国发展中国家地位，不利于我国支持农业发展、促进农民增收，我国农业发展将面临更加激烈的国际竞争，进而给农民增收带来更多挑战和更大不确定性。

加入世界贸易组织后，我国遵照国际贸易规则，大幅降低农产品关税，平均关税只有 15.2%，约为世界农产品平均关税水平的 1/4。随着农业生产成本上升，我国农产品参与国际竞争的成本优势逐步削弱，一些重要农产品出现国际国内价格"倒挂"现象，即国内市场价（批发价或到港价）全面高于国外产品配额内进口到岸税后价。相反，部分国家继续对农业实行高补贴、高保护政策，仍然维持了很高的国内支持和市场保护水平。在国外大量享有补贴的低价农产品面前，我国可利用的调控手段比较有限。如何有效应对国外农产品冲击，妥善处理开放发展与产业安全之间的关系，成为推进农业现代化和促进农民增收面临的重大挑战。

目前，我国农业国内支持总量持续增加的空间不足，"黄箱"政策支持力度逐步加大，特别是从2011年起，出现特定产品现行综合支持量（AMS）越过微量允许上限问题。继续扩大"黄箱"补贴的空间有限，受政策边际效应递减规律影响，支持农民增收的政策效果也会减弱，需要及时推动农业补贴政策"黄转绿"，使属于"黄箱"政策的农业补贴逐渐转向农民收入、风险管理、资源环境保护等"绿箱"支持政策。但目前"黄转绿"还不够顺畅，"绿箱"政策利用还不充分，与发达国家相比也有较大差距。

三 新时期农民增收长效机制框架

推进城乡融合发展背景下，确保在解决收入总量问题的同时有效化解结构性矛盾，着力缩小城乡居民收入差距和农村内部群体之间的收入差距，需要按照成长性、均衡性、安全性有机统一的要求，构建农民增收长效机制。

（一）收入成长性

我国农民增收既有总量问题，也有结构问题，但当前主要矛盾是总量偏小，与城镇居民收入绝对差距偏大，二者差值自2008年突破1万元后，到2023年扩大到3万元以上。

从国际比较看，在即将迈过高收入国家门槛时，我国城乡收入差距也明显偏大。同为东亚小农国家的日本、韩国在进入高收入国家时，农村居民收入较为接近或高于城镇居民，城乡收入差距保持相对稳定。比如，日本人均GDP1981年突破1万美元，1988年突破2.5

万美元，这两年日本工人家庭收入与农民家庭收入比均为 0.76，农民家庭收入高于工人家庭，城乡收入差距变化幅度较小。韩国人均GDP1995 年达到 11469 美元，1990~1999 年韩国城镇家庭与农村家庭平均收入比在 0.95~1.15，变化幅度小，城乡居民收入较为均衡。

要缩小城乡收入差距，我国农村居民收入增速就要继续保持"两个高于"，即高于城镇居民收入增速和 GDP 增速。为此，必须将收入增长转向主要依靠农业劳动生产效率提升、人力资本积累和资产增值，加快培育新的动力源，包括通过现代技术广泛应用和农业经营组织模式创新，大幅提高农业劳动生产率；开展更加高效的农村人力资本投资，提高非农就业能力和收入；向纵深推进农村集体产权制度改革，促进农民财产净收入增加；等等。

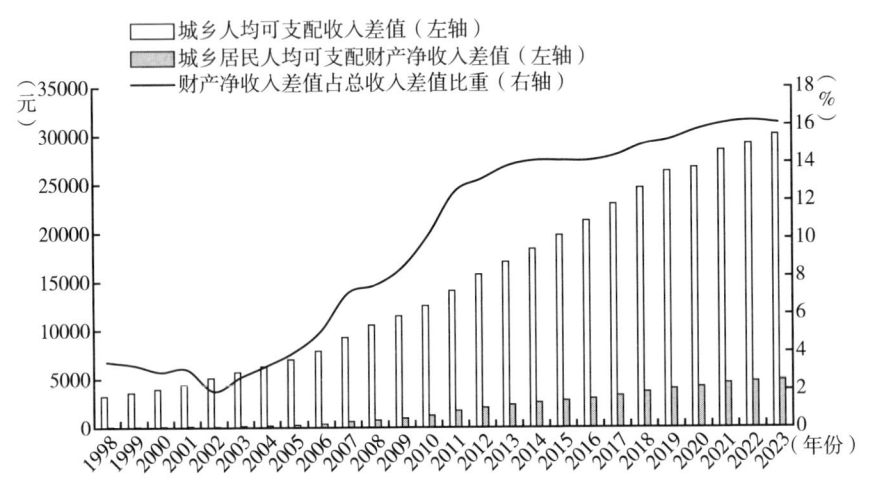

图 10-4 1998~2023 年我国城乡居民人均可支配收入变化

数据来源：国家统计局。

（二）收入均衡性

当前，我国农民收入增长呈现明显分化趋势，不同区域、不同行业及不同群体之间的收入增长不均衡。推进农民农村共同富裕并不是同等富裕、同步富裕和没有差别的富裕，但保持农村不同地区、不同群体之间收入均衡增长依然十分必要。结合推进共同富裕的要求，在推进城乡融合发展中实现农民收入均衡增长，需要瞄准农村低收入人群、粮食主产区纯农户两大重点群体，千方百计地提高其增收能力。

一是农村低收入群体，特别是刚刚摆脱贫困的农民。这部分群体的财富积累最少、发展能力最弱，收入水平较低，就业也不稳定，要让他们的收入尽快赶上来，其收入增速必然要超过全社会平均水平。目前，要实现这一目标依然存在较大难度。2013~2022年，我国农村20%最低收入人群收入增长2146元，年均增速7.46%，而20%最高收入人群收入增长24751元，年均增速达11.61%，高收入组和低收入组收入的绝对差距和相对比例都呈扩大趋势。

表10-1 2013~2022年我国农村居民五等份收入分组差距变化

单位：元

组别	2013年	2014年	2015年	2016年	2017年	2018年	2019年	2020年	2021年	2022年
低收入组	2878	2768	3086	3006	3302	3666	4263	4681	4856	5024
中间偏下收入组	5966	6604	7221	7828	8349	8508	9754	10392	11586	11965
中间收入组	8438	9504	10311	11159	11978	12530	13984	14712	16546	17450
中间偏上收入组	11816	13449	14537	15727	16944	18051	19732	20884	23167	24646
高收入组	21324	23947	26014	28448	31299	34043	36049	38520	43082	46075

数据来源：2013~2023《中国统计年鉴》。

二是粮食主产区纯农户。粮食主产区农民增收问题一直比较突出，近年来受农业生产成本上升、最低收购价调整等综合影响，粮食主产区农民收入增速呈现相对放缓态势。产粮大县多是经济弱县和财政穷县，可用于非农产业发展、乡村基础设施和公共服务建设的财力比较有限，导致主产区农民收入增长缓慢，与非主产区农民在家庭收入、生活水平等方面的差距呈拉大趋势。2014~2023年，我国五个粮食净调出省份（内蒙古、黑龙江、吉林、河南、安徽）农村居民人均可支配收入与浙江、广东、福建三个粮食自给率最低省份农村居民人均可支配收入之比持续下降。

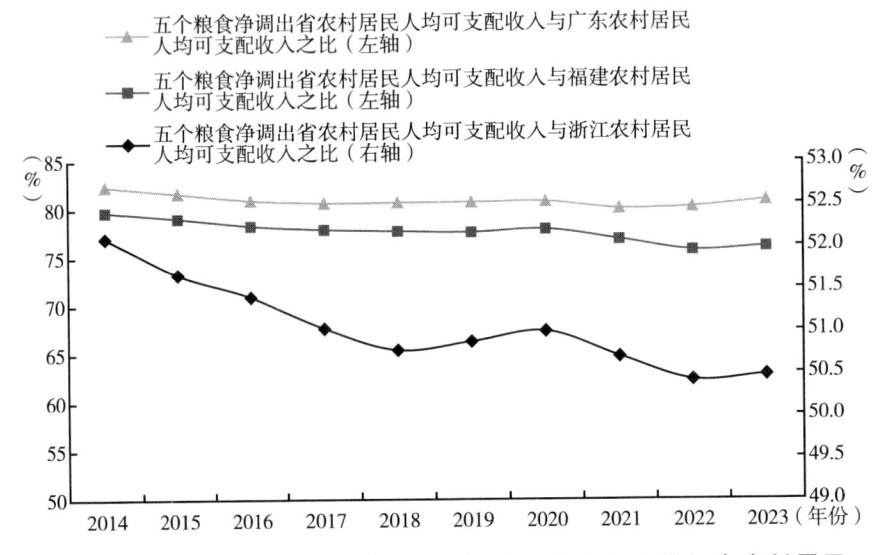

图10-5 我国五个粮食净调出省与三个粮食自给率最低省农村居民人均可支配收入比较

数据来源：国家统计局。

可以预见，未来我国粮食生产成本可能继续上升，最低收购价提价空间逐步缩窄，粮食主产区农民增收问题会更为凸显，对主产区纯农户（农户家庭中劳动力以从事第一产业劳动为主，第一产业收入占家庭纯收入的80%以上）而言，实现持续增收的挑战更大。

为此，推进农民农村共同富裕，必须千方百计提高农村低收入人群、粮食主产区纯农户的增收能力，构建更有针对性的支持政策体系，促进这两类群体持续稳定增收。

（三）收入安全性

收入稳定性和安全性，是衡量农民增收质量的重要指标。客观地看，与收入增长问题相比，农民收入安全性问题没有得到足够重视。作为一个自然再生产和经济再生产交织的部门，农业既面临自然风险，也有市场风险。近年来，我国宏观经济增速持续下台阶，结构性矛盾日益凸显，部分涉农政策调整频度加快，加之极端气候、新冠疫情等重大事件冲击，农民增收的市场风险、政策风险明显加大。尽管我国农民收入继续保持增长态势，但收入稳定性不强，应对外部冲击的韧性有待增强。比如，新冠疫情不仅造成农产品运销中断、产品积压，给农民带来经济损失，同时对农民外出打工就业、农村投资也产生不利影响，造成部分群体减收。这折射出外部冲击下，我国农民收入韧性和安全性还不足。

总体来看，面对各类风险冲击加重趋势，我国农民收入风险应对机制还没有很好地建立起来。以农业保险为例，我国是全球农险保费规模最大、覆盖农产品最多、业务模式最丰富的农业保险大国之一，2023年全国农险保费收入达到1400亿元，农业保险为农业发展提供风险保障4.98万亿元。尽管我国已经成为全球最大农险市场，但农业保险的保障水平仍然偏低，产品开发特色化、理赔数据的精准性等与发达保险市场仍有较大差距。

构建农民增收长效机制，不仅要重视农民收入总量增长问题，还要从统筹发展和安全的角度，更加重视农民收入风险防范，建立健全农民收入风险应对机制，提高农民收入的稳定性和安全性。一方面，要完善正规的收入风险应对机制，包括积极发展农业保险和再保险，以及完善最低生活保障制度和救灾救济制度；另一方面，要健全非正规的风险应对机制，包括社会网络内风险统筹、跨时期收入转移等。

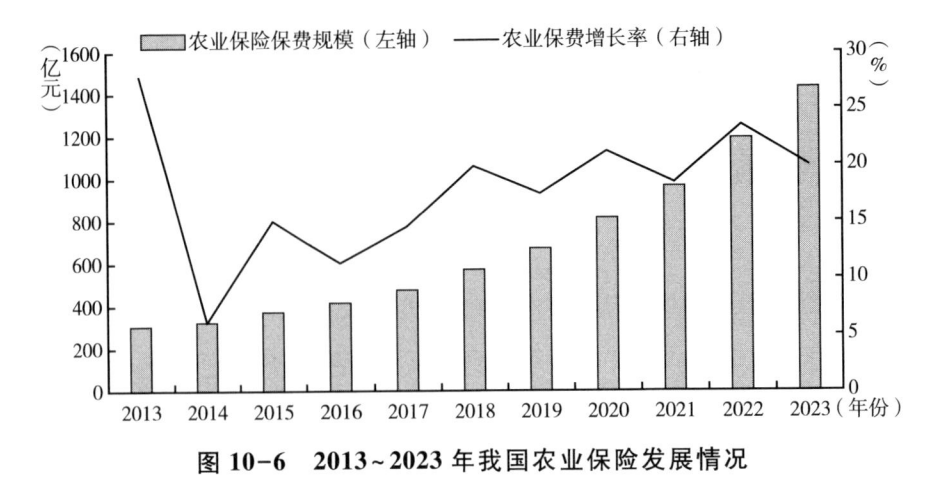

图 10-6 2013~2023 年我国农业保险发展情况

数据来源：根据公开数据整理。

四 增加农民收入，促进共同富裕

农民的钱袋子鼓起来没有，是检验农村工作实效的一个重要尺度。不论推进乡村全面振兴、建设农业强国，还是推进城乡融合发展，都需要加快健全农民增收长效机制，解决好农民收入的成长性、均衡性、安全性问题，把惠农政策协同效应、要素改革富民效应、先进技术赋能效应、社会保障兜底效应和城乡一体融合效应结合起来，促进农民多渠道、安全稳定增收，持续缩小城乡收入差距。

（一）产业振兴促增收

农民收入增长根本上要靠产业支撑。目前，我国农业产业链条总体偏短，第一产业向后端延伸不够，以供应原料为主，附加值不高，短链型传统农业难以支撑农民增收致富。在保障粮食安全和重要农产品有效供给的基础上，要进一步优化乡村产业布局，完善现代农业产业园区、农业现代化示范区等载体，提高农村一二三产业融合发展水平，培育壮大现代种养业、乡村特色产业、农产品加工流通业、乡村休闲旅游业、乡村新型服务业等。对此，前文县域富民产业、乡村产业振兴部分已有详细论述，不再赘述。

特别要关注的是，发展壮大乡村产业，实现产业富民，应遵循把产业链主体留在县域、把就业机会和产业链增值收益留给农民的基本导向。要做到这一点，必须建立完善的利益联结机制。按照合作与股份的二维划分法，利益联结机制大体可分为松散型、半紧密型、紧密型三种类型，三种联结方式的紧密程度逐渐加深，合作关系的稳定性也逐渐增强。

一般而言，一个稳定、紧密的利益联结机制，需要利益分配机制、利益保障机制与利益调节机制有机协调、共同作用。其中，利益分配机制是利益联结机制的核心，是激励利益各方进行长期合作的关键。利益保障机制能够约束各方行为、保障契约关系的稳定性，是维护利益分配机制稳定运行的基础。利益调节机制具有政府矫正外部性与推动政策目标实现的作用，是对利益分配的调整。

为此，发展壮大乡村产业，推动产业运营主体通过订单生产、托养托管、合作经营、保护价收购等方式与农户建立稳定利益联结关系，需要加强规制和激励。比如，对积极采取股份合作、利润返还、为农户承贷承还、提供信贷担保等的涉农企业，可以给予一定的财政激励或税收优惠，对为产业链其他主体提供技术指导、质量检验检测、市场营销等服务的涉农企业，给予一定的奖励。同时，要完善风险防控和损失补偿机制，支持有条件的地区建立利益联结风险基金，对于遭遇违约的主体，以及因认真履约而蒙受经济损失的企业和农户给予适当补偿。

（二）壮大集体促增收

尽管生产力发展并不必然带来共同富裕，但共同富裕一定建立在生产力不断发展的基础上。"统"与"分"都是发展农村生产力的重要途径。当前，不论是破解农业劳动生产率困境、促进农村经济高质量发展，还是缩小城乡居民财产净收入差距，都需要在稳定"分"的基础上更好地实现"统"的功能，通过更有效的"统"来促进统分结合迈向更高水平，新型农村集体经济在这方面具有不可替代的优势。

近年来，我国城乡居民收入绝对差距很难缩小，一个重要原因是农村居民财产净收入增长缓慢。从财产净收入构成看，我国农村居民的财产净收入来源也比较单一，利息、租金、土地征用补偿占绝大部分，土地等重要资产的价值没有被充分发挥出来。当前，除了少数改革先行县市和城市近郊的部分农村地区，我国大多数农村地区的土地、房产等资产价值尚未被有效激活。需要着力发展新型农村集体经济，高效盘活和运营集体资产，打通农民在集体经济发展中增收的通道，使大量"沉睡的死资产"变成农民增收的"金饭碗"，形成农民家庭增收与集体增收"双支撑"格局。

从实践看，只要农村集体产权明晰了，集体经济运营机制对路了，集体资源资产就能有效转化为农民增收致富的重要来源。国内部分先行地区通过采取"飞地抱团"、发展农村集体混合所有制经济等多种形式，做大做强新型农村集体经济，实现了农民持续增收。

党的二十届三中全会通过的《中共中央关于进一步全面深化改革 推进中国式现代化的决定》提出，发展新型农村集体经济，构建产权明晰、分配合理的运行机制，赋予农民更加充分的财产权益。发展壮大新型农村集体经济，要把握其内在要求。

第一，发展新型农村集体经济要符合生产关系适应生产力发展的客观规律。新型农村集体经济是传统集体经济的变革形式，这种变革的根本动力表面上看是"统"与"分"的关系变化，深层次看还是生产力和生产关系相互作用的结果。由此，发展新型农村集体经济不

第十章　农民增收致富：推进城乡融合发展的落脚点

仅是发展命题，更是改革命题。需要处理好改革与发展的关系，通过深化农村集体产权制度、农村土地制度等改革，释放新型农村集体经济发展潜能。从实践看，越是能够把强化集体所有制根基、保障和实现农民集体成员权利同激活资源要素统一起来的地区，越是注重农村系统性改革的地区，新型农村集体经济的发展活力和内生动力就强，形式也更加多样；反之，农村集体经济的发展后劲就不足。

第二，发展新型农村集体经济要适应社会主义市场经济要求。新型农村集体经济是在我国经济社会体制转轨过程中产生和发展起来的，符合农村生产力发展实际，其本身就是有效市场与有为政府共同作用的结果。发展新型农村集体经济，离不开政府必要的支持，这是由农村集体经济组织的特殊性决定的，但发展新型农村集体经济也不能完全依赖政府。实践中依赖政府支持而缺乏市场化能力的集体经济发展模式，尽管一时得到发展，往往不具有可持续性；尽管在一地取得成功，往往也不具有借鉴价值。遵循市场规律，适应社会主义市场经济要求，实现市场化、专业化运营，是农村集体经济可持续发展的重要原则。

第三，发展新型农村集体经济要与经济社会发展条件相适应。不论何种新型农村集体经济的实现形式，在具体实践中都受到当地经济、社会、文化等条件的影响，具有复杂性、地域性和阶段性。可以说，没有最优的集体经济实现形式，只有最合适的集体经济实现形式，农村集体经济的有效实现形式也不会是一个模式、一个版本。我国地区之间经济社会发展水平差异较大，农村集体经济发展的基础条件各有不同，需要在加强新型农村集体经济发展顶层设计的基础上，支持各地探索与当地资源禀赋条件相契合、经济社会发展水平相适应的集体经济实现形式，不能盲目超越阶段。

第四，发展新型农村集体经济要处理好"稳定"与"放活"的关系。以家庭承包经营为基础、统分结合的双层经营体制，是我国农村基本经营制度。这是发展新型农村集体经济的制度基础。发展壮大新型农村集体经济，需要探索多样化的实现形式，但不论形式如何创新，都必须以农村集体所有制根基不可动摇、农民利益不受损为前提。应健全农村集体资金、资产、资源管理制度，充分保障集体成员的知情权、参与权、监督权，严格控制集体经营风险。同时，要稳中求变、以活促稳，调动农村集体经济组织及其成员的主动性、创造性，采取多种形式有效激活农村集体资源要素。

新型农村集体经济不仅是传统集体经济在发展业态上的拓展升级，更是发展质态的系统性革新。发展新型农村集体经济，需要从实现形式、治理结构、分配关系等方面优化运行机制。

实现形式维度，发展新型农村集体经济的关键在于找到社会主义市场经济条件下的有效实现形式。同一种所有制可以有多种实现形式，不同所有制可以采用同一种实现形式。新型农村集体经济是集体成员在集体共有资源基础上实现共同发展的一种经济形态，集体统一经营在形式上并不要求集体成员共同劳动，可以有多元化的实现方式，如资源发包、物业出租、居间服务、经营性财产参股等。实践表明，新型集体经济可以与不同物质技术条件、不同生产力水平相适应，具有广泛适应性和发展性。当然，新型农村集体经济发展有成功的经验，也有失败的教训。正反两面的经验都表明，发展新型农村集体经济的关键在于找到有效的实现形式，但不论哪种实现形式，本质上都取决于现代经营理念、现代生产要素的引入以及市场化运营机制的建立。

治理机制维度，发展新型农村集体经济的关键在于形成合理的关系结构和治理结构，包括外部治理和内部治理两个层面。外部治理方面，农村集体经济组织作为农村各类经营主体中组织化程度最高的主体，在生产组织、资源配置等方面具有独特的优势，既是小农户发展的重要依托，又在联结农村其他经济组织、社会组织方面具有优势。农村集体经济组织的健康发展，需要完善与基层党组织、村民自治组织及其他经济社会组织之间的联结模式和利益关系。实践中，一些地方采取党建引领村集体经济组织+农业企业/合作社+农户、村集体经济组织参与设立公司等方式，实现了集体经济的发展壮大。内部治理方面，农村集体经济组织作为特别法人，在行为能力、产权关系、股权设置、可实现责任财产等方面具有一定的特殊性，但要实现长期持续发展，仍需要建立完善的内部治理机制，从而提升发展水平和带动能力。

分配关系维度，发展新型农村集体经济的关键在于赋予农民更加充分的财产权益。发展新型农村集体经济的目的在于兴村富民。新型农村集体经济组织作为现代利益共同体，其吸引力在于通过联合和合作能够形成比个体经济更多的收益。各类经营主体因利益而进行联合或合作，利益的创造与合理分配使其得以维持和发展。如果脱离了为农富农的目标，发展新型农村集体经济也失去了本身的价值。习近平总书记指出，集体经济是农民共同致富的根基，是农村走共同富裕道路的物质保障。[①] 为此，既要做大集体经济"蛋糕"，还要有效解决各类要素参与分配机制问题，有效保障农民利益，确保所有必有所得、所劳必有所得。

（三）深化改革促增收

改革是社会基本矛盾运动发展的内在要求，又是解决社会基本矛盾的重要手段。当前我国社会主要矛盾已经发生变化，城乡发展不平衡、农村发展不充分是社会主要矛盾的集中体现。解决好这一不平衡不充分问题，很大程度上要靠深化农村改革。党的十八大以来，我国农村改革的广度和深度不断拓展，全面激活了市场、要素和主体，不仅为乡村发展积聚了动力、创造了活力，也为经济社会改革发展全局夯实了基础、增添了动能。推进城乡融合发展，促进农民增收，深化

---

① 习近平：《摆脱贫困》，福建人民出版社，2014。

农村改革依然是关键一招。

农村改革是涉及经济社会发展各领域各层面的系统工程，综合性强、复杂度高，靠单兵突进难以奏效，零敲碎打的调整也不行。党的十八大以来，通过统筹考虑农业和农村发展，统筹考虑城乡改革发展，统筹考虑公平和效率，我国农村改革打出"组合拳"，形成整体"打法套路"，改革举措相互配合、相互促进、相得益彰，充分释放出改革整体效能。面向农民农村共同富裕目标，越是深入推进农村改革，越需要注重改革的协同配套和系统集成，不断提高改革的系统性、整体性和协同性。

从促进农民增收看，深化农村改革重点要在两个方面取得更大突破。一方面，完善农业支持保护制度。适应新的形势变化完善农业支持保护制度，首先要保持政策的连续性、稳定性，健全政府投入保障机制，让务农种粮有稳定预期和收益保障。同时，要把握好多重目标的平衡性。保障粮食安全、促进农民增收、推进农业可持续发展等，都是我国农业支持政策要实现的重要目标，不能顾此失彼甚至对立起来。此外，要聚焦聚力提高农业支持保护效能，增强价格、补贴、保险"三位一体"政策合力。

另一方面，深化农村土地制度改革。农村土地制度改革牵一发而动全身，"三块地"改革的基础不同、复杂性不同，要在牢牢守住土地公有制性质不改变、耕地红线不突破、农民利益不受损的底线前提下，分类深化改革。农村承包地方面，稳妥推进第二轮土地承包到期后再延长三十年试点，同步探索土地细碎化治理、农村土地承包经营权退出的有效办法。农村宅基地方面，在做好改革试点评估的基础上，加快探索宅基地有偿使用和自愿有偿退出机制，推动闲置宅基地和闲置农房盘活利用。集体经营性建设用地方面，探索建立公平合理的增值收益分配制度。

（四）优化补贴促增收

补贴农业农民是世界通行做法，这是由农业的基础性和弱质性决定的。我国作为一个农业大国，"大国小农"的基本国情农情在很长一个时期不会发生根本性改变，农业人口即便到城镇化成熟阶段其规模依然会很大，发展现代农业、增加农民收入，离不开国家的支持。21世纪以来，以农业税取消和农产品价格支持政策实施为标志，我国农业哺育工业的政策开始彻底转向，一系列强农富农惠农政策的出台，使国家与农民的关系实现由"取"到"予"的根本性转折，一套针对性强、含金量高、惠及面广的农业支持政策体系逐步确立起来，推动了粮食等重要农产品综合生产能力的稳步提升，促进了农民收入持续增长，特别是党的十八大以来，农业补贴和支持政策更加健全，农业农村经济稳中向好、稳中向新，取得了历史性的巨大成就。

以粮食生产为例，中央财政对实际种粮农民和种粮大户都设置了相应的补贴。对实际种粮农民，采取稻谷主产区的稻谷补贴、东北地区的玉米大豆生产者补贴，以及小麦"一喷三防"补助、扩种油菜补助、轮作休耕补助等方式。为推动内容相近、性质相同的补贴整合，2016年在全国范围内推行"三补合一"改革，将原来的农作物良种补贴、种粮农民直接补贴和农资综合补贴调整合并为农业支持保护补贴，支持耕地地力保护和农业适度规模经营。通过加强补贴政策支持，提高了农民种粮积极性，保障了农民种粮收益。

当前，我国农业进入高质量发展阶段，工农城乡关系、农产品供求关系等发生深刻变革，要素条件、消费需求、外部环境等发生重要变化，需要推动现有支持政策转型。

其一，从政府直接干预转向市场主导，减少对市场运行的直接干预，让市场信号真正反映供求关系、引导资源配置。其二，要从生产支持拓展到产业链供应链提升，在稳定支持农业生产的同时，新增补贴和支持手段向产业链前端的科研和产业链后端的加工等环节覆盖，同时加大对乡村新产业、新业态、新模式的支持力度，实现农业功能从生产向生态、生活功能拓展。其三，要从增量支持转向提升政策效能，聚焦重点品种、重点生产区域和重点生产群体，形成"谁种补谁""多种多补、不种不补"的机制；从提高政策协调性上要效率，统一直接补贴、价格支持、保险补贴等政策目标，提高政策合力；从保持政策延续性上要效率，对投入周期长、见效过程慢的领域，要稳定投入、久久为功。其四，要从"黄箱"为主转向加强"绿箱"支持，在进一步用足用好"黄箱"政策的同时，推进"黄箱"政策向"绿箱"政策适时转换，扩大"绿箱"支持政策实施规模和范围，加大对耕地地力保护、农业科研、自然灾害救助、环境保护、农业基础设施建设等的支持力度，促进农业可持续发展。

参考文献

[1] 阿比吉特·班纳吉、埃斯特·迪弗洛：《贫穷的本质：我们为什么摆脱不了贫困》，景芳译，中信出版社，2013。

[2] 阿马蒂亚·森：《以自由看待发展》，任赜、于真译，中国人民大学出版社，2002。

[3] 白永秀：《城乡二元结构的中国视角：形成、拓展、路径》，《学术月刊》2012第5期。

[4] 柏培文：《中国劳动要素配置扭曲程度的测量》，《中国工业经济》2012年第10期。

[5] 蔡昉：《城乡收入差距与制度变革的临界点》，《中国社会科学》2003年第5期。

[6] 蔡昉：《抓住户籍制度改革的机会窗口》，《中国新闻周刊》2023年第28期。

[7] 蔡昉、王德文：《经济增长成分变化与农民收入源泉》，《管理世界》2005年第5期。

[8] 蔡昉、杨涛：《城乡收入差距的政治经济学》，《中国社会科学》2000年第4期。

[9] 陈斌开、林毅夫：《发展战略、城市化与中国城乡收入差距》，《中国社会科学》2013年第4期。

[10] 陈传波：《农户风险与脆弱性：一个分析框架及贫困地区的经

验》，《农业经济问题》2005 年第 8 期。

[11] 陈柳钦：《产业融合的动因及其效应分析》，《西南金融》2007 年第 4 期。

[12] 陈文胜、李珊珊：《城乡融合中的县城：战略定位、结构张力与提升路径》，《江淮论坛》2023 第 5 期。

[13] 陈乙萍、刘洋：《动态特征、现实境况与城乡协调发展的关联度》，《改革》2016 年第 2 期。

[14] 程必定：《城市经济要适应农村商品生产的发展》，《经济研究》1984 年第 8 期。

[15] 程开明、李金昌：《城市偏向、城市化与城乡收入差距的作用机制及动态分析》，《数量经济技术经济研究》2007 年第 7 期。

[16] 程名望、盖庆恩、Jin Yanhong、史清华：《人力资本积累与农户收入增长》，《经济研究》2016 年第 1 期。

[17] 道格拉斯·C. 诺思：《制度、制度变迁与经济绩效》，杭行译，格致出版社、上海三联书店、上海人民出版社，2014。

[18] 豆书龙、叶敬忠：《乡村振兴与脱贫攻坚的有机衔接及其机制构建》，《改革》2019 年第 1 期。

[19] 杜鹰、张秀青、梁腾坚：《国家食物安全与农业新发展格局构建》，《农业经济问题》2022 年第 9 期。

[20] 费孝通：《乡土中国　生育制度》，北京大学出版社，1998。

[21] 付伟：《抢抓机遇发展县域富民产业》，《光明日报》2022 年 3 月 24 日。

[22] 盖庆恩、朱喜、程名望、史清华：《土地资源配置不当与劳动生产率》，《经济研究》2017 年第 5 期。

[23] 高帆：《城乡融合发展是中国式现代化的必然要求》，《人民论坛》2024 年第 18 期。

[24] 高帆：《中国农业现代化道路的"特色"如何体现》，《云南社

会科学》2008年第4期。

[25] 高强：《脱贫攻坚与乡村振兴有机衔接的逻辑关系及政策安排》，《南京农业大学学报》2019年第5期。

[26] 高强、薛洲：《以县域城乡融合发展引领乡村振兴：战略举措和路径选择》，《经济纵横》2022年第12期。

[27] 高汝熹、纪云涛、陈志洪：《技术链与产业选择的系统分析》，《研究与发展管理》2006年第12期。

[28] 龚明远、周京奎、张朕：《要素禀赋、配置结构与城乡收入差距》，《农业技术经济》2019年第6期。

[29] 郭江平：《20世纪70年代以来发达国家城乡人口流动的新特点及其启示》，《华中农业大学学报》（社会科学版）2005年第1期。

[30] 贺俊、庞尧：《数字消费驱动产业升级：理论机理、现实障碍和推进路径》，《技术经济》2023年第12期。

[31] 贺贤华、毛熙彦、贺灿飞：《乡村规划的国际经验与实践》，《国际城市规划》2017年第10期。

[32] 亨利·列斐伏尔：《空间的生产》，刘怀玉等译，商务印书馆，2021。

[33] 洪银兴：《实现要素市场化配置的改革》，《经济学家》2020年第2期。

[34] 洪银兴：《完善产权制度和要素市场化配置机制研究》，《中国工业经济》2018年第6期。

[35] 侯志茹：《以数字经济助推城乡融合发展》，《光明日报》2022年12月27日。

[36] 胡德龙：《TFP对收入增长及差距缩小的贡献研究》，《经济问题》2011年第2期。

[37] 胡高强、孙菲：《新时代乡村产业富民的理论内涵、现实困境及应对路径》，《山东社会科学》2021年第9期。

[38] 黄季焜：《加快农村经济转型，促进农民增收和实现共同富裕》，《农业经济问题》2022年第7期。

[39] 黄群慧：《以更深层次改革推动构建完整内需体系》，《经济日报》2020年10月27日。

[40] 黄韬：《论农村土地集体产权资本化流转》，《农村经济》2008年第3期。

[41] 黄征学、高国力、滕飞、潘彪、宋建军、李爱民：《中国长期减贫，路在何方？——2020年脱贫攻坚完成后的减贫战略前瞻》，《中国农村经济》2019年第9期。

[42] 金轩：《深入推进城乡融合发展 促进城乡共同繁荣》，《人民日报》2024年9月25日。

[43] 李谷成、范丽霞、冯中朝：《资本积累、制度变迁与农业增长——对1978~2011年中国农业增长与资本存量的实证估计》，《管理世界》2014年第5期。

[44] 李谷成、李烨阳、周晓时：《农业机械化、劳动力转移与农民收入增长——孰因孰果？》，《中国农村经济》2018年第11期。

[45] 李敏、姚顺波：《村级治理能力对农民收入的影响机制分析》，《农业技术经济》2020年第9期。

[46] 李明：《新时代"人的全面发展"的哲学逻辑》，《光明日报》2019年2月11日。

[47] 李实、赵人伟：《市场化改革与收入差距扩大（英文）》，《中国社会科学（英文版）》2011年第2期。

[48] 李实、朱梦冰：《推进收入分配制度改革，促进共同富裕实现》，《管理世界》2022年第1期。

[49] 李小兰、徐鸣：《关于县域经济的理论思考》，《江西社会科学》2000年第3期。

[50] 李小云：《2020年后扶贫工作的若干思考》，《国家行政学院学

报》2018年第1期。

[51] 李晓龙、冉光和：《农村产业融合发展如何影响城乡收入差距——基于农村经济增长与城镇化的双重视角》，《农业技术经济》2019年第8期。

[52] 厉无畏：《产业融合与产业创新》，《上海管理科学》2002年第4期。

[53] 林光彬：《等级制度、市场经济与城乡收入差距扩大》，《管理世界》2004年第4期。

[54] 林聚任：《新城乡空间重构与城乡融合发展》，《山东大学学报》（哲学社会科学版）2022年第1期。

[55] 林万龙、纪晓凯：《从摆脱绝对贫困走向农民农村共同富裕》，《中国农村经济》2022年第8期。

[56] 刘奇：《当脱贫攻坚遇到乡村振兴》，《中国发展观察》2019年第1期。

[57] 刘瑞：《畅通国民经济循环的逻辑、重点与主攻方向》，《人民论坛·学术前沿》2021年第5期。

[58] 刘生龙、周绍杰：《基础设施的可获得性与中国农村居民收入增长——基于静态和动态非平衡面板的回归结果》，《中国农村经济》2011年第1期。

[59] 刘守英：《乡村振兴与城乡融合——城乡中国阶段的两个关键词》，http://www.aisixiang.com/data/106548.html，2017年10月23日。

[60] 刘云中：《我国县级城市的发展模式研究》，《重庆理工大学学报》（社会科学版）2014年第3期。

[61] 陆铭、陈钊：《城市化、城市倾向的经济政策与城乡收入差距》，《经济研究》200年第6期。

[62] 陆文聪、余新平：《中国农业科技进步与农民收入增长》，《浙江大学学报》（人文社会科学版）2013年第7期。

[63] 罗伯特·戈登:《美国增长的起落》,张林山等译,中信出版社,2018。

[64] 马光川、林聚任:《空间视域下县域城乡融合发展与乡村振兴——以国家城乡融合发展试验区莱西市为例》,《南京农业大学学报》(社会科学版)2023年第1期。

[65] 孟鑫:《实现共同富裕是关系党的执政基础的重大政治问题》,《光明日报》2021年1月28日。

[66] 牛若峰:《中国农业现代化走什么道路》,《中国农村经济》2001年第1期。

[67] 欧阳慧:《把准方向推进以县城为重要载体城镇化建设》,《瞭望》2022年5月21日。

[68] 欧阳峣:《大国经济发展理论的研究范式》,《经济学动态》2012年第12期。

[69] 钱文荣、郑淋议:《构建城乡人口双向流动与融合的制度保障体系——从权利开放理论到村庄开放实践的分析线索》,《南方经济》2021年第8期。

[70] 钱忠好、牟燕:《征地制度、土地财政与中国土地市场化改革》,《农业经济问题》2015年第8期。

[71] 沈坤荣、张璟:《中国农村公共支出及其绩效分析——基于农民收入增长和城乡收入差距的经验研究》,《管理世界》2007年第1期。

[72] 司伟:《县域城乡融合发展的现实意义与实践路径》,《国家治理》2024年第2期。

[73] 苏毅清、游玉婷、王志刚:《农村一二三产业融合发展:理论探讨、现状分析与对策建议》,《中国软科学》2016年第8期。

[74] 孙久文:《新技术变革下的城乡融合发展前景展望》,《国家治理》2021年第Z4期。

[75] 孙久文、邢晓旭：《中国式现代化下县域经济高质量发展的理论与实践》，《齐鲁学刊》2024年第1期。

[76] 田国强：《畅通国民经济循环：难点及其突破》，《人民论坛·学术前沿》2021年第5期。

[77] 童星、赵夕荣：《"社区"及其相关概念辨析》，《南京大学学报》（哲学·人文科学·社会科学版）2006年第2期。

[78] 涂圣伟：《"十四五"时期畅通城乡经济循环的动力机制与实现路径》，《改革》2021年第10期。

[79] 涂圣伟：《城乡融合发展的战略导向与实现路径》，《宏观经济研究》2020年第4期。

[80] 涂圣伟：《城乡融合发展要走出的认识误区》，《学习时报》2023年7月12日。

[81] 涂圣伟：《推进农村产业融合发展要有更多历史耐心》，《中国发展观察》2016年第19期。

[82] 涂圣伟：《我国农业要素投入结构与配置效率变化研究》，《宏观经济研究》2017年第12期。

[83] 涂圣伟：《县域城乡融合发展的内在逻辑、基本导向与推进路径》，《江西社会科学》2024年第8期。

[84] 涂圣伟：《县域内率先破除城乡二元结构：现实价值与实现路径》，《山东社会科学》2023年第7期。

[85] 涂圣伟：《中国乡村振兴的制度创新之路》，社会科学文献出版社，2019。

[86] 涂圣伟、张琛：《大农业观视阈下现代化农业产业体系的基本特征与构建路径》，《中州学刊》2024年第7期。

[87] 汪晨、万广华、吴万宗：《中国减贫战略转型及其面临的挑战》，《中国工业经济》2020年第1期。

[88] 汪三贵、冯紫曦：《脱贫攻坚与乡村振兴有机衔接：逻辑关系、

内涵与重点内容》,《南京农业大学学报》(社会科学版) 2019年第 5 期。

[89] 汪三贵、孙俊娜:《全面建成小康社会后中国的相对贫困标准、测量与瞄准——基于 2018 年中国住户调查数据的分析》,《中国农村经济》2021 年第 3 期。

[90] 汪小平:《中国农业劳动生产率增长的特点与路径分析》,《数量经济技术经济研究》2007 年第 4 期。

[91] 王春超:《农村土地流转、劳动力资源配置与农民收入增长:基于中国 17 省份农户调查的实证研究》,《农业技术经济》2011 年第 1 期。

[92] 王春光:《建构一个新的城乡一体化分析框架:机会平等视角》,《北京工业大学学报》(社会科学版) 2014 年第 12 期。

[93] 王颂吉、白永秀:《城乡要素错配与中国二元经济结构转化滞后:理论与实证研究》,《中国工业经济》2013 年第 7 期。

[94] 魏后凯:《2020 年后中国减贫的新战略》,《中州学刊》2018 年第 9 期。

[95] 魏后凯、崔凯:《面向 2035 年的中国农业现代化战略》,《中国经济学人(中英文)》2021 年第 1 期。

[96] 温涛、王煜宇:《农业贷款、财政支农投入对农民收入增长有效性研究》,《财经问题研究》2005 年第 2 期。

[97] 吴新叶、牛晨光:《易地扶贫搬迁安置社区的紧张与化解》,《华南农业大学学报》(社会科学版) 2018 年第 2 期。

[98] 吴兴智:《破解基层治理现代化的三个困境》,《学习时报》2016 年 2 月 22 日。

[99] 武力:《论中国现代化过程中的工业化与市场化——西欧现代化与中国现代化比较研究》,《教学与研究》2002 年第 9 期。

[100] 西奥多·W. 舒尔茨:《改造传统农业》,梁小民译,商务印书

馆，2006。

[101] 夏宏嘉、王宝刚、张淑萍：《欧洲乡村社区建设实态考察报告（二）——以丹麦、瑞典为例》，《小城镇建设》2015年第5期。

[102] 夏宏嘉、王宝刚、张淑萍：《欧洲乡村社区建设实态考察报告（一）——以德国、法国为例》，《小城镇建设》2015年第4期。

[103] 肖文海、邵慧琳：《建立健全生态产品价值实现机制》，《中国社会科学报》2018年5月29日。

[104] 杨华：《治理机制创新：县域体制优势转化为治理效能的路径》，《探索》2021年第5期。

[105] 杨颖、虞洪：《深刻把握以县域为重要切入点扎实推进城乡融合发展的三重逻辑》，《四川日报》2023年11月27日。

[106] 姚战琪：《生产率增长与要素再配置效应：中国的经验研究》，《经济研究》2009年第11期。

[107] 叶青、苏海：《政策实践与资本重置：贵州易地扶贫搬迁的经验表达》，《中国农业大学学报》（社会科学版）2016年第5期。

[108] 叶兴庆：《深刻认识加入WTO以来我国农业发生的重大变化》，《中国发展观察》2021年第24期。

[109] 叶兴庆、程郁、于晓华：《借鉴国际经验 推动乡村振兴》，《经济日报》2018年12月27日。

[110] 叶兴庆、殷浩栋：《从消除绝对贫困到缓解相对贫困：中国减贫历程与2020年后的减贫战略》，《改革》2019年第12期。

[111] 叶振宇：《以产业转型升级激发县域经济活力》，《人民论坛》2023年第20期。

[112] 余斌、卢燕、曾菊新、朱媛媛：《乡村生活空间研究进展及展

望》,《地理科学》2017年第3期。

[113] 袁志刚、解栋栋：《中国劳动力错配对TFP的影响分析》,《经济研究》2011年第7期。

[114] 翟绍果、徐天舒：《从城乡统筹到助推共同富裕：社会保障的现实挑战、制度逻辑与渐进路径》,《中共中央党校（国家行政学院）学报》2023年第2期。

[115] 张红宇、张海阳、李伟毅、李冠佑：《中国特色农业现代化：目标定位与改革创新》,《中国农村经济》2015年第1期。

[116] 张乐、曹静：《中国农业全要素生产率增长：配置效率变化的引入——基于随机前沿生产函数法的实证分析》,《中国农村经济》2013年第3期。

[117] 张琦：《减贫战略方向与新型扶贫治理体系建构》,《改革》2016年第8期。

[118] 张义博、涂圣伟：《新发展格局战略支点：扩大农村内需的时代内涵与实施路径》,经济科学出版社,2022。

[119] 章元、万广华、刘修岩、许庆：《参与市场与农村贫困——一个微观分析的视角》,《世界经济》2009年第9期。

[120] 章政：《畅通国内大循环要着重做好四方面工作》,《国家治理》2020年第34期。

[121] 赵保佑：《统筹城乡协调发展的国际经验与启示》,《学术论坛》2008年第3期。

[122] 赵霞：《传统乡村文化的秩序危机与价值重建》,《中国农村观察》2011年第3期。

[123] 郑娜娜、许佳君：《易地搬迁移民社区的空间再造与社会融入——基于陕西省西乡县的田野考察》,《南京农业大学学报》（社会科学版）2019年第1期。

[124] 中国宏观经济研究院产业所课题组：《改革开放40年中国工

农关系演变：从缓和走向融合》，《改革》2018年第10期。

［125］ 中国社会科学院财经战略研究院县域经济课题组：《着力提升县域经济竞争地位》，《经济日报》2022年7月21日。

［126］ 中央农村工作领导小组办公室：《有力有效推进乡村全面振兴》，《求是》2024年第2期。

［127］ 周振、伍振军、孔祥智：《中国农村资金净流出的机理、规模与趋势：1978～2012年》，《管理世界》2015年第1期。

［128］ 周振华：《产业融合：产业发展及经济增长的新动力》，《中国工业经济》2003年第4期。

［129］ 庄天慧、邱峰、杨浩：《县域富民产业促进农民共同富裕：作用机理、现实困境与策略选择》，《改革》2024年第3期。

［130］ 左停、李颖、李世雄：《农村低收入人口识别问题探析》，《中国农村经济》2023年第9期。

［131］ Barro R. J., Mankiw G., "Sala-I-Martin, Xavier," *Economic Growth*, 1992, 2.

［132］ Daudey E., García-Peñalosa C., "The Personal and the Factor Distributions of Income in a Cross-section of Countries," *The Journal of Development Studies*, 2007, 43.

［133］ Durlauf S. N., Johnson P. A., Temple J. R. W., "Growth Econometrics," *Handbook of Economic Growth*, 2005, 1.

［134］ Farrell M. J., "The Measurement of Productive Efficiency," *Journal of the Royal Statistical Society: Series A (General)*, 1957, 120.

［135］ Fei J. C. H., Ranis G., "Development of the Labor Surplus Economy," *Theory and Policy*, 1964.

［136］ Färe R., Grosskopf S., Norris M., et al., "Productivity Growth, Technical Progress, and Efficiency Change in Industrialized Countries," *The American Economic Review*, 1994.

[137] Kanbur Ravi, Xiaobo Zhang, "Fifty Years of Regional Inequality in China: A Journey through Central Planning, Reform and Openness," *Review of Development Economics*, 2005.

[138] Kuznets S. S., Kuznets S. S., "Toward a Theory of Economic Growth," *with Reflections on the Economic Growth of Modern Nations*, 1968.

[139] Todaro M. P., *Economic Development in the Third World: An Introduction to Problems and Policies in a Global Perspective*, Pearson Education, 1977.

[140] Vollrath D., "The Dual Economy in Long-run Development," *Journal of Economic Growth*, 2009, 14 (4).

[141] Young A., "The Razor's Edge: Distortions and Incremental Reform in the People's Republic of China," *The Quarterly Journal of Economics*, 2000, 115.

[142] Young A., "The Tyranny of Numbers: Confronting the Statistical Realities of the East Asian Growth Experience," *The Quarterly Journal of Economics*, 1995, 110.

图书在版编目(CIP)数据

城乡融合发展：摆脱贫困迈向共同富裕 / 涂圣伟著. 北京：社会科学文献出版社，2024.11. -- ISBN 978-7-5228-4710-8

Ⅰ.F299.21

中国国家版本馆CIP数据核字第2024WJ3601号

城乡融合发展
——摆脱贫困迈向共同富裕

著　　者 / 涂圣伟

出 版 人 / 冀祥德
责任编辑 / 吴　敏
责任印制 / 王京美

出　　版 / 社会科学文献出版社（010）59367127
地址：北京市北三环中路甲29号院华龙大厦　邮编：100029
网址：www.ssap.com.cn
发　　行 / 社会科学文献出版社（010）59367028
印　　装 / 三河市龙林印务有限公司
规　　格 / 开　本：787mm×1092mm　1/16
印　张：16.5　字　数：220千字
版　　次 / 2024年11月第1版　2024年11月第1次印刷
书　　号 / ISBN 978-7-5228-4710-8
定　　价 / 89.00元

读者服务电话：4008918866

▲ 版权所有 翻印必究